勤労福祉政策の国際展開

アメリカからイギリス，カナダへ

新 井 光 吉

九州大学出版会

目　次

略　語 ………………………………………………………………… vii

序　章　勤労福祉政策のグローバル化 …………………………… 3
第1節　勤労福祉政策の国際的拡大 …………………………………… 3
　（1）定　義
　（2）グローバル経済と福祉国家の危機
第2節　課題と構成 ……………………………………………………… 6

第1章　アメリカ型勤労福祉政策の成果と限界 ………………… 9
はじめに ………………………………………………………………… 9
第1節　アメリカ型勤労福祉政策の起源 ……………………………… 10
　［1］政策の展開 ………………………………………………………… 10
　　（1）連邦の政策
　　（2）州の実験
　［2］リバーサイド・プログラム（カリフォルニア州） …………… 19
　　（1）労働力化重視の優位
　　（2）限　界
　［3］マサチューセッツ州の勤労福祉 ………………………………… 24
　　（1）雇用訓練選択（ETC）計画
　　（2）挫　折
第2節　勤労福祉政策の実態 …………………………………………… 28
　［1］福祉離脱世帯への影響 …………………………………………… 28
　　（1）福祉離脱
　　（2）離脱後の生活

［2］ウィスコンシン・モデル（W-2） 31
　　　　　（1）実　　　績
　　　　　（2）奇跡の内実
　　　　　（3）自活の困難
　　　　　（4）生活可能賃金
　　第3節　全米の脱福祉就労動向 38
　　第4節　脱福祉世帯の現状 48
　　　［1］概　　　観 48
　　　　　（1）福祉離脱者の特徴
　　　　　（2）福祉離脱世帯の困難
　　　　　（3）就労後の貧困
　　　　　（4）経済的好況の限界
　　　［2］TANFの現状 54
　　　［3］ブッシュの福祉改革案 56
　　　　　（1）勤労福祉の成果
　　　　　（2）PRWORAの権限再承認
　　む　す　び 59

第2章　カナダの勤労福祉政策 65

　は　じ　め　に 65
　　第1節　カナダ社会福祉政策の展開 66
　　　［1］救貧院の設置 66
　　　［2］福祉受給権の変化 68
　　　　　（1）大不況下の労働キャンプ
　　　　　（2）勤労審査の終焉
　　第2節　福　祉　改　革 71
　　　［1］未婚の母親に対する勤労奨励 71
　　　［2］制　度　改　革 74
　　　　　（1）就　労　促　進
　　　　　（2）勤労福祉政策への転換

第3節　オンタリオ州の勤労福祉 82
　　　［1］　反福祉の潮流 82
　　　　（1）　カナダ扶助制度（CAP）の廃止
　　　　（2）　オンタリオ勤労の発展
　　　　（3）　勤労福祉への抵抗
　　　［2］　福　祉　改　革 87
　　　　（1）　勤労福祉手法
　　　　（2）　人的資源手法
　　　［3］　勤労福祉の実態 89
　　　　（1）　オンタリオ勤労
　　　　（2）　福祉離脱と貧困
　　　　（3）　「給付に値しない貧民」
　　　　（4）　景気後退と限界
　　第4節　その他の州の勤労福祉 97
　　　［1］　ケベック州 97
　　　　（1）　社会扶助制度の変化
　　　　（2）　1998年改革と評価
　　　［2］　マニトバ州 101
　　　　（1）　勤労福祉政策の導入
　　　　（2）　勤労福祉政策の実態
　　　［3］　ニューブランズウィック州 106
　　　　（1）　就　学　福　祉
　　　　（2）　ニューブランズウィック勤労の実態
　　　［4］　アルバータ州 110
　　　　（1）　福　祉　改　革
　　　　（2）　実　　　態
　　　［5］　ブリティシュコロンビア州 113
　　　　（1）　福　祉　改　革
　　　　（2）　実　　　態
　　む　す　び 115

第3章　イギリスの勤労福祉政策──ニューディール── 125

はじめに 125

第1節　海外勤労福祉政策のインパクト 126
　　［1］アメリカからの影響 126
　　［2］オーストラリアの勤労福祉 128
　　　（1）勤労国家政策
　　　（2）イギリスへの影響
　　［2］スウェーデンの積極的労働市場政策 132
　　　（1）1990年代の不況
　　　（2）勤労福祉の導入
　　［3］オランダ 135
　　　（1）福祉国家の特徴
　　　（2）社会保障改革

第2節　サッチャー政権の政策転換 139
　　［1］勤労福祉政策の導入 139
　　　（1）市場至上主義と失業問題
　　　（2）マスコミの勤労福祉報道
　　　（3）勤労福祉の調査報告
　　　（4）導入された政策
　　［2］勤労福祉の展開 145
　　　（1）再就職促進
　　　（2）メイジャー保守党政権

第3節　ニューレイバーの福祉改革 146
　　［1］労働党のマニフェスト 146
　　　（1）福祉のアメリカ化
　　　（2）マニフェスト
　　［2］ニューディールの導入 151
　　　（1）完全雇用の放棄
　　　（2）政策過程

第4節　ニューディールの構造 156

［1］プログラム内容 156
　　　　（1）強制プログラム
　　　　（2）任意プログラム
　　［2］プログラムの特徴 161
　　　　（1）特　　徴
　　　　（2）他の政策との関連
　第5節　NDYP の成果と限界 163
　　［1］プログラムの実績 163
　　　　（1）参加と離脱
　　　　（2）離脱者の行き先
　　［2］経済的影響 166
　　　　（1）失業の減少
　　　　（2）雇用の継続性
　　　　（3）参加者への影響
　　［3］運営の実態 172
　　　　（1）入口（Gateway）
　　　　（2）オプション
　　　　（3）不利な境遇にある者
　　［4］評　　価 178
　　　　（1）行き先不明者
　　　　（2）制　　裁
　　　　（3）費用と効果
　　　　（4）実績の地域格差
　第6節　他の ND プログラム 183
　　［1］NDLTU（ND25＋）.. 183
　　　　（1）運営の実態
　　　　（2）実　　績
　　　　（3）評　　価
　　［2］NDLP 194
　　　　（1）運営の実態
　　　　（2）実　　績

（3）評　　価
　［3］NDDP 201
　　　（1）運営の実態
　　　（2）実績と評価
　［4］NDP（NDPU）.. 203
　　　（1）運営の実態
　　　（2）実績と評価
　む　す　び 205

終　章　勤労福祉のグローバル化と限界 217
　［1］勤労福祉の実態 217
　［2］勤労福祉の意義と限界 222
あ と が き 225

略　語

AFDC	Aid to Families with Dependent Children（要扶養児童家庭扶助）	
ALMP	Active Labour Market Policy（積極的労働市場政策）	
CAP	Canada Assistance Plan（カナダ扶助制度）	
CHST	Canada Health and Social Transfer（カナダ保健社会移転支出制度）	
CWEP	Community Work Experience Program（地域勤労経験プログラム）	
DfEE	Department for Education and Employment（教育雇用省）	
DHSS	Department of Health and Social Security（保健社会保障省）	
DPTC	Disabled Person's Tax Credit（障害者税額控除）	
ETC	Employment and Training Choices program（雇用訓練選択プログラム）	
ETF	Environmental Task Force（環境特別編成部隊）	
FSA	Family Support Act（家族援助法）	
FTET	Full-time education / training（全日制教育訓練）	
GAIN	Greater Avenues for Independence（自立への大道）	
HCD	Human capital development（人的資本開発）	
JC	Job clubs（職業クラブ）	
JET	Jobs, Education and Training scheme（雇用・教育及び訓練制度）	
JOBS	Job Opportunities and Basic Skills program（雇用機会基本技能プログラム）	
JSA	Jobseeker's Allowance（求職者手当）	
LFA	Labor-force attachment（労働力化重視）	
MDRC	Manpower Demonstration Research Corporation（雇用公開実験調査会社）	
ND50＋	New Deal for 50 plus（50歳以上層向けニューディール）	
NDC	New Deal for Communities（コミュニティ向けニューディール）	
NDDP	New Deal for Disabled People（障害者向けニューディール）	
NDLP	New Deal for Lone Parents（独身の親向けニューディール）	
NDLTU	New Deal for Long-Term Unemployed（長期失業者向けニューディール）	
NDP	New Deal for Partner（パートナー向けニューディール）	
NDPU	New Deal for Partner of Unemployed People（失業者のパートナー向けニューディール）	
NDYP	New Deal for Young People（若年失業者向けニューディール）	
OBRA	Omnibus Budget Reconciliation Act（包括予算調整法）	
OW	Ontario Works（オンタリオ勤労）	

PA	Personal Adviser（個人アドバイザー）
PRWORA	Personal Responsibility and Work Opportunity Reconciliation Act（個人責任就労機会調整法）
SWD	Supported Work Demonstration（給費職業訓練公開実験）
TANF	Temporary Assistance for Needy Families（臨時貧困家庭扶助）
WFTC	Working Families Tax Credit（勤労世帯税額控除）
WIN	Work Incentive Program（勤労奨励プログラム）
W-2	Wisconsin Works（ウィスコンシン勤労）

勤労福祉政策の国際展開

——アメリカからイギリス，カナダへ——

序章　勤労福祉政策のグローバル化

第1節　勤労福祉政策の国際的拡大

(1) 定　　義

　勤労福祉政策（workfare）は概念や手法の起源をアメリカに発しており，経済のグローバル化と軌を一にしながら海外へ浸透していった。今やほとんどすべての先進諸国が「福祉手当の受給者に給付と引き換えに何らかの勤労を要求する政策」[1]を実施しており，高福祉国家の北欧諸国もその例外とは言えなくなっている。もちろん，海外諸国がアメリカ型の勤労福祉政策をそのままの形で導入しているといった実例はあまり見られず，歴史的・文化的・社会的な文脈の中で様々に修正を受けながら実施されていたのである。

　ところで，勤労福祉政策は積極的労働市場政策や脱福祉就労政策との違いも曖昧なままに使用されることが多く，必ずしも定義が明確であるとは言えない。というのも，勤労福祉は多様な政策や制度から形成されており，他の政策との境界がどうしても曖昧になりがちだからである。そのため例えば，スカンジナビア諸国の積極的労働市場政策（ALMP）も脱福祉就労政策のモデルに含められ，あるいは勤労福祉政策と融合した政策として論じられることが多い。そこで，本書はILO（国際労働機関）出版物に倣って勤労福祉を以下のように定義する[2]。即ち，勤労福祉は「福祉と引き換えの勤労」を意味するが，時には「就労のための福祉（welfare-for-work，脱福祉就労）」と呼ばれることもある。また勤労福祉は，①労働可能な受給者への参加強制，②給付と引き換えの就労，③労働市場における同一労働よりも劣等な労働条件，④最下層の公的扶助受給者を対象，などの4つの特徴を持っている。

　ところで，福祉国家として名高いスカンジナビア諸国は失業者や公的給付受給者を対象とするALMPの長い歴史を持っていた。それは再就職や技能向上な

どを目的としていたが，任意訓練から強制就労まで多岐にわたり，雇用創出，賃金補助や金銭誘引などの手段も含んでおり，国際的に高い評価を受けてきた。ALMP は社会保障制度と雇用政策を結びつけ，労働市場の構造変化に適応できるように教育や訓練を施す一方で，失業手当受給者に求職活動を要求するなどのアメとムチの政策手段を兼ね備えていたのである。

特に ALMP の強制や就労の原則は勤労福祉政策との違いを曖昧にする傾向を持っていた。だが，勤労福祉政策の就労義務（劣等条件）は正規の労働市場における就労義務とは明らかに異なっていた。しかもスカンジナビア諸国の失業者は ALMP の資格要件を満たさずに失業手当を失っても，依然として社会扶助の受給権を与えられていたのである。

もちろん，勤労福祉的な考え方は西欧社会でも古くから存在してはいたが，その用語は 1968 年にアメリカで使用されたのを嚆矢としており，実際の政策的実践はアメリカ連邦法が州に勤労福祉政策の導入を認めた 1981 年以降のことであった[3]。その後 1986 年までに 29 州が何らかの形で勤労福祉政策を実施したが，その導入を一気に加速したのは 1996 年個人責任就労機会調整法（PRWORA）の制定であったと言ってよい。

アメリカの非就労者は社会保険制度から排除され，最低給付水準や資産審査などの特徴を持つ福祉（公的扶助）に委ねられてきた。しかし未婚の母親が福祉の主要な受給者になると共に，世論の強い支持を背景にして非就労貧民層（給付に値しない貧民）を標的とする勤労福祉政策が導入されるようになったのである。その結果，勤労福祉政策は特に道徳的及び財政的な観点が重視され，勤労倫理の強化や福祉受給者数の削減が重要な目標となった。イギリスでも，ブレア労働党政権が脱福祉就労政策を掲げ，ニューディールの導入によって福祉依存を終焉させようとしたのである。

(2) グローバル経済と福祉国家の危機

こうした勤労福祉政策の台頭は福祉国家が 1970 年代半ば以降，長期的な衰退期に陥っているという背景があった。国家が国民の経済生活を保障する責務を負うという社会的合意も消え失せ，福祉国家は過重な財政負担，経済的効率性への悪影響，福祉依存者・社会的脱落者の激増などの困難な問題を生み出す元凶

になっていると非難されるようになったのである。

　福祉国家批判の台頭は，①高度経済成長の終焉に伴う福祉国家と資本主義の協調関係の喪失，②少子高齢化の進展，③男性稼得家族（専業主婦の存在）の減少・崩壊，④ソ連社会主義体制の崩壊，⑤イデオロギーの転換，などの要因が背景にあった。もちろん，最大の原因は高度経済成長の終焉が福祉国家の経済的基盤を崩壊させたことにあるが，特に1990年代以降において福祉国家に最も深刻な打撃を与えているのはイデオロギーの転換とグローバリズムの席捲であると言ってよい。というのも，1970年代半ば以降のスタグフレーションが戦後支配的な地位を占めてきたケインズ経済学や経済介入主義の無力を暴露し，信用を失墜させてしまったからである[4]。

　その結果，市場機能を教条的に信奉するネオ・リベラリズムが学問や政治の世界を支配し，既存の制度を次々と破壊していくグローバリズムを出現させた。しかし福祉国家は国民経済という枠組みを前提にして構成されていたので，それを取り払うグローバリゼーションは既存の福祉国家制度を大きく動揺させているのである。しかも現在のグローバル化は世界的なアメリカ化を意味していたので，アメリカ的価値観や生活様式が政治，経済，軍事，文化などあらゆる面において世界的に浸透しつつある。アメリカは市場至上主義を徹底的に追求し，アメリカ以外の社会や地球環境などを破壊しているが，特に福祉国家に対する執拗な攻撃を行って崩壊の危機に陥れていると言ってよい。高福祉国家スカンジナビア諸国もこのグローバリズムと一体化した福祉国家批判の影響を被って，何らかの形で勤労福祉政策を導入せざるを得なくなっている。もはや，いかなる政府も福祉国家や完全雇用政策によって社会的安定を維持しようとしても，世界の資本・外国為替市場がそのような政策を財政的に無謀な政策だと判断すれば実行不可能なものとなっているのである[5]。

　しかもグローバリズムは不可逆的な構造改革を世界各国に強制してきた。例えば，サッチャーの政策がイギリスにもたらした経済構造改革はその後の労働党政権にとっても逆戻りできないものとなっている。外国からの投資や世界資本市場への高い依存のゆえに，いかなる政権といえども今や民営化政策を逆戻りさせることはできないし，経済的不平等の是正のために所得再分配政策を断行することもできないのである。今日の国家政府は，世界市場から財政保守主義を強制さ

れ、国内経済を不況から脱出させる野心的な景気対策を講じることもできなくなっている。

むろん、経済はむしろ社会が必要とするものに仕えるべきであって、社会が市場の要求に仕えるべきではない。だが、自由市場経済は生産性において社会市場経済よりも優っており、経済的に最も効率的な資本主義であると言ってよい。自由市場経済は社会的コストを無視して経済効率性を追求することを要求しており、経済の要求を社会的必要性よりも優先させようとしている。従って、資本と生産がグローバルに移動する開放経済の世界では、福祉国家、完全雇用、所得再分配などの政策は実行不可能なものとなっている。たとえ欧州連合のように規模が大きく多様な経済であっても、自由奔放な資本と企業が強いるグローバル市場の競争圧力を避けることは不可能となっているのである。

第2節　課題と構成

本書の課題はアメリカ型勤労福祉政策を積極的に導入しようとしたアングロサクソン系諸国のうち、イギリスとカナダを取り上げ、勤労福祉政策がどのように国内に移植され、またいかなる修正を被ったのかを明らかにすることにある。今やほとんどの先進諸国が福祉給付を何らかの形で就労と結び付けており、北欧の高福祉諸国もその例外ではなくなっている。それゆえアメリカとそれをモデルとしてカナダやイギリスで導入された勤労福祉政策の実態、特にその成果と限界を明らかにすることは重要な意味を持っていると思われる。例えば、アメリカの勤労福祉は「給付に値しない貧民」とされる福祉母親を主たる対象としていた。確かにアメリカは生涯給付期限や強制参加などの厳格な要件を課していたが、福祉母親が対象とされていたので、より広範な貧困層を対象とするカナダやイギリスと比較して単純に厳しすぎるとは言えなかったのである。

そこで、本書は以下のような順序に従って如上の課題に取り組むことにする。まず序章は、経済のグローバル化によって勤労福祉が高福祉国家のスカンジナビア諸国をも含む世界的な現象となっている点を確認する。次に第1章は、アメリカ型勤労福祉政策の実態を分析し、その成果と限界を明らかにする。また第2章は、カナダがアメリカの勤労福祉政策から何を学び、どのように実施して

いったのかを解明する。さらに第 3 章は，イギリスの勤労福祉政策（ニューディール）の立案・実施過程と実態を分析し，その成果と限界を明らかにする。最後に終章は全体の総括を行う。

　さて，勤労福祉政策に関する研究は邦語では拙著『アメリカの福祉国家政策』（九州大学出版会，2002 年）を除けば，極めて限られている。ちなみに本書はこの前著の姉妹編とも言える研究書である。もちろん，外国語文献は数多くあり，近年も激増している。特に J. Peck, *Workfare States*, 2001, M. Qaid, *Workfare: Why Good Social Policy Ideas Go Bad*, 2002, R. K. Weaver, *Ending Welfare as We know it*, 2000, J. Millar, *Keeping Track of Welfare Reform*, 2000 などはアメリカ，カナダ，イギリスの勤労福祉政策を概観する上で有益である。なお，勤労福祉の国際展開をグローバリゼーションと結び付けて考える本書の視点にとって有益な文献として，加藤榮一「二十世紀福祉国家の形成と解体」加藤榮一・馬場宏二・三輪良一編『資本主義はどこに行くのか――二十世紀資本主義の終焉――』（東京大学出版会，2004 年，第 2 章），馬場宏二「資本主義の来し方行く末」（同書第 3 章）などがある。

1. *Oxford English Dictionary*, Oxford University Press, 2004 の定義による。勤労福祉という言葉の世界初出は 1968 年 7 月 7 日号の Harper's 誌である。
2. N. Kildal, *Workfare Tendencies in Scandinavian Welfare Policies*, International Labour Office, Geneva, February 2001, p. 3; H. Trickey and I. Lodemel,"Workfare in International Perspective: Accomodating Heterogeneity," *ESRC Labour Studies Seminor Series*. なお，脱福祉就労と勤労福祉の間には微妙な相違があるが，この 2 つの用語は互換的に使用されている（National Union Research, "Workfare: A Low-wage Strategy for the Canadian Economy," *National Union Research*, May 2000, p. 1)。
3. *Ibid.*, p. 3.
4. 加藤榮一「二十世紀福祉国家の形成と解体」加藤榮一・馬場宏二・三輪良一編『資本主義はどこに行くのか――二十世紀資本主義の終焉――』東京大学出版会，2004 年，第 2 章 80-88 頁。
5. 馬場宏二「資本主義の来し方行く末」加藤榮一・馬場宏二・三輪良一編前掲書第 3 章 132-133 頁。J. Grey, *False Dawn: The Delusion of Global Capitalism*, 1998. 石塚雅彦訳『グローバリズムという妄想』日本経済新聞社，1999 年，123-129 頁。

第1章　アメリカ型勤労福祉政策の成果と限界

はじめに

　滅びに至る門は広いが，生命に通じる門は狭いという。アメリカの歴代政権は福祉の門が広すぎるゆえに福祉依存という退廃文化を生み出していると考え，それを狭める勤労福祉政策を強化してきた。他の先進諸国も福祉費膨張や財政赤字に苦悩していたので，アメリカの轍に倣って勤労福祉政策を導入し，福祉の窓口を狭めようとしているように見える。

　例えばカナダでは，オンタリオ州(ハリス政権)がアメリカのウィスコンシン州に倣って勤労福祉政策の名の下に福祉縮小，給付減額，登録抹消などの広範なプログラムを導入した。イギリスでは，J. メイジャー保守党政権がこのハリス政権の実験に触発されて1996年秋に大胆な福祉制度改革の一環として勤労福祉政策を試験的に導入し，次の T. ブレア労働党政権も「ニューディール」と呼ばれる勤労福祉政策を実施するに至ったのである。というのも，今やアメリカ流の勤労福祉が成果を実証された政策モデルとして国際的に認知されつつあったからである。こうしてイギリスなどの諸国がウィスコンシン州の福祉改革に追随する姿勢を示している一方で，フランス，ドイツ，デンマークなどのヨーロッパ大陸諸国もアメリカ型勤労福祉政策を福祉国家に対する深刻な脅威と受け止めるようになっているのである。

　このようにアメリカの勤労福祉は輝かしい成果を実証された政策として海外でも盛んに喧伝されるようになっている。というのも，オンタリオ州などは勤労福祉政策を導入する根拠として海外の目覚しい成功例を是非とも必要としていたからである。アメリカの勤労福祉政策は1980年代初頭頃までは単に福祉受給者が勤労活動によって給付相当額を返済するための施策と考えられていたので，福祉専門家を除けばほとんど注目されていなかったが，クリントン大統領が1996

年個人責任就労機会調整法案（PRWORA）に署名するに及んで福祉制度再編の重要な要素となったのである。その結果、福祉は戦後曖昧ながらも維持してきた「権利給付」としての地位を失い、就労・求職プログラムと服務規律違反制裁を両輪とする勤労福祉が受給者の就労と福祉離脱を促す中心的な政策となった。しかしながらアメリカは福祉受給者を半減させるなど脱福祉という面では大きな成果を挙げてきたが、継続的就業や貧困脱却という面ではあまり成功を収めてきたとは言えなかった。

そこで、本章はアメリカの勤労福祉政策が現時点で福祉離脱者の継続的就業や貧困脱却などの課題にどれだけ対応してきたのか、また対応できなかったとすれば、その原因は何であったのかを明らかにしていきたいと思う。その点を明白にすることによって、アメリカがやや強引に進めているように見える勤労福祉（脱福祉就労）政策に対する再検討の機会を提示すると同時に、主に財政的観点から自国への安易な導入を目論んでいる他の先進諸国政府に対して慎重な検討を促したいと考えている。

第1節　アメリカ型勤労福祉政策の起源

［1］　政策の展開

（1）　連邦の政策

勤労福祉は1960年代末にアメリカで導入された「福祉給付と引き換えに勤労」を要求するプログラムに起源をもっていた[1]。しかし勤労福祉が巷間に広く知れ渡るようになったのはレーガン政権発足直後のことである。このような経緯もあって勤労福祉という言葉は中身が甚だ曖昧であり、時と場所に応じて内容が変化してきたと言ってよい。

勤労福祉は当初、限定された試験的な福祉プログラムとして開始されたが、やがて全国的な政策的枠組みとして発展し、福祉主義（welfare）の原則や制度の転換を唱える改革イデオロギーの象徴となった。また勤労福祉はニューライトの重要なイデオロギーとしての地位を占めるようになったばかりではなく、1980〜1990年代にかけての福祉改革論議の過程で民主党やリベラル派からも容認さ

れるようになった。1990年に下院議長に就任した共和党のN.ギングリッチ議員はこうした政治的潮流を敏感に読み取って福祉主義と勤労福祉を対置させ，前者の原則や制度に対する徹底的な攻撃を開始した。彼は1992年の中間選挙において「米国民との契約」を公約に掲げ，福祉に代わる勤労福祉の導入を主張するようになったのである。

　この「米国民との契約」で提案された10法案のうちの1つが，福祉受給資格に2年間の期限を設け，10代や未婚の母親の新しく産まれた子供に対する給付を拒絶し，福祉プログラムの縮小と個人の責任を促すために勤労を義務づけた個人責任法（Personal Responsibility Act）であった。もちろん，クリントン大統領も勤労要件，給付期限，親の責任重視などの福祉改革パッケージを考慮中であったので，共和党案は必ずしも印象が与えるほどには過激な内容の法案とは言えなかったのである。

　このように民主・共和両党が共に福祉改革に対して極めて過激で強硬な姿勢を示すようになったので，勤労福祉政策は1996年の大統領選挙ではもはや候補者を悩ますような楔形争点ではなくなっていた。実際，クリントンは1996年の年頭教書で，アメリカの福祉制度は家族や勤労の価値をむしろ蝕んできたと断罪した[2]。また両党は1980年代半ば以降，福祉改革問題に関する意見が超党派的な一致を見るようになったことを受けて，「勤労福祉合意」を容認するに至ったのである。その結果，これ以降アメリカでは原理的にも実践的にも福祉を弁護しようとする政治家はほとんど存在しなくなったと言われる。保守派もリベラル派ももはや解決すべき課題は貧困問題ではなく福祉の終焉であると考えるようになった。というのも，重要なことは福祉制度が作りだしてきた道徳的退廃や訓練不足などの個人的な行動上の問題点を矯正することにあると考えられるようになったからである。

　むろん，1996年PRWORA以前にも，州レベルでは福祉改革実験が連邦規則の適用免除に基づいて地方分権的に実施されてきた。その過程で勤労福祉の構想やモデルがカリフォルニア州やウィスコンシン州などの地方的な実験を超えて他の州でも移植可能な普遍的な政策として発展させられていったのである。ちなみに勤労福祉という言葉は1968年の公民権指導者J.C.エバースによる用例にまで遡れるが，連邦福祉改革という文脈の中で使った例はニクソン大統領の家族

援護計画（FAP）を以って嚆矢とされている³。

しかも1971年にはH. タルマッジ上院議員（ジョージア州選出民主党）がこの家族援護計画法案に対して勤労奨励プログラム（Work Incentive Program, WIN, 1969年実施）の勤労要件を厳格にする内容の修正案を提出して議会を通過させ，その後30年間にわたって強化され続ける勤労福祉主義の推進力となったのである。このタルマッジ修正は学齢児を抱える福祉母親に対しても就労を要求し，教育・訓練サービスよりも速やかな就職の斡旋を重視していた⁴。こうしたWINの手法はその後の勤労福祉政策論議において，リベラル派の多くが支持するサービス偏重の「人的資源重視」手法に対して「労働力化重視」ないし「勤労最優先」手法として知られるようになったのである。

WINは給費職業訓練公開実験（SWD）や地域勤労経験プログラム（CWEP）などの実験的な勤労プログラムを発足させ，福祉政策における勤労重視の世論を育むことになった。また1974年にはMDRC（雇用公開実験調査会社）がこのような実験結果を監視・普及させるために外部評価機関として設置されている。もちろん，これら初期の勤労福祉実験は長短様々な結果を示していたが，その後の福祉改革に対して大きなインパクトを与えた。例えば，カリフォルニアではR. レーガン州知事が福祉受給者を低熟練の地域奉仕作業に交代で就労させる制度を導入し，1980年代に隆盛となる勤労福祉プログラム導入の先駆者となったのである。

レーガンは大統領就任直後に1981年包括予算調整法（OBRA）を施行し「福祉に対する戦争」を宣言した。1981年OBRAはAFDCの受給資格を大幅に制限して福祉支出を削減し，州が脱福祉就労プログラムを実施する大きな誘引を与えた。これらの改革は景気後退の最中に実施されたにもかかわらず，約50万世帯を福祉受給者名簿から排除し，1970年代半ば以降に棚上げされてきた勤労福祉政策を活性化させることになった。というのも，同法は福祉受給者に低賃金労働への就労を強制し，州が強制的勤労福祉プログラムを拡大することを可能にしたからである。レーガンは福祉の制限や縮小，地方への権限委譲などの保守的な福祉政策を追求したが，その最大の遺産は勤労福祉プログラムの拡充であったと言ってよい。とはいえ，強制的勤労福祉プログラムの実施は1985年には22州に止まっており，しかもその大部分が地方的な公開実験であり，州全域

にわたるものは僅か7州にすぎなかった。このような限界を持ちながらも，1981年OBRAは州や地方が強制的勤労福祉政策を分権的に実施する素地を作る上で大きな推進力となったのである[5]。

レーガンは1986年の年頭教書で給付依存を助長する福祉制度を厳しく非難し，真に困窮している貧困者に限定して最低限度の救済を行うと宣言した。もちろん民主党支配下の議会がレーガンの提案を簡単に受け入れるとは考えられなかったが，福祉を取り巻く世論の根本的な変化を背景として強制的勤労福祉に関する議会内のコンセンサスが生まれ，1988年家族援護法 (Family Support Act, FSA) として結実したのである。特にMDRCの評価報告はそれまで強制的勤労要件の有用性に甚だ懐疑的であった多くの民主党議員を納得させる上で非常に効果的な役割を果たしたと言われる。

とはいえ，福祉改革の成果は実は必ずしも深刻な福祉問題を抱えていた州や地方で達成されたものではなかった。福祉依存や貧困の問題はその多くが大都市のスラム街に集中していたにもかかわらず，勤労福祉の実験はそれとはほとんど無関係な地域で実施される傾向が強かった。実験の大部分はウィスコンシンやミネソタなどの農業州，小さな町や市，郊外地域，カリフォルニアのリバーサイド郡などがその典型的な地域となったのである。だが，この成果と問題地域の不整合は勤労福祉の擁護者たちによって完全に無視されてきた。

しかも相次いで公表されたMDRCの詳細な調査報告が勤労福祉に対する肯定的な評価を定着させることになった。こうして議会も勤労福祉導入の是非をめぐってではなく，勤労福祉法案の内容をどうするかをめぐって議論するようになった。その結果，家族援護法は福祉と勤労を不可逆的なものとして結びつけることになったのである[6]。

しかしながら実を言えば，家族援護法に対する超党派の支持は保守派の労働力化重視手法とリベラル派のサービス重視手法との微妙な妥協の上に成り立っていた。そのため家族援護法は容赦のない勤労要件の強制と教育・訓練・保育サービスの提供という両者の要素を併存させることになったのである。しかもJOBS (Job Opportunities and Basic Skills program, 雇用機会基本技能プログラム) は制度設計の細目について裁量を認められた州によって運営されることになった[7]。こうしてJOBSは福祉受給者を減少させることができず，むしろ増加させる結

果となり，立案者たちの期待を完全に裏切ることになったのである。

確かにマサチュセッツ州勤労福祉プログラム（Employment and Training Choices program, ETC, 雇用訓練選択プログラム）は福祉受給者の減少という点では成果を挙げていたが，それは同州の労働市場が好景気のために逼迫していたという天佑の恩恵を蒙っているにすぎないと絶えず懐疑の目で見られていた。しかも1990年代初頭の景気後退によって福祉受給者が激増したことから，1992年の大統領選挙を契機に反福祉の気運と新たな改革圧力が次第に強まっていったのである。

ところで，民主党の大統領候補ビル・クリントンは州知事時代には当初アーカンソーWORKプログラムを通じて，また後には全国知事会（NGA）福祉改革特別諮問委員会の委員長として州レベルでの福祉改革に積極的な役割を果たしてきた。一方，現職のブッシュ大統領も再選を意識して1992年の年頭教書で福祉問題を取り上げ，連邦福祉規則の適用免除を州に柔軟に認める方針を明らかにした。だが，ブッシュが既存の州改革を単に追認するのみであったのとは対照的に，クリントンは「現行福祉を終焉させる」という大胆な提案によって政治的な優位を確保した。しかも彼は既存の福祉プログラム，特に家族援護法に対する国民の幻滅を巧みに利用した。こうしてブッシュの福祉改革戦略は再選失敗で頓挫したが，規則免除の累積的効果はその後にも重要な役割を果たすことになったのである[8]。

クリントンは福祉や福祉改革に対してやや複雑な態度を示していたが，本質的には勤労福祉主義の信奉者であったと言ってよい。しかしいざ政権に就くと，彼は選挙公約にもかかわらず，医療保険改革を優先するために福祉改革を先送りにし，この問題でリーダーシップを握る好機をみすみす逃す結果となったのである。というのも，彼はレーガンやブッシュと同様に当初から州レベルでの改革に期待をかけており，その実験を促すことに固執していたからである[9]。

そのためにクリントンの改革案は勤労福祉プログラムの普及促進，若干の訓練サービス追加，服務規律違反に対する厳しい制裁，及び期限付き受給資格などの内容からなっていた。特に2年の給付期限条項はクリントン政権が1993～1994年における福祉改革案の作成過程で最も固執した項目の1つであったと言われる。というのも，彼が「現行福祉の終焉」や公的扶助の新規律確立，とい

う選挙公約をきちんと遵守していると主張できる根拠は同条項以外に残されていなかったからである。もちろん，この給付期限重視戦略はアナウンス効果としては満点であったが，クリントン政権は「福祉の終焉」というレトリックの虜となり，州のラディカルな改革を促して福祉受給者に対する厳しい対応を加速させざるを得なくなったのである。

特に共和党が1994年の中間選挙で議会両院の支配を狙って「米国民との契約」を公約に掲げ，ラディカルな福祉改革を選挙運動に利用したことも，クリントン政権が福祉改革においてリーダーシップを失う原因となった。「米国民との契約」はクリントンが反福祉・勤労福祉推進のレトリックを弄んでいたことを利用して，限定的な「権利給付」であったAFDCを廃止に追いやる個人責任法を成立させ，現行福祉の終焉を強行させてやろうと目論んでいたのである。

個人責任法案は支出上限や給付期限を設け，18歳以下の母親や市民権のない者への給付を禁じ，福祉受給者の速やかな就労のために脱福祉就労プログラムを拡充し，勤労参加義務などを課していたが，他の点では連邦のプログラムへの介入を排除する内容となっていた。こうして共和党は家族援護法成立後の政治的右傾化の潮流を利用して反福祉・勤労福祉推進を福祉改革における主流的な立場に据えることに成功したのである。皮肉なことに1988年家族援護法は勤労参加を1995年までは完全には実施しないと規定していたのだが，その間に福祉規則免除の柔軟化，1992年のクリントンの大統領選挙運動，及び「米国民との契約」などの新たな要素が加わったために福祉改革は勤労福祉へ向けて大きく前進していったのである[10]。

共和党の福祉改革案は州への大幅な権限移譲を特徴としていたが，大きな矛盾も内包していた。というのも，プログラムの内容（例えば福祉離脱者に公的資金に基づく雇用を保障等）次第では大きな財政負担を招く恐れがあったので，魅力的に思える勤労福祉政策も潜在的な高コスト要因を秘めていたからである。結局，下院共和党は給付に伴う勤労要件，福祉権限の州への委譲，私生児への扶助停止，福祉の臨時プログラム化，限定的「権利給付」としての福祉の終焉，慈善や民間団体等の活用，などからなる福祉改革案を提案するに至ったのである。

しかしながらクリントンは福祉改革法案が1995年中に上下両院を2度通過すると，いずれの場合にも拒否権を行使した。2度目の拒否権を発動する時に，彼

は福祉改革法案が貧弱な就労支援策しか盛り込んでおらず，貧民を福祉から離脱させ就労させる上で効果があまり期待できないと批判しながら弁明を行った。こうして福祉改革は1996年大統領選挙でも重要な争点として浮上しつつあったが，実際の福祉改革は既に州レベルでかなりの程度まで進展していた。知事が反福祉政策に熱心であったカリフォルニア，ウィスコンシン，マサチュセッツなどの諸州は社会保障法第1115節の規則免除条項に基づき福祉改革実験に相次いで乗り出していた。クリントンもあたかも福祉改革の主導権を執り損ねた失点を取り返そうとでもするかのように州の実験を促そうとしたのである[11]。

だが，上下両院は1996年7月に限定的「権利給付」である福祉の廃止と州への一括補助金交付などの内容からなる福祉改革法案を再び通過させ，その成否の判断を大統領に迫ったのである。クリントンは三度目の拒否権を行使するという政治的リスクを敢えて冒すべきか否かを思案した末に，「現行福祉を終焉させる」というレトリックを弄んだツケを払おうという決断を下した。こうして民主党大会を目前にした1996年8月に彼は法案に署名し大統領選挙での勝利を確実なものにしたのである[12]。

ところで，1996年PRWORAは次のような4つの目的を持っていた。即ち，第1は児童が自分の家庭や親戚の家庭で扶養してもらえるように貧困家庭を援助することである。第2は就職準備，就職及び結婚を促すことによって貧困な親の公的給付依存を終わらせることであった。第3は私生児妊娠を予防し，私生児出生率の削減目標を設定することである。第4は両親の揃った家庭の形成と維持を促進することであった。個人責任就労機会調整法（PRWORA）はやや複雑な内容からなっていたが，その主要な特徴は①包括補助金への転換，②制度設計における州の自由裁量の拡大，③期限付給付，④権利給付の終焉，⑤勤労要件，⑥連邦権限の圧縮，などの6つの点に要約することができた[13]。

思えば，地方分権的な勤労福祉の実施に強く固執したレーガン大統領でさえも権利給付原則の維持については敢えて異議を挟もうとはしなかった。だが，その16年後には民主党大統領のクリントンがこの原則を遵守しようとしても最早政治的に困難となっていた。1996年個人責任就労機会調整法は福祉改革の勢いがクリントン政権の目指していた比較的穏やかな勤労福祉政策という枠組みを大きく超えるに至ったことを示していた。クリントンが福祉その他の問題について

共和党のアイデアに追随する姿勢を示したので,「米国民との契約」の主要項目が事実上政策的な主流の地位を占めるようになり,リベラル派の反対や福祉擁護運動の力を大きく減退させることになってしまったと言ってよい。勤労福祉政策はアメリカにおける貧困の構造的要因に対処するものではなく,また貧困を減らすという確証もなかったが,四半世紀以上にわたって徐々に強化されてきた勤労福祉レトリックの累積的影響が「福祉終焉」の受容をさほど無理のないもののように思わせたのである[14]。

(2) 州の実験

1986年までにアメリカの全州(コロンビア特別区を含む)と大多数の郡がWIN(勤労奨励プログラム)を実施していた。WINは連邦の脱福祉就労制度であり,AFDC受給者に様々な作業,訓練,教育,求職活動などのプログラムを提供していた。また1981年包括予算調整法(OBRA)は作業,訓練,教育及び給付プログラムを単一機関に統合する権限を州に与え,以前のように職業安定所や福祉機関などが共同で運営するという制約から解放したのである。

そこで,第1–1表からAFDC勤労プログラムの実施状況を見ると,1984年には51州(DCを含む)全部と54%の郡がWINやWIN実演プログラムを実施していた。1982年租税公平財政責任法(TEFRA)に基づく求職活動も43%の州と30%の郡で実施されていた[15]。また53%の州と28%の郡は1981年OBRAが任意で実施を認めていた地域勤労体験プログラム(CEWP)を導入していた。これらの制度は一般に勤労福祉政策として知られ,AFDC受給者は給付と引き

第1–1表 AFDC勤労プログラムの全国実施状況 (1986年)

プログラム	州		郡	
	数	全州に占める比率	数	全郡に占める比率
WIN・WIN実演	51	100.0	1,708	54.4
求職活動	22	43.1	940	29.9
CWEP	27	52.9	864	27.5
補助金流用	17	33.3	319	10.2

(資料) Dolowitz, *op. cit.*, p. 37.

第 1–2 表　各プログラム別の参加受給者比率　　　　　　　　（1986 年, 単位：％, 人）

活動	WIN 実演	CWEP	求職	勤労補足 / 補助金転換
勤労経験	4.5	91.4	0.9	20.2
OJT 訓練	0.6	0.5	0.2	38.8
給費職業訓練	0.7	0.0	0.0	13.8
職業技能	2.3	1.7	2.6	1.2
補習 / 基礎教育	3.2	3.4	2.3	2.2
高卒対象	1.6	1.8	3.1	0.0
個人的求職	52.6	32.0	57.8	20.2
集団求職	52.4	2.7	13.9	20.2
直接的就職斡旋	16.2	0.4	6.9	20.2
他の活動	1.1	0.0	20.4	5.2
教育訓練	3.3	—	—	—
参加総数	474,735	19,437	36,867	2,867

（資料）　Dolowitz, op. cit., p. 38.

換えに勤労に従事しなければならなかったのである。さらに 33％ の州と 10％ の郡は勤労補足（work supplementation）や補助金流用プログラムを実施していた。これらのプログラムは受給者を正規の従業員として雇う使用者に報償金を交付するために AFDC 補助金の流用権限を州に与えていた。1981 年 OBRA は WIN 実演や CEWP プログラムなどと共に、勤労補足プログラムの実施権限を州・地方政府に与えたが、もちろん強制ではなく任意であったのである。

　ほとんどの州が 1986 年までに何らかの勤労福祉プログラムを実施していたが、各プログラムは第 1–2 表のように様々な活動を含んでいた。しかもこれらのプログラムは後に 1988 年 FSA（家族援護法）や脱福祉就労政策を支える重要な要素として組み込まれるに至ったのである。例えば、州・地方の脱福祉就労政策の経験は 1988 年 FSA 第 II 章 JOBS プログラムの内容として取り入れられている。JOBS の目的が支援サービス、教育、訓練及び勤労プログラムの提供によって AFDC 受給者に就職準備をさせることにあったからである。また JOBS の主要規定は州・地方の脱福祉就労政策の経験に基づいて決められたと言われている[16]。

　ところで、WIN は勤労福祉政策の実験を州に認めていたが、労働可能な

AFDC受給者全員を対象とする権限までは与えていなかった。この権限はレーガン大統領が選挙公約に基づいて勧告した1981年OBRAによって初めて承認されたのである。1981年OBRAは受給者全員が対象となるCWEP（地域勤労体験プログラム）導入の任意権限を州に与え，全国規模での実施を可能にした[17]。その結果，同法施行後に27州が何らかの形でCWEPを導入するに至っている。一方，1988年FSAは連邦議会内の根強い主張を反映させて多くの教育的要素を取り入れ，従来任意で実施されてきたAFDC受給者向けの教育活動を州・地方に義務づけることになったのである。なお，この教育活動規定はカリフォルニア州のGAIN（Greater Avenues for Independence，自立への大道，1987年実施）の成果を根拠の1つとして挿入されたと言われる。

というのも，GAINプログラムは求職活動，教育，訓練あるいは就労体験などのオプションを提供することによって失業世帯の経済的自立を促そうとしていたからである。まずプログラム参加者は基礎補習教育，英語学習（第2言語），あるいはコミュニティカレッジ通学，大学の学位取得機会などを含む教育・訓練ニーズ判定のために評価を受けた。次に参加者は求職・教育活動に従事した後，職業訓練，OJT訓練や就労体験などを含む広範なオプションを利用することができたのである。しかも参加者は各段階においてニーズを評価され，進路を選択することができた。保育や交通費などの必要な支援サービスも参加者とGAIN運営機関との間で取り交わされた契約書に基づいて提供された。もちろん，運営機関が契約基準を満たせなかったり，家族の病気などのトラブルが生じた場合には，申請者は制裁を被ることなくプログラム参加を拒否することができたのである[18]。

［2］ リバーサイド・プログラム（カリフォルニア州）

（1） 労働力化重視の優位

リバーサイド・プログラムは州知事時代のR. レーガンによって構想を練られながらも，実施に至らなかった実質本位の勤労福祉政策に依拠していた。このリバーサイド郡のプログラムは求職活動の強制，勤労最優先，高い福祉離脱・就労率などの特徴から全米の勤労福祉実験における最高のモデルという評価を与えられた。同プログラムはリバーサイド郡福祉局がカリフォルニア州

GAIN プログラムに手直しを加えた修正版と言ってよいが，1990 年代初頭に第三者評価機関 MDRC がこのプログラムに対して「異例の福祉費節約やプログラム終了後の就職を実現している」と高い評価を下したために全国的な注目を集めることになった。MDRC が GAIN プログラムに対する評価分析の対象とした 6 郡のうちの 1 つであるリバーサイド郡は福祉受給者をどんな職であっても可能な限り早期に有給雇用に就かせることに重点を置いていた。この勤労最優先手法はカリフォルニア州の残りの 58 郡が擁護してきたサービス重視手法とは対照的に，福祉離脱から就労への移行を促す上で基礎教育や職業訓練サービスの役割を甚だしく軽視していたのである[19]。

　この就労を最優先したリバーサイド・プログラムが全国的に有名になったきっかけは MDRC による高い評価結果であった。MDRC は 3 年間にわたり実験（プログラム参加）グループと非実験（プログラム不参加）グループを追跡調査した。その結果，同プログラムが非実験グループと比べて実験グループに対する福祉支出を平均で 15%（1,983 ドル）削減する一方で，実験グループの平均収入を 49%（3,113 ドル）増加させたことを明らかにしたのである。政策立案者たちが特に注目したのはリバーサイド・プログラムに投入された公的資金 1 ドルについて福祉費用 2.84 ドルの削減と税収の増加という形での見返りがあった点である。こうしてリバーサイド郡の成果はアメリカで最も素晴らしい脱福祉就労プログラムという評価を獲得した。そして連邦や州の政治家たちはリバーサイド・モデルを勤労福祉政策がうまく機能するという証拠を示したものと考えるようになったのである[20]。

　リバーサイド郡は地域奉仕や公的雇用への参加強制といった伝統的な手法とは異なって，どんな悪条件や低賃金の下でも速やかに就労することを効果的に強制できるような勤労福祉政策を導入した。即ち，それは制裁をちらつかせながら就労を強制して福祉受給者数を厳しく抑制するという政策であった。しかもリバーサイド郡は福祉受給者に対する教育や職業訓練を最小限に縮小して比較的に低い単位当たりコストを実現したのである。MDRC の調査対象となった 6 郡を見ると，GAIN 実験プログラムの単位当たりコストはリバーサイド郡の最低 1,597 ドルからアラメダ郡（オークランド）やロサンゼルス郡の最高 5,789 ドルまでの範囲に及んでおり，平均では 3,422 ドルであった。なお，後者の 2 郡地域は

リバーサイド郡よりも社会経済的に不利な境遇にある人々を数多く擁しており，教育や職業訓練により多くの投資をする必要があるという事情を抱えていたと言われる[21]。

しかもリバーサイド・プログラムは福祉が臨時的な制度(期限付福祉)である点を徹底させ，参加者に迅速な就職への動機付けを行った。その結果，同プログラムは参加者の福祉離脱を促したが，職に就いた者の賃金をほとんど上昇させなかった。これとは対照的にアラメダ郡はリバーサイド郡よりも遥かにコストの高いプログラム(就労支援サービス重視)を実施して，参加者がより高い賃金職種に就けるように援助することに成功していたと言われる。リバーサイド型の労働力化重視 (Labor-force attachment, LFA) プログラムと教育・職業訓練重視の人的資本開発 (Human capital development, HCD) プログラムが並行して実験されたミシガン州についての評価報告でも，この2つのプログラムがほぼ同一の就職率を達成した一方で，LFAプログラムは就職者の労働時間数が少なく収入も低いという結果を示していた。しかしながらHCDプログラムは短期的なコスト計算の観点からはLFAプログラムよりも運営費がかなり割高であるという欠点を免れなかった。このためコスト削減圧力が強まるに伴ってロサンゼルスやアラメダなど多くの郡はリバーサイド型に転換し，HCD手法を放棄することになったのである[22]。

カリフォルニア州議会も1995年に強制的求職活動優先，職業クラブや求職活動への長期間従事，最貧困者への給付優先廃止などリバーサイド・プログラムの要素を多く採り入れた法律を制定した。その結果，福祉受給者はLFA優先のGAINプログラムの下で低賃金職種への就労を強いられることになったのである。もちろん，このリバーサイド型プログラムの成否は短期的には低賃金職種を創出する地域労働市場の雇用吸収力に依存していた。しかしアメリカ福祉制度のリバーサイド化は底辺労働力の供給を増加させ，賃金の低下，職の不安定化，職場の労働条件悪化などを招く恐れがあったと言ってよい[23]。

(2) 限　界

もちろん，リバーサイド型プログラムの優位はアメリカの勤労福祉政策論争における分水嶺を形成することになり，マサチュセッツ州の雇用訓練選択 (ETC)

のような柔軟で就職サービスを重視した勤労福祉プログラムを葬り去ることになった。リバーサイド型の優位に軍配を挙げたのは MDRC の評価であった。GAIN に関する MDRC 評価報告書はリバーサイドの LFA 手法が低コストで高い成果を挙げていると評価したが，ロサンゼルス郡やアラメダ郡(オークランド)の HCD 手法(いずれも最も多くの困難を抱えた長期受給者が集中する資金不足の大都市プログラム)に対しては甚だ低い評価を下していた。その結果，この評価は勤労福祉を懲罰的なプログラムへと再編成する契機となったのである。しかしながら MDRC の評価もリバーサイド・プログラムが福祉離脱者の所得を向上させておらず，多くの人々がプログラムを通じてより速やかに職に就けたとはいえ，一般に安定した職ではなくほとんど貧困から抜け出せていないという実態を認めていた。

　しかしリバーサイド型モデルはアメリカのみならず海外の福祉政策においても重要な地位を占めるようになった。例えば，国内ではミシガン，ニュージャージー，ジョージア，テキサス，ノースカロライナ，ミシシッピ，オレゴン，メリーランドなどの諸州が勤労最優先や労働力化重視の手法を導入している。PRWORA の議会通過前においても連邦や多くの州は福祉離脱を促す方法として速やかな就労を優先した求職活動支援に転換し，MDRC も一貫して LFA 手法を推奨していた。このように勤労最優先は福祉改革における最善な方法の１つとして支持され，広範に実践されてきた。今や問題はなぜ勤労最優先を実施するのかではなく，どのように行うべきか，という点にあったのである。

　こうして HCD 手法プログラムが信頼を急速に失墜させたので，他の諸州も次第にリバーサイド型の手法や哲学を容認するようになっていった。だが，その最も出来のよいコピーでさえも福祉受給者を大幅に削減することは必ずしも容易とは言えなかった。もちろん，リバーサイド型モデルは他の地域ではさほど大きな成果を挙げられない理由を持っていた。というのも，その成否がかなりの程度まで特定の地方的な条件に依拠していたからである。GAIN 参加者の多くが地域労働市場の沈滞に伴って安定した職を失った失業者だったので，リバーサイド・プログラムは折からの好況に促されて目覚しい成果を挙げたにすぎなかったとも言われる。要するにリバーサイド・プログラムは景気後退に伴って失業した最も就職の容易な者の再就職を多少早めたにすぎず，解雇されて間もな

い求職者(就労意欲と熟練度の高い者)を地域労働市場の就職待機組の最前列に押し出しただけであったのである[24]。

　特にカリフォルニア州は伝統的に郡政府が給付水準のみならずプログラムの設計・実施・改正などにおいて主要な役割を果たす地方分権的な福祉制度を採用してきた。しかもリバーサイド・プログラムは福祉擁護や反貧困政策の伝統がほとんどなく，不就労貧民に対する一般住民の共感も甚だ希薄であった保守的な郊外居住地区における社会的政治的雰囲気にも合致していたのである。それはまさに厳格な勤労福祉政策を実施する上で極めて相応しい場所であったと言ってよい。

　だが，このLFA手法はカリフォルニア州の近郊都市では歓迎されても，アメリカの北部や東部の大都市ではスムーズな導入が困難であった。というのも，これらの大都市は中心部における雇用不足や福祉ニーズの高さなどのためにどうしてもHCD手法に依存せざるを得なかったからである。勤労最優先プログラムをこれらの大都市で無理矢理に導入すれば，大きな社会的混乱を招く恐れもあった。ボルティモアやロサンゼルスなどの大都市もこれまでは大きなリスクを伴っているとして慎重な構えを示してきたが，次第に実施に向けて動いている。特にPRWORAが大都市でも勤労最優先プログラムを導入せざるを得ないような環境を作り出していた。実際にはGAINは僅かで不確かな実績しか挙げていなかったが，過大な評価を与えられて連邦の福祉政策に大きな影響を及ぼしていたのである[25]。

　しかもリバーサイド・プログラムは福祉離脱者を職に就かせることができても，貧困から離脱させることができなかった。実際，同プログラムは実験グループの月収を非実験グループよりも僅か52ドル増加させたにすぎない。また実験グループの $\frac{2}{3}$ は参加3年目の面接時点では職に就いておらず，約半分が3年の間に一度も就職しなかった。それゆえプログラムの目標が福祉依存の撲滅ではなく貧困の終焉にあるとすれば，リバーサイド・プログラムは何ら有効な解決策も提供していなかったと言ってよい。

　このようにリバーサイド型モデルの大きな欠陥は福祉受給者が良い職に就けず，貧困からも脱却できなかった点にある。特に大規模なLFAプログラムは大都市地域に与える影響も不明なままにその導入を促せば，大きな社会的混乱を

招く恐れもあった[26]。しかも1990年代後半の労働市場の盛況が福祉離脱者のスムーズな就職を可能にしていたので，不況の到来によっても有効に機能するかどうかは大いに疑問があったのである。

［3］ マサチューセッツ州の勤労福祉

（1） 雇用訓練選択（ETC）計画

　マサチューセッツはニューディール期から現代に至る期間の大部分にわたってリベラルな社会的価値観や比較的寛大な福祉受給権を守ってきた州として知られていた。そのため同州の社会福祉制度はアメリカで最も進歩的な部類に属していた。しかし1990年代初頭に共和党知事W. ウェルドが選出されると，連邦政治における反福祉主義の台頭と符節を合わせるかのように状況が一変した。ウェルドは過去の州福祉政策を徹底的に批判し，同州を全米福祉改革運動の最前線に据えるような一連の政策を実施し始めたのである[27]。

　マサチューセッツ州は1996年PRWORA制定直前における最も野心的な政策手段の多くを含んだ福祉改革パッケージを実施した。即ち，給付削減，就職を促す所得控除誘引，強制的社会奉仕従事，就労強制，詐欺行為防止強化，福祉母親の出産した私生児への給付禁止，子供の学校無断欠席や罹患予防を放置した場合の給付削減，福祉受給者を雇用する使用者への補助金・優遇税制措置，父親の扶養義務強化，10代の親や高校卒業無資格者への給付拒否などがそれである。同州は1980年代における就労サービス重視任意プログラムの旗手としての地位を放棄し，1990年代には勤労最優先政策の追随者となったのである[28]。

　ところで，ニクソン大統領が残した福祉改革の重要な遺産は1970年代初頭におけるWIN（勤労奨励プログラム）の復活であった[29]。比較的小さな地方政府が給付を真の困窮者に限定する「厳格な勤労福祉」プログラムを実施したが，その大部分が早々に運営上の問題から苦境に陥った。その後ニューヨーク，ニュージャージー，コネティカット，マサチューセッツなどの伝統的に福祉重視の北部諸州がこれに追随する姿勢を示したが，当時はユタ，テキサス，ノースカロライナなどの諸州が福祉改革の最前線に立っていた。特にマサチューセッツ州は1975年に一般扶助（GA）受給者名簿から労働可能者全員を排除し，ユタ州と同様の厳格で強制的な勤労福祉プログラムを実施した。しかしながら同州は1978

年に全国でも高い福祉費や受給者比率を示しており、ユタ州とは比較にならないほど多くの福祉受給者を抱えていた。しかも同州は福祉受給権を擁護するという根強い伝統を持っていたのである。

　もちろん福祉改革は州レベルの実験のみではなく、連邦の福祉規則改正によっても促進された。例えば、1981年OBRA（包括予算調整法）は州が福祉改革を推進する手段として新しい地域公開実験プロジェクトを実施することを奨励した[30]。OBRAは勤労福祉の導入に必要な権限を州に与え、地方政府が勤労、訓練、地域奉仕などの要件を導入して福祉改革を進めることを可能にしたのである。確かに、これらのプログラムは必ずしも大きな成果を挙げなかったが、1980年代に勤労福祉実験を地方レベルで劇的に増加させ、AFDC制度の改革を迫ることになったのである。またOBRAは代替的な政策やプログラムに基づく無数の実験を誘発したので、たとえ個々の実験の多くが失敗に終わったとしても、その累積的影響は州政府に対する強い改革圧力となった。こうしてOBRAはその後の福祉改革政策の方向を決定的に左右することになったのである。

　マサチュセッツ州の勤労福祉政策はデュカキス前知事が1978年の知事選挙で民主党保守派のE. J. キングに敗北した結果として導入された。キング知事は福祉受給者に就労を義務づけ、違反すれば即座に給付打切りの制裁を行うという厳しい勤労訓練プログラム（Work and Training Program, WTP）を実施した。しかもWTP運営担当の上級管理者は実質本位の勤労福祉実験に関して長い伝統を誇っていたカリフォルニア州から採用されたのである。にもかかわらずWTPは最初から挫折を運命づけられていたと言ってよい。キング知事が勤労福祉政策に対する州政府内の混乱から1982年の選挙で敗北してしまったからである。後継のデュカキス政府は「貧困からの脱却」を旗印にして反WTP連合と密接な協力関係を築き、福祉改革特別委員会を設置した。州政府はその答申を受けて制裁に基づく就労強制を止め、就労支援サービスを重視したプログラムを採用した。この柔軟な勤労福祉プログラムは雇用訓練選択（Employment and Training Choice, ETC）プログラムと呼ばれ、1983年から導入されたのである[31]。

　ETCは任意プログラムであり、強制参加原則に基づくカリフォルニアの勤労福祉実験とは明らかに哲学を異にしていた。とはいえ、デュカキス自身は1970年代には福祉に対して厳しい態度を示していたので、ETCプログラムは同州に

おける過去のリベラルな福祉政策の遺産を反映していたと思われる。ETC は当初かなり有望な実績を挙げ，労働市場の逼迫を追い風にして計画開始後 18 ヵ月間に 1.5 万人が有給雇用に就き，福祉受給者も 8 千人減少する，という成果を挙げたのである。

(2) 挫　　折

ETC プログラムは訓練や就労サービスを重視していたので費用が嵩み，職業紹介 1 件当たりのコストは当初 3,000 ドル，後には 5,000 ドルにも達していた。しかも福祉離脱者の多くが労働市場の逼迫によって職に就いたが，そのほとんどは低賃金職種であった。また 1980 年代半ば頃，子供 2 人を抱えながら福祉を離脱した母親は時給 5 ドルで就労すれば現金所得を 2 倍に増やせたかも知れないが，それと引き換えに医療扶助その他の公的給付を失うことになった。これらの損失を考慮すると，この母親が保育サービスを週 25 ドル未満で受けられなければ，就労によって生活を却って悪化させることになったのである。それゆえ柔軟な勤労福祉プログラムは必ずしもうまく機能していたとは言えなかった[32]。

多くの OBRA 公開実験群の中で，ETC プログラムはリベラル寄りの新しい勤労福祉政策であった。この勤労福祉政策は単に就労による給付相当額の弁済を受給者に求めるのではなく，制裁と支援サービスを組み合わせて受給者の就職を促すという点に特徴があり，勤労福祉の擁護者をも満足させられるという利点があった。また ETC プログラムは求職活動を重視していたので，従来の地域奉仕活動に基づくプログラムよりも経費が少なく，参加者が自らの努力によって貧困から離脱する機会を提供するものとして提示できた。これはリベラル派が 1980 年代半ばには勤労福祉の原則を容認し，もはや勤労福祉政策のいずれの手法を受け入れるかという選択肢しか残されていないという状態にまで追い込まれていたことを反映していたのである。

一方，右派は経費節約的な勤労福祉手法の優位を主張し，MDRC の評価報告も暗黙のうちに厳格でサービス軽視の勤労福祉政策を支持していた。しかもマサチューセッツ州の勤労福祉プログラムは州内の旺盛な労働市場に大きく依存していたので，他の州でも成果を挙げられるかどうか分からなかった。もちろん，ETC は柔軟な勤労福祉プログラムがうまく機能するというニューデモクラット

第1章　アメリカ型勤労福祉政策の成果と限界　　27

の信念を強固にしたが，他の多くの OBRA 公開実験とは違って MDRC の客観的な研究評価を受けていなかったので，依然として多くの議員たちが懐疑的な目で見ていたのである。

　MDRC の評価報告は家族援護法案をめぐる論争の過程で政治的な意味を持ち始め，JOBS プログラムは支援サービスの拡充を可能にする柔軟性を残しながらも，任意主義を放棄し強制原則を導入した。というのも，連邦議会は保守派が支援サービス規定に反対せず，リベラル派も強制原則を容認するという政治的な妥協を行ったからである。もちろん，JOBS は実際には運用手続きが法的効果を和らげることになり，家族援護法の規定が示唆するほどには強制的に実施されたわけではなかったが，任意主義やサービス重視から決別しようとする動きが次第に加速されることになった。

　というのも，福祉受給者が労働市場の悪化によって増加し，成果も挙げられずに費用ばかりが嵩むサービス重視の JOBS プログラムに対して政治的な反感が高まったからである。ETC プログラムは受給者の減少を成功の論拠にしてきたので，その増加は当然に信用を失墜させることになった。また MDRC がその間にリバーサイド型プログラムの成果を称揚する評価報告を公表し始めた。しかも民主党が勤労福祉の強制原則を容認した後に，党の指導権は北東部の伝統的リベラル派から南部の保守的なニューデモクラットへと移っていったのである。

　こうして ETC プログラムの理念はクリントン政権が発足する頃にはマサチューセッツ州でも既に死滅していた。1991 年の州知事選挙は州内の右傾化を明白にし，ETC に対する信頼感も経済の悪化に伴う受給者の激増によって損なわれたのである。新知事 W. ウェルドは早々に強制的勤労福祉政策を導入し，州公共福祉省（DPW）を過渡期扶助省（DTA）と改称する改革を断行した。彼の福祉改革プログラムはウィスコンシン州の就学福祉（learnfare）やニュージャージー州の家族成員数制限などの政策手段を他州から借用しながら独自性と革新性を付加したものであった。こうして皮肉なことにマサチューセッツ州は 1980 年代にはリベラルな福祉改革運動で大きな役割を果たしたが，1990 年代には厳格で保守的な改革運動の先導者となったのである。特に 1995 年 2 月に州議会を通過した包括的な改革パッケージは 2 年の給付期限導入など勤労福祉の厳格化によって全国的な評判を呼んだと言われる[33]。

マサチューセッツ州の福祉受給者は一般に景気循環に伴って15％前後の変動を示すと言われていた。また経済政策研究所（EPI）によれば，同州の低賃金労働市場は福祉離脱者の大量流入によって賃金が11.6％も低下したと推定されている。さらに同州の福祉離脱者は全国でも最も厳しい制裁によって福祉からの離脱を促され，厳しい労働規律を教え込まれていたのである[34]。

こうしてマサチューセッツ州は最もリベラル色の強い州として，福祉改革圧力が高まる中でもサービス重視・任意参加のETCプログラムを堅持して家族援護法の作成にもある程度の影響力を及ぼしてきたが，低コストで懲罰的な勤労福祉手法が重視されるようになると共に重要性を失っていった。特に1990年代に福祉規則の適用免除が寛大化されると，同州は最も厳格な福祉改革パッケージを打ち出し，反福祉政策を先導する役割を担うことになったのである。

第2節　勤労福祉政策の実態

[1]　福祉離脱世帯への影響

(1)　福祉離脱

アメリカの福祉受給者は対人口比で1994～2000年6月に5.5％から2.1％へと大幅に減少した。多くの福祉離脱者が就業人口に加わり，児童の貧困率も1993～1999年に低下傾向を示している。しかし，これらの成果は数百万人の福祉受給者や福祉離脱者の不安な現状を覆い隠していた。実際，福祉離脱者の大部分は正規雇用の職種には就けず，1年間を通してまったく就労していない者も多かった。また大部分が時給6.00～8.00ドルの低賃金職に就いており，家族を扶養できるような収入を得ていなかったのである。確かに貧困率は全体的には低下していたが，勤労世帯，特に未婚の母親が家長である世帯ではむしろ上昇していた。元々貧困であった世帯も最近数年間に貧困度が更に悪化していると言われる。

このように受給者の減少は福祉改革の成功を測る尺度としては必ずしも十分とは言えず，福祉離脱者の再雇用率も同様であった。定義によれば，福祉世帯は大部分が未婚の母親家長からなる世帯とされている。そこで，福祉改革の成否を評価する基準はこれらの母親が家族の生活を支えるのに必要な職に就き，勤続

できるようなプログラムを構築できているかどうかに基づくべきであると言ってよい。また経済の好況は1990年代後半を通じて福祉受給者を減少させたが、必ずしも一様に減少させたわけではなく、多くの福祉受給者が大都市部には滞留していたのである。

1996年PRWORAは戦後史上で最も長期的なブーム期に施行された。それゆえ受給者減少の40～80%は福祉改革よりもむしろこの経済的ブームの結果であったとも言われる[35]。この点はアメリカ経済が再び景気後退に陥った際にTANF（臨時貧困家庭扶助）の権限再承認について検討する時に重要な意味を持ってくる。旺盛な労働需要は福祉離脱者が参入できる雇用を創出する上で重要な役割を果してきたからである。そこで、労働需要が将来に緩和されることになれば、福祉離脱者が職に就き、継続することはより困難となるであろう。しかも福祉受給者は益々アメリカの大都市部に集中し、1999年現在全福祉受給者の約60%が89大都市郡（全米人口の33%を占める）に集まっていた。これは1994年以降で10ポイントの増加であり、10大都市郡だけでも全米福祉受給者の約$\frac{1}{3}$を占めていたのである。

受給者数の減少率も地域間で一様ではなかった。例えば、1993～1994年にオクラホマ、フロリダ、コロラド、ウェストバージニア、ミシシッピ、ウィスコンシン、アイダホ、ワイオミングなどの受給者数は70%以上も減少した。しかしニューメキシコ、ハワイ、ロードアイランド、ニューヨーク、ネブラスカ、アラスカ、バーモント、カリフォルニア、ワシントンDCなどの受給者数は40%弱しか減少しておらず、特に1993年にそれぞれ全米受給者数の17%と9%を占めていたカリフォルニアとニューヨークは1999年には更に22%と12%を占めるに至ったのである。

(2) 離脱後の生活

福祉離脱者の多くは就職したが、貧困から脱却した者は稀であった。福祉離脱者の40～70%が全米で就職しており、福祉受給者や福祉離脱者の就業は増加している。例えば1994年度では、TANF（AFDC）成人受給者の8%のみが扶助を受けながら就業していたが、1999年度には就業率は28%に上昇した。また労働力化率は1989～2000年に未婚の母親の間では9.6ポイントも増加したが、既

婚母親の間ではより緩慢にしか増加しなかったのである。

　ところで，子供 2 人を抱える片親世帯は基礎的な生活費を賄うために約 3 万ドルの収入を必要としていたと言われるが，この金額は連邦貧困線水準の 2 倍以上に相当していた。一方，福祉離脱世帯の平均所得は年間 1 万〜1.4 万ドルにすぎなかった。これは片親世帯の大部分が 1998 年の貧困線水準（3 人家族当たり 13,133 ドル）を下回っており，適当な住宅，食料，医療，児童保育，及び他の基本的必需品を購入する十分な収入を得ていないことを示していたのである。

　そこで，福祉離脱者の生活が 1990 年代後半期にどのように変化したのか，サンプル調査に基づいて検討しておこう。まずニューヨーク市では，1997 年 11 月に福祉給付を打ち切られた 6,092 人から抽出した 569 人のサンプルについて使用可能な電話を持っていた 126 人を対象として取り上げよう。この調査対象 126 人のうち，58% が主として就業によって家族の生活を支えていると報告し，回答者の中位賃金は時給 7.50 ドルであった。また貧困線水準を超える所得を得ていた者は回答者の 37% にすぎなかった。次に福祉，児童保育及び失業保険に関する政府プログラムの管理データを使ったメリーランド州についての研究によれば，福祉離脱者の 51% が離脱直後の四半期に所得の増加を経験していた。就業に伴う平均賃金は福祉離脱直後の四半期で 2,384 ドル，第 2 四半期で 2,439 ドル（年収では 9,500 ドル強）に達していたが，平均的な世帯の所得は貧困線水準よりもかなり低かったのである。

　さらに南カリフォルニアで無作為に抽出した福祉離脱者グループに対する電話インタビューと家庭訪問に基づく研究によれば，65% がインタビュー時点で就業しており，平均時給 6 ドルの収入を得ていた。1998 年 4〜8 月にワシントン州の TANF 離脱者に関する調査でも，離脱者の 71% が平均時給 8 ドルで週平均 36 時間就労していたのである。

　もちろん，1996 年 PRWORA は福祉離脱母親がまず低賃金職種に就いた後に，徐々に職種の梯子を昇っていくという暗黙の前提に立っていた。しかし教育程度の低い労働者の賃金水準はほとんど停滞しており，未熟練労働者の賃金は年率 1〜2.6% しか上昇しなかった。また教育程度の低い労働者の賃金は同じ使用者の下で働いている限りはほとんど上昇しなかったが，労働者の多くが同じ使用者の下で働き，あるいは新しい使用者の所に移ってもむしろ実質賃金の低下を

経験していたのである。

　確かに最近のデータは貧困が全体として減少していることを示していたが，福祉離脱者の大部分(福祉離脱者の 90% が母親)は貧困線水準を超えるような賃金を得てはいなかった。例えば 1998 年には，就職した福祉離脱者の 29% が公式の貧困線水準を上回る賃金を得ていたにすぎなかった。しかも 1999 年には貧困がほとんどすべての人口統計グループの間で減少していたにもかかわらず，未婚の勤労母親グループではむしろ増加していた。未婚の勤労母親世帯の貧困率は福祉給付の受給前では 1995～1999 年に 35.5% から 33.5% まで低下していたが，福祉給付や租税を勘案した後では 1999 年に 19.4% であり，1995 年時点と実質的に変化がなかった。未婚の勤労母親を家長とする世帯は 1999 年には 1995 年当時よりも一層ひどい貧困状態に陥っており，貧困脱却の足掛かりとなる職に就くことの困難さを示していたのである。

　このように数百万人の福祉離脱者は経済的福祉の改善を享受できているとは言えなかった。受給者の減少は福祉改革の成果というよりは旺盛な経済的好況の恩恵と見るべきであり，この傾向はやがて逆転する可能性も秘めていた。また多くの福祉離脱世帯はブーム期後半においても安定した正規の雇用を維持できず，賃金も著しく低かったので，貧困から脱却できなかったのである。それゆえ経済不況が就労支援プログラムに影響を及ぼすようになった時には，福祉受給者がどれだけ増加するかは予想も出来ない状況にあった。

[2]　ウィスコンシン・モデル (**W-2**)

(1)　実　　績

　『トロント・スター』紙はカナダのオンタリオ州地域社会事業相 J. エッカーがウィスコンシン州福祉改革プログラム (Wisconsin Works, W-2) を視察するために 1998 年 4 月中旬に同州を訪問したと伝えた。ウィスコンシン州は福祉受給者を 10 年間で 70% も劇的に減少させるという成果を挙げ，福祉改革のモデルとして喧伝されてきた。同相もこの視察旅行を学習の機会，恐らく失敗したオンタリオ勤労プログラムに対する改善策を探すために利用しようと考えていたのであろう。これに対して『Workfare Watch Bulletin』誌はウィスコンシン州福祉改革を再検討し，エッカーが見逃した重要な論点を明らかにしようとした[36]。

そこで，同誌に依拠しながらウィスコンシン・モデルの実態を明らかにしておこう。
　W-2は資格要件を満たす全福祉受給者を次の4プログラムのいずれかに配置していた。即ち，①補助金非交付雇用（非障害者全員が過失を理由に配置され，参加者は勤労所得税額控除（EITC），食料スタンプ，医療扶助，児童保育や通勤費支援などの受給資格を有するが，現金は支給されない），②見習作業（3〜6ヵ月間の補助金付き雇用。使用者に月300ドルの補助金支給），③地域奉仕作業（勤労福祉。参加者は勤労福祉に週30時間まで，教育訓練に週10時間まで従事しながら最高月額555ドルを受給。給付は作業時間に比例して支給），④W-2移行期（対象は自活的な仕事に従事できない者。参加者は就労や他の啓発活動に週28時間まで，また教育・訓練に週12時間まで従事し最高月額518ドルの補助を受給。給付は就労時間に比例），などの4プログラムであった。
　W-2の給付は参加者に対してほぼ一律に支給され，家族成員数に応じた増減がなされなかった。多くの参加者は医療や児童保育に関する費用を新たに負担しなければならなかったので，以前のプログラムと比べて金銭的に一層苦しくなったと言われる。また最長生涯参加期間（生涯給付期限）も60ヵ月に制限されていた。しかし地域労働市場の状況次第では延長が認められていたのである。
　さて，1996年4月から「自立最優先」や「実績に対する報酬」を標榜するプログラムが州内全域で実施された。「実績に対する報酬」は福祉受給者が必要な時間数の勤労福祉を実行できなかった場合には，その時間数に比例して給付が削減されるという原則であった。この原則は教室での活動や求職活動にも適用された。これらの改革が実施されてから7ヵ月間で，福祉受給者はミルウォーキーで14%，残りの地域では33%も減少したのである。
　もちろん，福祉受給者数が激減したのはこの時のウィスコンシン州が低い失業率（3〜4%の範囲内）に恵まれた好況期に当たっていたからである。しかし，この低い失業率にもかかわらず，W-2の参加者は就職した後も貧困から容易に抜け出すことが出来なかった。例えば，1997年9月に民間職種に就いたW-2参加者の平均時間賃金は5.65ドルにすぎず，正規の雇用に就けた者も半分強に止まっていた。しかもW-2（1997年9月現在州内全域で実施）はT.トンプソン知事が主張するほどにはうまく機能していないと思われる不吉な兆候もあった。

まず第1にホームレス，避難所利用者数及び食料援護数などが劇的に増加していた。第2にAFDC世帯数は1988～1996年に19%減少したが，AFDC世帯から里親制度への申請数が60%も増加していたのである。

しかもミルウォーキー市では，勤労福祉が非営利企業3社と営利企業2社によって実施されていたが，その実績は必ずしも芳しくはなかった。1997年11月にウィスコンシン法律運動（Legal Action of Wisconsin, LAW）はミルウォーキー市で資格認定や運営の責任を担っている営利企業マキシマス社が「州の政策やW-2契約規定に継続的に違反している」と州当局に苦情を申し立てた。福祉世帯がAFDCを不当に打ち切られ，またW-2給付を拒否されていたからである。LAWはマキシマス社を以下のような点で非難していた。即ち，それは①必要な接触も行わずにAFDC受給世帯の給付を打ち切り，②当該世帯との面談もなしにAFDC受給世帯が就労可能であり，W-2現金扶助の資格を有していないと誤った判定を下し，③個別的な評価，就労可能なプラン，W-2合意書への署名などの手続きもなしに受給者をW-2に移管し，④個別的にではなくグループ単位で評価や就労可能なプランの作成を実施しており，⑤AFDC受給世帯の給付を打ち切り，W-2見習作業グループに配置して給付を支給せず，⑥受給者の電話呼び出しにも応答せず，⑦W-2の資格や職業紹介，及び現金給付受給について福祉世帯に適切な助言を行っていない，などの点であった。

マキシマス社の活動についての調査によれば，105世帯が「就労準備中（job ready）グループ」（給付を受けられず，補助金なし雇用で就労）に配置された際に誤って給付を停止されるに至った。マキシマス社はある時点では150人の受給者を「就労準備中グループ」に配置したが，調査後もこのグループに止まっていた者は僅か3人のみであったといわれる。この変更について同社は明確な説明を行おうとしなかった。そこで，W-2当局や州議会の超党派グループは同州の受給者減少に大きな貢献をしてきた「就労準備中グループ制度」の廃止を提案せざるを得なくなったのである。

またメディケイドに登録された世帯数はW-2導入以降，州内全体で6%も減少した。というのも，資格要件は何ら変更がなかったが，W-2世帯はもはや自動的にはメディケイドに登録されなくなり，別途に登録を行わなければならなくなったからである。

（2） 奇跡の内実

　しかもウィスコンシン州の福祉改革は喧伝されるほどの目覚しい奇跡であったとは必ずしも言えなかった。受給者の減少は教育や訓練を軽視し，人々を直ちに就労させる様々な方法によって達成されたものであった。人々はそれによって福祉に登録することを阻止されたのである。しかし同州の最も有名で独創的な政策の1つでもある就学福祉制度（learnfare）は惨めな失敗に終わっている。1年間の就学福祉制度実施後に，AFDC世帯の学齢期児童の47％が学校中退のために制裁を科されていたからである。

　福祉離脱者の多くがひどい低賃金で，経済不況に脆弱な部門において就労していた。そこで，1995年12月に福祉に依存し，1996年1月～1997年3月まで時折就労していたAFDC受給親の就業職種に関する研究を見れば，以下のような特徴が浮かび上がってくる。即ち，① 75％が1年後に失業し，17％のみが正規の雇用に就き，4％のみが家族の生活を支え得る賃金を得ており，② 1995年12月時点で福祉に依存し1996年9月には福祉から離脱していた独身の親のうち，1996年10～12月に34％が無収入で，貧困線水準を超える収入のある者は16％にすぎず，1996年12月までに15％が福祉に舞い戻り，55％が何らかの公的扶助に依存しており，③ 1996年第1四半期以降に就職した単独家計支持親の半分は1年後には失業するか，限界的に就労（同四半期に500ドル未満の所得）していたのである。

　このようにウィスコンシン州における福祉の奇跡は精査に堪え得るほどの説得力を持っていなかった。受給者の劇的な減少は低い失業率，支援サービスなどのアメと制裁などのムチ，の結果として達成されたと言ってよい。多くの人々が福祉受給から離脱したが，経済が活況を呈したウィスコンシン州においても容易には職に就けず，就職した者も依然として貧困からは脱却できなかったのである。

（3） 自活の困難

　1980年代に形成された勤労福祉コンセンサスは福祉が受給者の勤労倫理を蝕み，依存を助長したので，給付期限を設け，給付と引き換えに就労を義務づけるべきだという信念に基づいていた。むろん，それは就労機会が十分にあり，勤

労意欲を持つ者がすべて容易に就職できるということを前提にしていた。しかし高い経済成長が続いたにもかかわらず，ウィスコンシン州経済は福祉受給者や低熟練失業者に十分な雇用機会を提供できるだけの職を作り出せなかったのである。福祉受給者の大部分を就職させられるだけの職が存在していなかったので，福祉に期限を設けて就労を要求するような近年の政策は決して労働市場の現実を反映しているとは言えなかった[37]。

というのも，失業率は過去20年間で最低の水準に達していたが，福祉離脱者向けの職は依然として不足していたからである。ウィスコンシン州では，1997年に123,377人が低熟練職種を探していたが，利用可能な低熟練職種は33％の40,790人分にすぎず，82,587人が職に就けなかった。ミルウォーキー市では，求職者と実際の就労者とのギャップは更に大きく，就労可能な低熟練職種の7倍にも相当する求職者が存在していた。都市中心部地域以外の住民も雇用機会の不足に直面していた。州南部のケナシャ郡と南西部のワシュバーン郡では，就職可能な低熟練職種の4倍に相当する求職者が存在し，州北西部全体でも就職可能な低熟練職種の3倍に相当する求職者が存在していたのである。

しかも福祉改革は自活を促していたので，福祉世帯が家計必要額と就業関連費用を賄うのに必要な賃金を得られる職を保障しなければならなかった。だが，第1-3表のように福祉受給者向けの適切な職種，特に生活可能賃金を得られる職種は極端に不足していた。この点は福祉改革を成功させるうえで是非とも解決しなければならない困難な問題であったと言ってよかった。こうした事実は公的扶助受給者に就労を義務づけるだけで福祉制度を改革できると信じている政策立案者たちに再考を迫っていたのである。政策立案者たちは現在，福祉受給者に勤労道徳を植え付け，福祉依存を排除することを主張している。しかし勤労福祉政

第1-3表 ウィスコンシン州の生活可能職種の利用可能性と求職者とのギャップ

低熟練職求職者数	123,377人
貧困線水準賃金を得られる職（3人家族で12,278ドル）	6,927人（18倍の求職者）
貧困線水準の150％を得られる職（3人家族で18,417ドル）	2,514人（49倍の求職者）
生活可能賃金を得られる職（3人家族で25,907ドル）	1,682人（73倍の求職者）

（資料）　U.S. Bureau of Census, "Poverty Thresholds in 1995."

策を成功裡に実施していくためには，労働市場の厳しい現実を直視し，生活可能賃金を得られるような十分な職を創出することが不可欠であったのである。

1996年 PRWORA は AFDC 制度を州への TANF 一括補助金制度に代えることによって窮迫世帯に対する限定的権利給付を終焉させた。同法は福祉制度の設計に関する権限をほとんど全面的に州に委譲したが，州が5年を超えて成人に現金扶助を支給するために TANF 資金を使うことを禁止していた。もちろん，州は5年よりも短い生涯給付期限を設定することもできたが，TANF 扶助を2年間受給した親は就労するか，扶助を受給し続けながら就労プログラムに従事することを強制されたのである。

この PRWORA は十分な数の職が存在し，福祉受給者のほとんどが望めば容易に就職できるという前提に立っていた。例えばウィスコンシン州でも，失業率が1987年の6.9%から1997年4月に過去20年間で最低の3.4%まで低下したので，福祉受給者の就労に必要なだけの職が当然存在するものと考えられたのである。同州が福祉改革プラン（服務規律違反に対する制裁によって裏打ちされた新しい勤労福祉政策）を導入するに至ったのもこのような経済的好況という背景があったと言われる。

しかしながら州経済が記録的なペースで成長を続けていたにもかかわらず，ウィスコンシン州では低熟練求職者たちが依然として大量に失業中であった。堅実な経済成長が4年続いた後の1995年においても州内には依然として105,476人の失業者が存在していたが，これらの求職者たちのうち53%（56,369人）は低熟練職種にしか適性を持っていなかった。このため福祉受給者が新たに低熟練職種に就くためにはこれら目下失業中の労働者たちと熾烈な就職競争をしなければならなかったのである。同州の福祉受給者は教育程度の低さや就労経験の少なさなどが障害となって，就職先が低熟練・低賃金職種に限定される傾向にあったために自活への機会をほとんど摑むことができなかったと言ってよい。

この点をもう少し具体的に見ておこう。ウィスコンシン州の福祉受給者は1995年に214,404人（うち児童148,792人）おり，平均世帯成員数は3.2人で，中西部平均の3.1人よりも若干多かった。成人は福祉世帯人員の30.6%を占めており，成人受給者の94.1%は女性であった。福祉受給世帯では，両親と同居する児童は2%未満にすぎず，残りの98%は片親のみ，あるいは別の家族と同居し

ていた。このため福祉世帯の成人は児童保育の責任のために雇用機会を狭められ，容易に職を維持することができなかったのである。また同州では，黒人が福祉受給成人の 45.4% を占めており，これに白人 (44.1%) やラテンアメリカ系住民 (10.3%) が続いていた。家長で福祉を受給していた成人は他の中西部諸州のそれよりも若干年齢が若く，35 歳以下が 90.2% を占めていたのである。

福祉受給世帯の成人家長は 29.8% が高校を中退し，33% は高校卒業証書しか持っていなかった。こうした低い教育水準と児童保育の責任のために，彼らの 50.7% は働いておらず，就業者は 35.5% にすぎなかったのである。しかも就業者は 34.1% がサービス職種，21.9% が重労働職種，11.9% が熟練職工，11.8% が販売職種，残りの 20.3% が他の職に従事しており，圧倒的に低賃金職種に集中していた。

このように福祉受給者は教育程度が低く就労経験も乏しかったので低熟練職種にしか就けなかった。しかも福祉離脱者が参入しようとする低熟練職市場は求職者が過剰で，失業率も高かった。高卒以下の労働者の失業率は学士号取得労働者の 2 倍以上の水準に達していた。また高卒資格のない 24～34 歳の女性は 1996 年 3 月の失業率が 15.4% で，全体の平均失業率の約 3 倍にも上ったが，黒人の母親に限れば実に 27.2% にも達していたのである。結局，1990 年代における失業率の低下にもかかわらず，ウィスコンシン州経済は低熟練職種を必要としている求職者に十分な職を提供することができなかったと言ってよい[38]。

もちろん，福祉受給者全員が同時に労働市場に参入するわけではなかった。PRWORA も州が 1997 年には福祉受給者の 25% のみを就労させ，その後毎年 5% ずつ引き上げることを義務づけていたにすぎない。とはいえ，ウィスコンシン州は 1997 年に 73,121 人の求職者を抱え，32,331 人分の職不足に直面していた。しかも 2000 年には福祉受給者の 40% を就労させなければならなかったので，深刻な低熟練職不足に直面する恐れがあったのである。

(4) 生活可能賃金

基礎的生活費は中西部の家計が生活を維持するのに必要な所得水準を推計するために，典型的な福祉世帯（就労母親と就学前児童 2 人からなる家族）をモデルに平均家計必要経費と就業関連経費に基づいて計算された概念である。それに従

えば，3人家族が基礎的生活費を賄うためには年25,907ドルの税引前所得を必要としていたという。しかし州内で就労可能な低熟練職種は3人家族に対してこのような生活可能賃金をほとんど支払うことができなかった。例えば，1997年に生活可能な賃金を支給していたのは州内の就労可能低熟練雇用の4.1%にすぎなかった。一方，低熟練職種の求職者は実に73,121～123,377人にも上っていた。つまり，求職者数は州内の生活可能低熟練職数の44～73倍にも達していたのである。なお，生活可能所得の尺度として公式の貧困線水準を用いた場合でも，求職者数は1997年に州内で就労可能な低熟練職種の11～18倍にも上ると言われる[39]。

このようにウィスコンシン州は多くの福祉受給者が成功裡に福祉から離脱して就職するうえで必要な雇用を十分に創出できなかった。同州は就労可能な低熟練職数の2～3倍に達する求職者を抱えていたのである。また就労可能な職数が不足していただけではなく，就労者の多くに支払われる賃金も甚だ低すぎて家族を貧困から脱却させることができなかった。同州では3人家族に対して生活可能な賃金を支払っていたのは就労可能な低熟練職数の4%にすぎなかったからである。このように福祉改革論争は就労可能な職が無限に存在しており，福祉受給者が勤労意欲さえ持っておれば容易に職に就けるといった誤った前提に立脚していたので，脱福祉就労を促す方法として専ら制裁を重視することになった。だが，福祉受給者に勤労要件や給付期限を課しても，彼らが直面する厳しい労働市場の壁や深刻な低熟練職種の不足といった問題を解決することには繋がらなかったのである。

第3節　全米の脱福祉就労動向

アメリカのTANF/AFDC月平均受給者数及び世帯数は第1–1図のように1991年度から1994年度まで増加するが，その後は2000年度まで大幅かつ継続的に減少している。TANF/AFDC月平均受給者数の対米人口比率も第1–2図のように1960年代後半から急増して1970年代初頭にピークに達し，1970年代後半以降やや減少気味に推移していたが，1990年代初頭から増加に転じ，ようやく1990年代半ば頃から1960年代前半の水準にまで急速に減少したのである。

第 1 章　アメリカ型勤労福祉政策の成果と限界　　39

第 1-1 図　AFDC/TANF 月平均受給者及び世帯数の推移

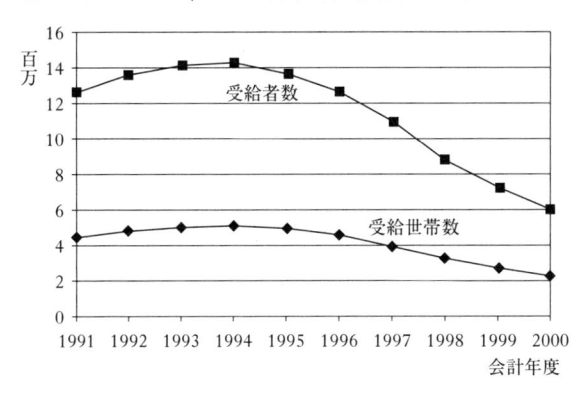

（資料）　Office of Planning, Research and Evaluation, *Temporary Assistance for Needy Families Program Forth Annual Report to Congress*, April 2002

第 1-2 図　AFDC/TANF 月平均受給者数の対米人口比推移

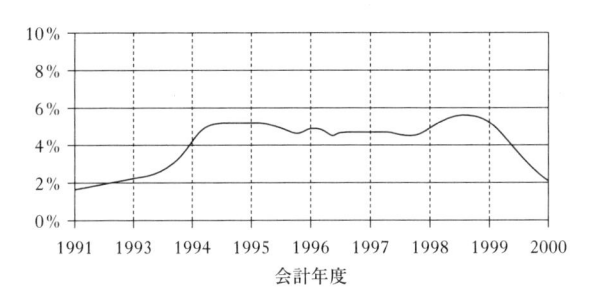

（資料）　Office of Planning, Research and Evaluation, *op. cit.*

TANF/AFDC 受給世帯数も 1992 年度 9.0%，1993 年度 4.5%，1994 年度 1.3% と増加し続けたが，それ以後 1995 年度 −3.5%，1996 年度 −6.7%，1997 年度 −13.4%，1998 年度 −18.7%，1999 年度 −16.4%，2000 年度 −15.0% と持続的に減少している。結局，受給世帯数はピーク時の 1994 年度から 2000 年度までに 55.0% も減少したのである。

TANF/AFDC 受給者数も 1992 年度 8.2%，1993 年度 3.8%，1994 年度 0.6% と増加した後に，1995 年度 −4.0%，1996 年度 −7.4%，1997 年度 −13.5%，1998

第 1-4 表　州別 AFDC/TANF 月平均受給者数の減少　　　（1996～2000 年度，単位：%）

州	減少率	州	減少率	州	減少率
ワイオミング	92.3	ニュージャージー	60.7	ミズーリ	47.7
アイダホ	90.2	ペンシルヴェニア	60.4	デラウェア	47.3
フロリダ	77.8	マサチューセッツ	59.9	ユタ	45.9
ウィスコンシン	76.5	バージニア	59.8	ニューメキシコ	44.5
コロラド	72.5	ウェストバージニア	58.8	ニューハンプシャー	44.2
ミシシッピ	72.3	アラバマ	53.3	テネシー	43.4
ルイジアナ	72.2	ケンタッキー	53.3	ワシントン	43.4
イリノイ	72.1	カリフォルニア	53.2	ニューヨーク	43.2
オクラホマ	67.7	メイン	53.2	バーモント	40.5
ノースカロライナ	67.1	アラスカ	53.0	ネブラスカ	39.8
メリーランド	66.9	アーカンソー	52.3	アイオア	39.4
サウスカロライナ	66.2	カンザス	51.9	ハワイ	38.9
ジョージア	65.8	アリゾナ	51.8	DC	38.1
オハイオ	63.5	オレゴン	51.7	ミネソタ	34.1
コネティカット	63.2	モンタナ	50.6	ノースダコタ	33.7
ミシガン	62.9	テキサス	48.9	ロードアイランド	28.7
サウスダコタ	60.9	ネバダ	48.2	インディアナ	21.9

（資料）　Office of Planning, Research and Evaluation, *op. cit.* より作成。

年度 −19.6%，1999 年度 −18.2%，2000 年度 −16.6% と持続的な減少に転じている。受給者数もピーク時の 1994 年度から 2000 年度まで 57.9% もの大幅な減少を示していたのである。

　アメリカの福祉受給者は 1996～2001 年度の 5 年間に 720 万人が福祉依存から離脱している。そこで，AFDC/TANF 月平均受給者数の減少を州別（50 州と DC）に示した第 1-4 表を見れば，この 5 年間に福祉受給者数が 70% 以上も減少した州 8 州，40～70% 減少した州 35 州，40% 未満の減少に止まった州 8 州などとなっている。人口の集中する 7 大州に注目すれば，1996～2000 年度の受給者減少数が全国平均の 57.9% を超えていたのはフロリダ，イリノイ，オハイオ，ペンシルヴェニアの 4 州であり，3 大州でもあったカリフォルニア，テキサス，ニューヨークはいずれも全国平均を下回っていた。勤労福祉（脱福祉就労）のモデルとして喧伝されてきたウィスコンシン州は受給者減少率では 4 位を占めていたが，カリフォルニア州は全国平均を下回っており，リバーサイド郡のよう

第 1 章 アメリカ型勤労福祉政策の成果と限界

第1-5表 福祉給付申請の承認率と受給終了率 (2001年度、単位：%)

州	承認率	受給終了率	州	承認率	受給終了率
全米	54.4	108.8	ミズーリ	61.4	128.1
アラバマ	94.4	48.6	モンタナ	96.2	10.2
アラスカ	61.7	106.9	ネブラスカ	57.1	79.3
アリゾナ	40.4	112.5	ネバダ	50.4	59.8
アーカンソー	35.9	107.9	ニューハンプシャー	62.1	96.9
カリフォルニア	58.2	207.4	ニュージャージー	81.6	112.2
コロラド	67.3	91.6	ニューメキシコ	61.2	140.6
コネティカット	64.2	90.3	ニューヨーク	62.7	78.1
デラウェア	54.6	70.1	ノースカロライナ	68.7	137.6
DC	74.0	95.0	ノースダコタ	73.6	83.2
フロリダ	47.0	103.0	オハイオ	0.6	9790.3
ジョージア	39.4	99.1	オレゴン	76.9	164.4
ハワイ	53.1	87.8	ペンシルヴェニア	68.8	58.4
アイダホ	14.3	99.1	ロードアイランド	45.8	314.0
イリノイ	49.8	273.0	サウスカロライナ	44.8	81.9
インディアナ	61.7	67.9	サウスダコタ	61.5	97.6
アイオア	93.6	140.8	テネシー	63.6	43.6
カンザス	50.5	102.4	テキサス	40.1	92.3
ケンタッキー	59.9	101.0	ユタ	26.5	238.5
ルイジアナ	94.7	87.5	バーモント	56.7	67.1
メイン	64.9	100.0	バージニア	49.0	64.7
メリーランド	43.2	124.2	ワシントン	57.8	94.2
マサチューセッツ	64.0	100.6	ウェストバージニア	86.8	67.0
ミシガン	48.0	94.6	ウィスコンシン	52.3	91.0
ミネソタ	77.3	97.2	ワイオミング	75.1	75.7
ミシシッピ	62.7	46.1			

（資料）第1-4表と同じ。申請承認率は承認数を申請受理数、受給終了率は受給修了数を申請承認数でそれぞれ割ったもの。オクラホマ州のデータは利用できない。

な郊外であればともかく大都市部では思ったほどには受給者数を減らせなかったのである。

次に第1-5表を参考にして、2001年度における福祉給付申請の承認率と拒否されて受給終了となった率を州別（DCを含みオクラホマを除く50州）に見ておこう。全国平均は承認率が54.4%、受給終了率が108.8%であった。全国平均の承認率を下回る州は18州にすぎず、上回る州が32州にも上っていた。福祉

受給に対して厳格な姿勢を採っていると思われるこれら18州のうち，承認率が極端に低いのはオハイオ（0.6%），アイダホ（14.3%），ユタ（26.5%），アーカンソー（35.9%），ジョージア（39.4%）などの5州であった。特にオハイオはフロリダ（47.0%）やイリノイ（49.8%）と共に7大州の一角を占めながらも申請の承認を厳しく制限していた。またウィスコンシンの承認率は52.3%と全国平均よりもやや抑制的であったが，カリフォルニアの承認率は58.2%，マサチューセッツも64.0%と全国平均を超えており，必ずしも福祉抑制策が厳格に実施されていたわけではないようである。

また受給終了率は全国平均の108.8%を超える厳格な福祉抑制を行っていた州がオハイオ（9790.%），ロードアイランド（314.0%），イリノイ（273.0%），ユタ（283.5%），カリフォルニア（207.4%）などの14州に上る一方で，全国平均を下回る州はモンタナ（10.2%），テネシー（43.6%），ミシシッピ（46.1%），アリゾナ（48.6%），ペンシルヴェニア（58.4%）などの36州に達していたのである。

さらに月平均扶助額（2001年度）を州別に見ると，全国平均は1世帯当たり394.84ドル，受給者1人当たり153.21ドルであった。1世帯当たり給付額で全国平均を超えていたのはアラスカ（695.97ドル），サウスカロライナ（649.45ドル），カリフォルニア（638.39ドル），マサチューセッツ（598.87ドル），ハワイ（511.53ドル）などの17州，同じく受給者1人当たり給付額ではマサチューセッツ（268.20ドル），カリフォルニア（246.21ドル），アラスカ（239.39ドル），サウスカロライナ（237.60ドル），オレゴン（201.92ドル）などの15州にすぎなかった。しかしカリフォルニア，マサチューセッツ，ウィスコンシンなど1990年代に厳格な勤労福祉政策を積極的に推進した州が比較的に高い給付額を支給しているのはやや意外な感じもする。

次に2000年度のTANF受給者の勤労参加率を示した第1-6表を見ると，全国の平均勤労参加率は世帯全体では34.0%であったが，両親同居世帯では48.9%にも達していた。州別（モンタナを除きDCを含む50州）で見ると，28州が世帯全体の勤労参加率で全国平均を超えていた。特にカンザス（77.4%），ウィスコンシン（73.4%），インディアナ（72.3%），マサチューセッツ（69.2%），モンタナ（68.2%），イリノイ（59.2%），などは高い勤労参加率を示している。積極的な勤労福祉政策の実施で1990年代に名を馳せたウィスコンシンやマサチューセッツは

第 1–6 表 TANF受給者の勤労参加率　　　　　　　　　　（2000年度，単位：％）

州	全世帯	両親同居世帯	州	全世帯	両親同居世帯
全米	34.0	48.9	ミズーリ	34.0	40.4
アラバマ	37.7	a	モンタナ	68.2	89.2
アラスカ	42.1	46.4	ネブラスカ	22.6	a
アリゾナ	39.7	67.6	ネバダ	37.4	60.5
アーカンソー	20.8	19.2	ニューハンプシャー	53.1	27.7
カリフォルニア	27.5	a	ニュージャージー	37.8	a
コロラド	36.6	46.9	ニューメキシコ	36.9	37.9
コネティカット	43.0	a	ニューヨーク	33.2	53.0
デラウェア	27.6	a	ノースカロライナ	19.2	34.7
DC	24.4	22.5	ノースダコタ	35.7	a
フロリダ	33.0	a	オハイオ	52.9	64.9
ジョージア	12.2	a	オレゴン	33.9	a
ハワイ	29.7	a	ペンシルヴェニア	11.2	11.7
アイダホ	47.7	41.8	ロードアイランド	25.0	95.8
イリノイ	59.2	92.1	サウスカロライナ	54.0	78.4
インディアナ	72.3	a	サウスダコタ	46.5	a
アイオア	41.8	54.2	テネシー	35.4	a
カンザス	77.4	76.4	テキサス	25.6	49.0
ケンタッキー	25.6	35.8	ユタ	31.1	a
ルイジアナ	33.5	53.3	バーモント	b	b
メイン	40.0	53.7	バージニア	44.9	a
メリーランド	6.3	a	ワシントン	52.8	57.8
マサチュセッツ	69.2	78.7	ウェストバージニア	17.1	20.9
ミシガン	36.4	61.7	ウィスコンシン	73.4	35.0
ミネソタ	34.7	43.3	ワイオミング	59.0	56.7
ミシシッピ	17.8	12.5			

（資料）　第1-4表と同じ。aは両親同居世帯向け制度なし，bはデータ利用不可。

実に7割前後の福祉受給者を勤労に参加させていたのである。しかしメリーランド（6.3%），ペンシルヴェニア（11.2%），ジョージア（12.2%），ウェストバージニア（17.1%），ミシシッピ（17.8%）などの州は参加率が20%にも達していなかった。しかも人口が集中する7大州のうち全国平均を上回る勤労参加率を達成していたのはイリノイとオハイオの2州のみであり，ペンシルヴェニア，テキサス（25.6%），カリフォルニア（27.5%），フロリダ（33.0%），ニューヨーク（33.2%）

第1-7表　勤労活動種類別月平均参加率

州	参加率	補助金なし雇用	補助金付民間雇用	補助金付公的雇用	勤労体験	OJT
全米	39.7	24.1	0.2	0.3	3.9	0.1
カリフォルニア	34.1	24.8	0.1	0.3	0.5	0.3
フロリダ	39.3	26.7	0.1	0.2	3.8	0.0
イリノイ	53.6	38.5	0.0	0.0	4.5	0.0
マサチュセッツ	27.2	17.3	0.7	0.2	0.0	0.0
ニューヨーク	33.0	19.6	0.3	0.1	6.3	0.0
オハイオ	69.2	31.1	0.1	0.0	21.7	0.1
ペンシルヴェニア	29.0	24.9	0.0	0.0	2.0	0.0
テキサス	14.8	6.4	0.1	0.1	0.5	0.0
アイダホ	86.1	28.1	0.2	0.0	6.1	0.0
モンタナ	72.3	10.2	0.0	0.0	50.0	0.0
ユタ	78.1	23.1	0.0	0.0	1.4	0.3
ワシントン	87.9	35.5	1.1	4.3	3.9	0.2
ウィスコンシン	88.9	7.7	0.1	0.0	56.5	0.0

（資料）　第1-4表と同じ。参加は成人のみ。7大州及び参加率上位5州。

の5州は全国平均を下回っていたのである。

両親同居世帯に限れば，33州のうち17州が全国平均の勤労参加率を超えていた。特にロードアイランド（95.8%），イリノイ（92.1%），モンタナ（89.2%），マサチュセッツ（78.7%），サウスカロライナ（78.4%）などの5州では参加率がかなり高かった。大きな特徴は厳格な勤労福祉政策を追求してきたマサチュセッツ，イリノイ，オハイオが世帯全体及び両親同居世帯の両方で高い参加率を達成している一方で，7大州でもあるペンシルヴェニアの参加率がいずれにおいても僅か10%程度にすぎない点である。ニューヨークやテキサスは世帯全体の参加率では全国平均を若干下回っているが，両親同居世帯の参加率では全国平均を上回っていた。これは育児その他の問題のために就労が困難な母子家庭に対しては就労義務に手心を加えたりする反面で，比較的就労が容易な両親同居世帯に対しては厳しく就労を求めるといった裁量が働いているものと思われる。

次に第1-7表の勤労活動種類別月平均参加率（2000年度）を見ると，ウィスコンシン（88.9%），ワシントン（87.9%），アイダホ（86.1%），ユタ（78.1%），モンタ

第 1 章 アメリカ型勤労福祉政策の成果と限界

(2000 年度, 対勤労参加者数, 単位：%)

求職活動	地域奉仕	職業教育	技能訓練	雇用関連教育	学校通学	保育	活動参加免除	その他
5.0	2.6	3.4	1.1	1.1	1.6	0.0	1.9	1.7
4.8	0.2	3.2	0.5	1.0	0.8	0.0	0.1	0.3
1.9	2.6	4.8	0.3	0.6	3.1	0.1	0.0	0.0
0.5	1.1	6.6	1.1	2.5	0.6	0.0	0.0	3.5
1.7	1.1	1.4	2.8	0.7	2.2	0.0	0.0	0.0
1.2	4.6	1.6	0.1	0.3	0.2	0.0	0.0	0.0
5.3	0.0	13.2	0.7	0.1	5.4	0.0	0.0	0.0
2.3	0.1	0.3	1.1	0.8	0.0	0.0	0.0	0.0
6.2	0.1	0.8	0.1	1.3	0.3	0.0	4.5	0.0
31.4	3.1	23.6	0.0	0.5	2.1	0.0	0.0	38.0
11.6	0.6	4.0	0.0	0.0	0.8	0.0	53.1	0.0
15.5	0.0	3.1	10.6	2.1	1.3	0.0	0.0	52.7
9.3	42.2	1.0	5.7	1.4	4.7	0.0	0.0	9.1
12.7	10.3	4.2	26.0	18.2	17.1	0.0	0.0	0.0

ナ (72.3%) の参加率は全国平均 (39.7%) をかなり上回っていた。しかし7大州では, オハイオ (69.2%) やイリノイ (53.6%) を例外としてテキサス (14.8%), ペンシルヴェニア (29.0%), ニューヨーク (33.0%), カリフォルニア (34.1%), フロリダ (39.3%) の5州はいずれも全国平均を下回っている。勤労活動(全国)のうち, 勤労福祉政策の成否に繋がる活動は補助金なしの民間雇用 (24.1%, 勤労参加率 39.7% の 61%), 補助金付民間雇用 (0.2%), 補助金付公的雇用 (0.3%)の3つにすぎず, 他の勤労体験 (3.9%), OJT (0.1%), 求職活動 (5.0%), 地域奉仕 (2.6%), 職業教育 (3.4%), 技能訓練 (1.1%), 雇用訓練教育 (1.1%), 学校通学 (1.6%), 活動参加免除 (1.9%), その他 (1.7%) などは就職準備を目的としていたと言ってよい(重複参加あり)。

そこで, 補助金なし民間雇用の従事者比率を見ると, 全国平均よりも高かったのはアイオア (53.9%), インディアナ (47.7%), メイン (41.3%), ミシガン (39.8%), イリノイ (38.5%) などの24州であり, 逆に低かったのはメリーランド (5.5%), ウェストバージニア (6.2%), テキサス (6.4%), ウィスコンシン

(7.7%)，ジョージア (8.3%) などの 27 州であった。人口が集中する 7 大州に限れば，オハイオやイリノイは勤労参加率と補助金なし民間雇用比率の両方で高く，カリフォルニア，フロリダ，ペンシルヴェニアは勤労参加率では全米平均よりも低かったものの補助金なし民間雇用比率では高かったが，テキサスとニューヨークは勤労参加率と補助金なし民間雇用比率の両方とも全国平均を下回っていたのである。

　勤労体験の比率はウィスコンシン (56.5%)，モンタナ (50.0%)，ワイオミング (23.7%)，オハイオ (21.7%)，ニュージャージー (18.2%) など 16 州で全国平均 (3.9%) を超えていた。特にウィスコンシンは勤労福祉政策を積極的に推進していたにもかかわらず雇用への参加率では極めて低かったが，勤労体験では実に 56.5% にも達しており，福祉離脱者が容易に就職できない状況を求職活動，地域奉仕，技能訓練，雇用関連訓練，学校通学などと共に勤労体験によってカバーしようとしていたのである。またアイダホ，モンタナ，オクラホマ，オレゴン，サウスダコタ，ユタ，ワシントン，ワイオミングなどの諸州もウィスコンシンと同様の問題に直面していたものと思われる。

　そこで，前年まで福祉 (AFDC/TANF) を受給していた未婚の母親の就業状況 (1988～2000 年) を既婚の母親のそれと比較した第 1-8 表を見ながら，その特徴を明らかにしておこう。既婚の母親の就業率は 1988～2000 年に 53.2% から 60.7% へと 7.5 ポイント増加し，非労働力率も 43.1% から 37.1% へと 6 ポイント低下している。貧困線水準 200% 以下の世帯に限れば，既婚の母親の就業率は 34.7% から 42.3% へと 7.6 ポイント上昇し，非労働力率も 59.0% から 53.7% へと 5.3 ポイント低下していた。一方，未婚の母親の就業率は 42.9% から 64.5% へと 21.6 ポイントも上昇し (非労働力率は 47.8% から 28.5% へと 19.3 ポイント低下)，既婚の母親のそれを 3.8 ポイントほど上回るに至ったのである。

　また貧困線水準 200% 以下の世帯に限定すれば，未婚の母親の就業率は 34.7% から 58.5% へと 13.8 ポイントも上昇し (非労働力率は 11.3 ポイント低下)，既婚の母親と比べて実に 16.2 ポイントも高くなっている。結局，未婚の母親の就業率は 1988 年には既婚の母親よりも低かったが，州・地方が 1990 年代に積極的に勤労福祉実験を実施して就労へと駆り立てた結果として 2000 年には既婚の母親を大きく凌駕するようになったのである。

第1章 アメリカ型勤労福祉政策の成果と限界

第1-8表 未婚の母親と前年 AFDC/TANF 受給者の就業状況 （単位：％）

	1988	1989	1990	1991	1992	1993	1994	1995	1996	1997	1998	1999	2000
既婚母親													
就業	53.2	54.8	55.8	55.2	55.2	55.7	57.8	59.7	59.9	60.8	60.6	59.5	60.7
失業	3.5	2.4	2.8	4.0	4.2	3.7	3.6	3.3	2.4	2.8	2.9	2.3	2.1
非労働力	43.1	42.7	41.2	40.6	40.4	40.5	38.4	36.9	37.6	36.3	36.3	38.0	37.1
貧困線水準200％以下の既婚母親													
就業	34.7	38.3	38.4	35.8	35.3	36.0	38.5	39.1	39.0	39.7	41.2	39.3	42.3
失業	6.0	4.3	4.2	6.1	6.8	5.9	5.9	4.6	4.2	4.4	5.2	3.9	3.9
非労働力	59.0	57.4	57.2	58.0	57.9	57.9	55.4	56.3	56.7	55.8	53.5	56.6	53.7
未婚の母親													
就業	42.9	44.5	47.8	46.0	44.0	45.8	46.4	50.1	52.6	57.6	58.8	61.9	64.5
失業	9.2	9.5	7.9	8.7	8.7	8.4	9.7	8.0	8.4	9.8	9.2	8.2	6.9
非労働力	47.8	46.0	44.3	45.2	47.3	45.8	43.7	41.9	39.1	32.6	32.0	29.8	28.5
貧困線水準200％以下の未婚の母親													
就業	34.7	36.4	38.3	37.2	34.8	39.1	39.4	42.6	44.4	50.4	51.1	54.6	58.5
失業	10.4	10.5	9.5	10.0	9.8	9.1	10.6	8.7	9.6	11.8	11.0	9.5	8.0
非労働力	54.8	53.2	52.1	52.8	55.5	51.8	50.0	48.6	46.0	37.8	37.8	35.9	33.5

（資料）　第1-4表と同じ。6歳以下児童と同居する母親。

第1-9表 AFDC/TANF 受給者の人種的特徴 （年度，単位：％）

	1990	1992	1994	1996	1998	2000
白人	39.1	38.9	37.4	35.9	32.7	31.2
黒人	39.7	37.2	36.4	36.9	39.0	38.6
ヒスパニック	16.6	17.8	19.9	20.8	22.2	25.0
アジア系	2.8	2.8	2.9	3.0	3.4	2.2
アメリカ原住民	1.3	1.4	1.3	1.4	1.5	1.6

（資料）　第1-4表と同じ。

　では，福祉（AFDC/TANF）受給者はどのような人種的特徴を持っていたのであろうか。第1-9表によれば，受給者の人種比率は1990～2000年に白人が7.9ポイント（39.1％から31.2％），黒人も1.1ポイント（39.7％から38.6％）の減少を示している一方で，ヒスパニックが8.4ポイント（16.6％から25.0％）も増加して

第 1–10 表　TANF 受給世帯の人種別構成比　　　　　　　　　（2000 会計年度，単位：%）

州	ヒスパニック	白人	黒人	アメリカ原住民	州	ヒスパニック	白人	黒人	アメリカ原住民
全米	25.0	31.2	38.6	1.6	ペンシルヴェニア	12.5	34.5	50.3	0.0
カリフォルニア	44.6	24.6	23.8	0.3	テキサス	49.9	19.9	29.3	0.2
フロリダ	21.5	26.6	51.6	0.0	アイダホ	12.7	77.9	1.3	6.9
イリノイ	8.8	15.4	73.1	0.4	モンタナ	2.2	50.5	0.8	46.3
マサチュセッツ	31.5	44.8	17.3	0.2	ユタ	15.4	70.5	3.4	8.6
ニューヨーク	37.7	19.1	42.0	0.1	ワシントン	12.4	61.7	12.3	5.1
オハイオ	3.1	44.2	52.3	0.1	ウィスコンシン	6.3	25.4	50.5	3.1

（資料）　第 1–4 表と同じ。7 大州及び勤労活動参加率上位 5 州。

いる。また第 1–10 表によれば，全国の TANF 受給世帯では黒人の比率が最も高かったが，むしろ白人やヒスパニックの比率が高い州も見られる。例えば，アイダホやユタなど 24 州では白人が最大の受給者となっていた。ヒスパニックもテキサスなど 5 州では最大の受給者となっている。もちろん，黒人も 20 州で最大の受給者となっており，その人口比から見ても福祉受給者があまりにも多かったことから，福祉改革の標的とされることになったのである。

しかも 7 大州はすべて白人以外の人種が最大の福祉受給者となっていた。ウィスコンシンやカリフォルニアなど厳格な勤労福祉政策を実施した州もどちらかといえば白人受給者の割合が低かった。白人が 45% で最大の受給者となっていたマサチュセッツはやや例外的とも言えるが，そのことが勤労福祉政策導入をめぐる同州の紆余曲折とある程度まで関連を持っているのかも知れない。

第 4 節　脱福祉世帯の現状

[1]　概　　観

（1）　福祉離脱者の特徴

1996 年 PRWORA 成立以降における福祉受給者の劇的な減少とそれに伴う就職準備，就労，及び結婚は貧困な親の福祉依存を終焉させることに繋がるものと受け取られている。そこで，NSAF（アメリカ家族全国調査）のデータを見

ると，福祉離脱者と非福祉受給者はいくつかの共通点を持っていることが分かる[40]。まず両者の大多数は生活を就労によって支えていた。しかし福祉離脱者は非福祉依存の貧困近傍及び低所得母親と同様に底辺労働に従事しながら低い時間賃金や月収を得ていた。また福祉離脱者の $\frac{1}{4}$ 以上，貧困近傍及び低所得母親の大部分は夜間に働き，半分以上が保育と仕事のスケジュール調整のために奮闘を強いられていたのである。

その一方で NASF によれば，福祉離脱者の約 20% が就職もせず，就労配偶者も持たず，公的障害給付も受給していなかったので，何に依存して生活していたのか不明であったという。また 1995～1997 年に最低 1 ヵ月以上にわたり福祉を離脱した者のうち，約 30% が福祉に舞い戻って 1997 年内には給付を受給していたのである。

ところで，福祉離脱母親の特徴を明らかにするためには，次のような最近 2 年間にわたり福祉給付を受けずに貧困な生活を強いられてきた母親と比較することが有効である。即ち，それは ① 貧困近傍の母親（18 歳以上の子供を抱え家計所得が公式の貧困線水準の 150% 以下）と ② 低所得の母親（家計所得が貧困線水準の 200% 以下），である。なお，これら貧困近傍の母親と低所得の母親は要扶養児童を抱えた母親全体のそれぞれ $\frac{1}{4}$ と $\frac{1}{3}$ を占めていたと言われる。

福祉離脱母親は約 $\frac{2}{3}$ が高卒以下の学歴しかなく，約 15% が就労を困難にするような精神的・肉体的な障害に陥っているなど，貧困近傍や低所得の母親とほぼ類似した特徴を持っていた。また福祉離脱母親は貧困近傍や低所得の母親と同数の要扶養児童を抱えていたが，比較的に幼い児童を抱えていることが多かった。しかも福祉離脱母親は独身や配偶者なしが $\frac{2}{3}$ を占め，貧困近傍や低所得の母親の $\frac{1}{3}$ と比べて 2 倍にも達していたのである。

もちろん，勤労福祉政策の成否は貧民の自活能力にあったので，福祉離脱母親の就労が重要な問題であった。福祉離脱母親は第 1–11 表のように 69% が就職や収入増加の結果として福祉から離脱したが，それは貧困近傍母親（50%）や低所得母親（54%）と比べても高い就業率を示していた。しかし福祉離脱母親と非福祉受給母親を家族タイプ別に分ければ，両者の就業率はほとんど相違が見られないと言われる。福祉離脱母親の就職先は主にサービス業（全体の $\frac{3}{4}$），販売，事務・管理職などであり，貧困近傍や低所得の母親とほとんど同じ職種に集中し

第1-11表　福祉受給者の離脱理由（単位：%）

収入増加や新しい職	69
管理上の問題や喧嘩	10
必要なし・不参加	7
家族状況の変化	6
他の源泉からの所得	5
新しい郡・州へ移動	4
その他	6

（資料）Loprest, *op. cit.* より作成。

第1-12表　世帯当たり月収額　　　　　　　　　　（単位：ドル）

	第25百分位数	中位数	第75百分位数
前福祉受給世帯	776	1,149	1,921
貧困近傍世帯	581	1,031	1,694
低所得世帯	696	1,240	1,894

（資料）Loprest, *op. cit.* より作成。

ていた。最も大きな違いは貧困近傍や低所得の母親が福祉離脱母親よりも約2倍の比率で自営業に従事している点である。というのも、非福祉受給母親は両親の揃った世帯の比率が高く、自営業就業が配偶者の所得を補完する格好のパートタイム収入となっていたからである。なお、福祉離脱母親の就労時間は貧困近傍母親のそれよりも長時間に及んでいた言われる。

しかし福祉離脱母親は非福祉受給母親よりも在職期間が短かった。例えば、同じ職場での勤続1年未満の比率が福祉離脱者（$\frac{3}{4}$）では貧困近傍母親（$\frac{1}{2}$）や低所得母親（$\frac{1}{2}$弱）と比べてかなり高かった。これは使用者負担の健康保険適用が貧困近傍や低所得の勤労母親の約$\frac{1}{3}$と比較して、福祉離脱母親では$\frac{1}{4}$弱にすぎなかったことも一因と考えられる。

福祉離脱勤労母親の中位時間賃金は6.61ドルで、全国最低賃金（調査時点で4.75ドル）よりもかなり高く、貧困近傍や低所得の母親のそれ（各中位時間賃金が5.83ドルと6.06ドル）よりもいくぶん高かった。また福祉離脱勤労母親の平均月収は貧困近傍母親よりもやや多く、低所得母親よりもやや少なかった。例えば、福祉離脱勤労世帯の中位月収は第1-12表のように貧困近傍勤労世帯の

第 1-13 表 非現金給付の受給 　　　　　　　　　　　　　（1997 年，単位：%）

	食糧スタンプ	メディケイド受給成人	メディケイド受給児童
福祉離脱世帯	31	34	47
貧困近傍世帯	18	17	31
低所得世帯	13	12	24

（資料）Loprest, *op. cit.* より作成。

1,031 ドル，低所得勤労世帯の 1,240 ドルと比較して中間の 1,149 ドルであった。これは貧困近傍や低所得の母親の多くが就業している配偶者を持っていたという事実を反映していたのである。

だが，福祉離脱母親の 25% はまったく就労しておらず，配偶者がいないか失業中かのいずれかであったという。また無収入の福祉離脱者は 44% が少なくとも 2 年間は就労しておらず，3% がまったく就労経験を持っていなかったのである。就労しない理由は約 $\frac{1}{3}$ が家事，家族の世話，通学などの勤労以外の活動に従事し，約 $\frac{1}{4}$ が病気，障害，労働不能などの阻害要因を抱えていた。他の約 $\frac{1}{4}$ は仕事がなく，児童保育，交通費や遠距離などの困難な問題を抱えていたと言われる。なお，病気でも障害者でもなく就労もしていない母親の 69.4% は積極的に仕事を探していたのである。

非就労の福祉離脱母親は半分弱が児童扶養手当，社会保障（被保険者の遺族や扶養家族），SSI（補足的保障所得）の 3 つの主要な所得源泉のうち最低 1 つから収入を得ていたと言われる。児童扶養手当はこれらの世帯の所得源泉の 34%，社会保障は 17%，SSI も 23% を占めていた。しかし福祉離脱母親の 12% は何の収入もなく，これら 3 つの所得源泉からも何の収入も得ていなかったのである。

なお，公的給付には食料スタンプ，住宅手当，児童保育手当及びメディケイドなどの現物給付制度も存在していた。実際，福祉離脱世帯は第 1-13 表のように貧困近傍や低所得の世帯と比較して遥かに多くの公的現物給付を受給していたのである。

（2）　福祉離脱世帯の困難

1996 年 PRWORA は 2002 年に期限満了となるので，連邦議会が再承認するか，修正を行う必要があった。PRWORA は給付に期限を設け，多くの受給者

を福祉から離脱させてきた。確かに福祉離脱者の大部分はその後就職したが，家族の生活を支えられるだけの収入を必ずしも得ることができなかった。男女賃金格差が福祉離脱母親に不利に働いていたことも大きな原因であった。しかし福祉離脱母親にとって幸運だったのは勤労福祉政策が最近40年間で最長の経済的好況の最中に実施されたために，失業率が低位で推移し，彼女たちの50〜60%が少なくとも何らかの雇用に就けたことであると言ってよい[41]。

もちろん，幸運にばかり恵まれていたというわけではない。福祉離脱母親はすべてが正規の雇用に就けたというわけでもなく福祉離脱後に継続的に勤務できたというわけでもなかったし，大部分が時給6〜8ドルの賃金で働いていた。また平均的福祉世帯(母親と子供2人)はたとえ正規の雇用に就いていたとしても連邦貧困線水準を下回るような収入しか得られなかったのである。というのも，福祉改革の成否は未婚の母親が勤労所得だけで自活できるかどうかに懸かっていたが，女性の賃金，特に母親の賃金は男子の賃金よりもかなり下回っていたからである(正規の雇用者の男女賃金比率は81%，母親の収入は父親の $\frac{2}{3}$ 弱)。この賃金格差は女性，特に福祉から離脱したばかりの女性が低賃金で，昇進も限られている介助職(caring professions)に集中しがちであったことから生じていた。しかも女性が就く職の多くは賃金が低いばかりではなく，仕事と家事の両立に必要な使用者負担医療保険などの重要な就労支援を享受できない場合が多かったのである。

(3) 就労後の貧困

1996年PRWORAは貧民が福祉を離脱して自活できるように就労を援護すると謳っていたが，5年後に至っても顕著な成果を挙げているとは必ずしも言えなかった。確かに福祉離脱者の約 $\frac{2}{3}$ は力強い経済のお蔭で福祉名簿から離脱し，少なくとも短期間だけならば労働市場に参入することができた。しかし，こうした好条件の下においても，就労した福祉離脱者が貧困から抜け出すことは非常に困難だった。というのも，彼らが就職する低賃金職種は安定した見苦しくない生活水準を維持するだけの賃金を支払ってくれなかったからである。その結果，1990年代末の経済ブーム期においても約3,700万人が食料，住居，医療など基礎的な必需品を十分に享受できず，幼児を抱えた勤労世帯の $\frac{1}{3}$ が収入だ

第1章　アメリカ型勤労福祉政策の成果と限界　　　　　　　　　　53

けでは十分な生活を続けられなかったのである。

　ところで，EPI（経済政策研究所）は連邦貧困線水準が尺度として不十分であった点を改善するために，全国各地域について「基礎的家族生計費」を試算した。それは家族構成や居住地などに基づいて住居，保育，医療，食料，交通費やタクシー代等を含めて世帯が必要とする全生活費目のコストを網羅していた。もちろん，家族生計費概念の重要な目的は家族が雇用によって自活する上で必要となる所得を測定することにあった[42]。

　その結果，片親と12歳以下の子供2人からなる勤労世帯の基礎的家族生計費はハッティズバーグ（ミシシッピ州）の21,989ドルからナッソー郡・サフォーク郡（ニューヨーク州）の48,606ドルの範囲内にあると推計された。また基礎的家族生計費は全国的に見て連邦貧困線水準のおよそ2倍に相当していた。従って，アメリカの貧困定義は基礎的家族生計費の約$\frac{1}{2}$をカバーするにすぎなかったので，生活困窮家族の比率を著しく過小評価していたことになる。実際，1990年代末に12歳以下の子供を1～3人抱える勤労世帯は28%が基礎的家族生計費水準を下回っていた。しかも生活難に陥る家族の割合は経済ブームのピーク期である1997～1999年においてもほとんど変化がなかったのである。

　家族生計費水準の世帯は約30%が1990年代末に最低1回以上の危機的な困難（家族の生活状態に長期的不利益をもたらす困難）に直面した。またその72%以上が最低1回以上の深刻な困難（生命の危険に晒される困難）を経験している。さらに子供2人の片親世帯はその70%が家族生計費水準を下回っていたという。未婚の母親世帯は困難に直面する可能性が最も高く，福祉受給者の約9割が未婚の母親であることを考えれば，福祉改革はこれらの世帯が物質的な困難を回避するために必要としている援護を無視してきたと言ってよい。

　しかも福祉離脱勤労世帯は経済が好調であった1990年代末においても物質的な困難を軽減されなかった。実際，福祉離脱後間もない家族は，最低1回以上の危機的な困難を経験した世帯の比率が34%から44%に増加している。2回以上の危機的な困難を経験した世帯の比率も8%から12%に上昇していた。これとは対照的に福祉に留まっていた世帯では，困難を経験した世帯の比率は1997～1999年にはほとんど変化しなかったのである。

(4) 経済的好況の限界

1990年代末に経済が完全雇用に近づくと、底辺労働者の賃金も上昇した。中位及び底辺労働者の賃金は15年以上にもわたる低下の後に1995～1999年に急上昇した。例えば、最底辺労働者(労働市場の10%)の賃金(インフレ調整後)はこの時期に9.3%上昇し、1970年代以降に拡大した賃金格差をやや鈍化させている。しかし2000年には景気が再び後退したために、低賃金労働者は就職が困難となったばかりではなく、賃金の再低下に見舞われる恐れも出てきたのである。実際、家計を支える女性の失業率は2000年12月～2001年12月に5%から8%にまで上昇している。特に福祉離脱者の多くは就労期間が短かったので、不況の際には最初にレイオフの対象となる可能性が極めて高かったのである。

もちろん、福祉離脱者の多くはもはや福祉に舞い戻ることが難しかった。というのも、福祉受給世帯は既に2002年1月までに36州において給付期限の満了を迎えていたからである。PRWORAは最長5年の生涯給付期限を義務づけていたが、8州は更に短い生涯期限を導入し、14州は連続受給期間を短くする政策を実施していた。しかも就労した福祉離脱者は低賃金や断続的な就業などのために失業手当の受給資格を得るために必要とされる勤続期間をクリアすることができなかった。しかも今後、仮に現金扶助の必要性が増加しても、州はほとんど対応できないかも知れなかったのである。一括補助金は必要度とは無関係に毎年TANFプログラムの下で同額の福祉資金を州に交付する制度であった。多くの州が過去5年間にわたってTANF資金を保育や通勤費などのプログラムに注ぎ込み、その多くが福祉に依存しない貧困世帯によって利用されてきたからである。全国平均でも、TANF一括補助資金はその43%のみが現金扶助に充当されていたにすぎなかったのである。

[2] TANFの現状

2000年度のTANF支出(連邦資金と州努力維持(MOE)資金の合計)は前年度を14億ドル上回り240億ドルに達した。このうち現金扶助支出は115億ドル(48%)で前年度よりも19億ドル減少したが、TANF受給世帯向け保育支出は12億ドル増加して32億ドルに達している。就労支援活動支出も前年度よりも5億ドル多い23億ドルとなっていたのである。

第 1 章　アメリカ型勤労福祉政策の成果と限界　　　　　　　　　55

　もちろん，TANF 受給者の減少は 2001 年度も続いていた。同年度末の TANF 受給者数は 540 万人で，1996 年度の AFDC 受給者数を 56% も下回っていた。受給者数は 1994 年 3 月の 1,440 万人をピークに 2001 年 9 月の 530 万人まで 63.2% も減少したのである。1994 年 3 月以降における全国の月平均受給者数の減少は $\frac{3}{4}$ 以上が TANF 実施以後に生じていた。もちろん，これはアメリカの公的扶助プログラムの歴史における最大の減少幅であった。しかも 2001 年度の TANF 受給者 540 万人は 1967 年度以降で最低の人数であり，また 1961 年度以降で最低の扶助受給率(対人口比)でもあったのである。

　TANF 受給者と福祉離脱者の雇用も劇的に増加した。例えば，TANF 受給者の就業率は 1996〜2000 年度に 11% から 33% に上昇している。しかも 2000 年度には，TANF 勤労受給者の大多数が有給雇用に就き(勤労受給者の 80%，全受給者の 26%)，残りは勤労体験や地域奉仕などの活動に従事していた。また TANF 勤労受給者の月収も 1996 年度の 466 ドルから 1998 年度 533 ドル，1999 年度 598 ドル，2000 年度 668 ドル，とそれぞれ 14%，12%，12% の増加傾向を示してきたのである。

　児童貧困率は 1996〜2000 年に 20.5% から 16.2% に低下し，1978 年以降で最低の水準となった。もちろん，児童貧困率は親の婚姻状況や人種などによって大きな相違があった。例えば，貧困率は既婚夫婦世帯の児童は 8.2% にすぎなかったが，女性家長世帯の児童では 40% にも達していたのである。また黒人やヒスパニックの児童貧困率は依然として白人非ヒスパニック児童の 3 倍以上となっていたが，過去 6 年間に劇的に低下していた。

　私生児出生率も 1995〜1998 年に DC (4.13%)，アリゾナ (1.38%)，ミシガン (1.34%)，アラバマ (0.29%)，イリノイ (0.02%) などの 5 州で低下し，1 億ドル (各州 2,000 万ドル) の奨励補助金を交付されたのである。とはいえ，未婚出産率は数十年間の急増後に 1990 年代後半に至ってようやく横這い状態 (32〜33%) に落ち着いたというのが実態であった[43]。

　TANF 世帯の人種的特徴は 2000 年度においてもほとんど変化が見られなかった。TANF 世帯の人種比率は黒人 39%，白人 31%，ヒスパニック 25% などとなっていた。またそれ以外では，アメリカ原住民が 1.6%，アジア系が 2.2% を占めている。新規に認定された TANF 世帯の人種構成比率も黒人 39%，白人 37%，

ヒスパニック 20% となっており，ほとんど変化がなかったと言ってよい。

家族構成を見ると，TANF 世帯には福祉受給児童が平均で 2 人いた。成人受給者は TANF 世帯の 60% で 1 人，40% で 2 人以上いたが，35% ではまったくいなかったという。児童のみが福祉を受給する世帯は過去数年間に絶対的にも相対的にも増加し，1996～2000 年度に約 20 万人も増加している。また 2000 年度には約 160 万人が父親として認定され，扶養責任を義務づけられた（1996 年度の 110 万人から 47% 増）。その結果，養育義務プログラム（CSE）は 2000 年度に対前年度比 12% 増の 180 億ドルを徴収することができたのである。

ところで，州は福祉受給者の困窮が予想される場合には，罰則なしで受給者の 20% までを 60 ヵ月間の制限を超えて連邦資金による扶助を継続することができた[44]。現在，38 州が生涯 60 ヵ月間の給付期限制度を導入しているが，6 州（カリフォルニア，DC，メリーランド，ネブラスカ，ニューヨーク，ロードアイランド）は期限満了後に成人受給者の扶助を打ち切った後も当該世帯の児童に対しては給付を継続していた。サウスダコタとコロラドも条件付きながら児童に対する給付を続けていたのである。一方，3 州（アーカンソー，コネティカット，アイダホ）が 24 ヵ月以内，4 州（デラウェア，フロリダ，ジョージア，ユタ）が 36～46 ヵ月の短い生涯給付期限を設けていた。対照的にマサチュセッツとミシガンの 2 州は生涯給付期限を設けておらず，州資金を使って 60 ヵ月を超える現金給付を行っていたのである。

［3］ ブッシュの福祉改革案

（1） 勤労福祉の成果

1996 年 PRWORA は全国的な福祉政策における転換点を画することになった。新しい政策は就労を促し，私生児出産を減らし，婚姻を奨励することによって個人責任を鼓舞しようとしていたからである。もはや労働可能な成人（未婚の母親）は就労もせずに福祉に依存し続けることができなくなった。福祉受給者は福祉を脱却して就労する強い金銭的誘引を与えられ，保育や医療などの支援が提供されることになった。また州・地方政府は福祉に関して以前よりも大きな権限を与えられ，様々な就労支援策を実行できるようになったのである。

これらの結果として福祉受給者は未曾有の減少を示し，低所得世帯家長の雇用

や収入も増加し，児童(特に黒人児童)の貧困率も低下を続けている。また私生児出生率が最近数世代で初めて横這いとなり，最近5年間に限ればほとんど一定で推移していたのである。

　女性家長の就労も1990年代半ばから劇的に増加した。1995～2000年に未婚の母親の就業率は58％から73％に上昇している。しかも就労の増加は低所得の母親の間で最も顕著であった。特に未婚の母親は教育水準が最も低く，就労経験も最も乏しかったので，10年以上にわたって福祉に依存し続けることが多かった。だが，未婚の母親の就業率は1995～2000年に46％から66％にまで上昇し，史上最高の水準に達したのである。

　このように福祉改革が福祉受給者の減少と就労の増加に成果を挙げてきたことは明白であるが，就労の増加が女性家長世帯の経済的福祉を十分に向上させたかどうかとなると，疑問の余地が残っている。母親家長世帯は1993～2000年に福祉収入が減少する一方で，勤労所得が増加した。例えば，これらの世帯は現金や食料スタンプからの福祉所得2,500ドルを失ったが，勤労所得やEITC（勤労所得税額控除）からの収入増加(平均5,300ドル)によってこの減収分を十分に相殺し，結局1993～2000年に所得を25％以上増加させている。しかし所得増加がその範囲に留まるならば，就労に伴って保育費や医療費が増加するので，女性家長世帯が生活水準を向上できるかどうかは甚だ疑問と言わざるを得なかったのである。

　しかし福祉改革は児童の貧困化を招く恐れがあると懸念されていたが，雇用と所得の増加によって児童貧困率はむしろ低下した。児童貧困率は1993～2000年に22.7％から16.2％まで3割も低下し，1978年以降で最低の水準に達したのである。黒人児童の貧困率も同様に最低水準に低下している。もちろん，母子家庭の児童貧困率は依然として既婚夫婦世帯のそれと比べて5～6倍の高水準にあった。母子家庭の児童貧困率は1970年代以降，母子家庭児童数の増加によって上昇し，1993年には過去30年間で最高の23％に達した。しかし1990年代半ば以降，母子家庭の多くが就労によって勤労所得を得るようになると共に児童の貧困率も低下し始めたのである。

　また1996年PRWORAは福祉依存や暴力など社会問題の原因にもなっていた私生児出生や片親世帯の問題に初めて取り組むことになった。州は連邦資金を

使って私生児出生を減らし、両親の揃った世帯の児童数を増やすプログラムを実施する裁量権を与えられた。こうして父親確認規則の強化、児童養育義務プログラムの整備、10代の母親の学校通学強制、禁欲教育プログラムなども導入されことになった。その結果、未婚の母親の出生率は横這いとなり、10代の母親の出生率も1991年以降逓減傾向を辿り、2000年には1960年代の水準にまで低下したのである。

以上のようにアメリカの勤労福祉政策は①制裁や給付期限に裏打ちされた就労要件と、②低所得勤労世帯を援護するためのプログラム(メディケイド、保育、児童扶養税額控除、EITC及び食料スタンプ等)[45]、を通じて福祉母親の求職や就労を支援し、福祉受給者数を過去30年間で最低の水準に減らし、未婚の母親の就労を史上最高の水準に押し上げたのである。

特にPRWORA施行に伴うTANFの導入は連邦と州の新しい協力体制を作り出すことになった。連邦政府は福祉受給者の自活を促すというTANFの目標を達成するために合理的に資金を使う広範な裁量権を州に与えた。一方、州政府は一括補助金の裁量的運用と引き換えに、受給者が増加した場合の追加的費用負担という財政的なリスク(無財源マンデイト・コスト)を引き受けた。幸いにもTANFは順調に機能し、州は受給者の激減によって生じた余裕資金を使って就労支援や家族形成援助などを実施することができたのである。

(2) PRWORAの権限再承認

福祉からの離脱は1990年代半ば以降の好況期に顕著となったので、2001年3月以降の景気後退に伴って逆転現象が起こるかも知れないという懸念が高まっている。確かに福祉受給者数は1990年代半ば以降において初めていくつかの州で増加したが、全国の福祉受給者数は2000年9月〜2001年9月にも僅かながら減少傾向を示していた。このように景気後退に伴って福祉受給者数の減少にもブレーキが掛かっており、今後も減少傾向が続くかどうかは予断を許さない状況となっていたのである[46]。

こうした状況を踏まえながら1996年PRWORAの権限再承認に際して、ブッシュ共和党政権はTANFの成果や連邦と州の協力体制を維持するために以下のような提案を行った。まず連邦政府は現行TANF一括補助金額を維持し、

2003〜2007年度について年166億ドルの支出権限を認める。これに対応して州は努力維持（MOE）要件に基づく拠出の継続に同意する。ちなみに1996年PRWORAは州がマッチング・ベースでTANF支出の最低80%相当額の拠出を義務づけていた。ただし州が指定勤労参加率を達すれば，この金額は75%まで減額されることになっていた。これらの両条項は1996年PRWORAの権限再承認に際しても継続されることになっていたのである[47]。

またブッシュ政権は2001年度末に廃止された補足的補助制度を復活させ，2001年度と同水準の3.19億ドルを充当することを提案した。補足的補助は人口の急増に見舞われたり，歴史的に福祉支出が低い州に対して連邦が補助するために設けられた制度であった。さらに「扶助」と「非扶助」の区分を明確化し，州が福祉に依存しない失業者に「非扶助」区分の保育その他の就労支援サービスを提供しやすくできるような措置なども提案された。もちろん，ブッシュ政権は就労促進，片親世帯の援護と婚姻促進による家族の強化，社会計画の権限と責任の州・地方への委譲などの勤労福祉原則も提示していたのである。

むすび

アメリカの福祉受給者数は1990年代半ば以降，経済の好調にも助けられて劇的な減少を示してきたが，2001年3月以降の景気後退に伴って逆に増加傾向に見舞われる州が続出している。経済的好況はこれまで受給者の福祉離脱と就職を促進してきた最大の要因であり，今やその条件が失われようとしていたのである。しかも福祉受給者数は1990年代後半の激減の結果，福祉爆発前の1960年代半ば頃の水準にまで減少し，就労可能な者の大部分が既に福祉から離脱していたので，受給者を更に圧縮することは極めて困難なことであったと言わざるを得ない。その意味で，アメリカの勤労福祉政策は剣が峰に立たされていると言ってよい。

例えば，全米の福祉受給者数は2000年12月〜2001年12月に5.4%減少したが，州別（ワシントンDCを含む51州）で見ると，ネバダ（44.8%増），アリゾナ（32.9%増），サウスカロライナ（23.8%増），インディアナ（22.1%増），モンタナ（19.5%増）などの25州は受給者数をかえって増加させている。その中には

ウィスコンシン（13.4%増）やマサチュセッツ（3.7%増）など従来厳格な勤労福祉政策を実施して成果を挙げてきた州なども含まれていた。一方，福祉受給者数を引き続き減少させている州はニューヨーク（30.7%減），イリノイ（25.8%減），ニューメキシコ（23.6%減）などの26州であった。2001年9～12月の期間に限れば，全国的には受給者数が1.0%減少しているとはいえ，35州ではむしろ増加傾向が見られたのである（減少15州，増減なし1州）。

こうした折も折，1996年PRWORA（1997年7月実施）が2002年6月に5年の時限立法の満期を迎えることになった。もちろん，同法は一括補助金の大幅減額などの修正後に延長されることが予め考慮されていたが，2002年にブッシュ大統領が行った提案は補助金を減額せずに基本的に1996年法の権限をほぼそのままの形で再承認するという内容のものであった。重要な追加・修正項目がほとんどなかったのは同法に基づく勤労福祉政策が目覚しい成果を挙げていたので，特に修正の必要がないとみなされたのであろう。

しかしながら給付期限（生涯5年間）は同法制定時には福祉依存を撲滅し福祉離脱と就労を促進するための切り札と考えられていた。またそれゆえに同法は5年の時限立法とされ，州に対する一括補助金も5年間だけ定額で維持することとし，その後は大幅に減額される予定になっていたのである。しかるにブッシュ政権は2002年に失効する1996年PRWORAの権限を再承認するに当たって，2003～2007年度も従来の一括補助金額を維持することを表明した。恐らく同政権も2001年以降の経済停滞がアメリカの勤労福祉政策の前途に暗い影を投げ掛けていると敏感に感じ取っていたのであろう。

いずれにせよ21世紀に入って，アメリカ型勤労福祉政策が曲がり角に来ていることは疑いない。というのも，就労可能な福祉受給者の多くが既に就労を強いられており，残された福祉受給者はほとんどが就労困難な阻害要因を抱えた人々であったからである。また2001年初頭からの経済停滞が労働市場の沈滞を招き，福祉受給者の就労を困難にしているからである。

これまで述べてきたように1990年代後半以降における福祉受給者の激減は何よりもまず経済的好況の恩恵に帰せられなければならない。つまり勤労福祉政策の成否は経済の好不況によって大きく左右されざるを得ないのである。しかも勤労福祉政策が単なる財政赤字対策のための福祉切捨てを意味しているのではな

第1章　アメリカ型勤労福祉政策の成果と限界

く，福祉世帯の自活を目指しているのであれば，福祉離脱者に生活可能な賃金を保障しなければならない。この点ではアメリカ型勤労福祉政策は大きな成果を挙げたとされる1990年代後半においても何ら見るべき実績を示してきたとは言えなかった。

このようにアメリカ型勤労福祉政策は厳しい制裁をテコに専ら経済的好況という天佑を得て受給者数を激減させてきたが，福祉世帯の自活という点では必ずしも成功したとは言えなかった。にもかかわらずカナダやイギリスなどの海外諸国が相次いでアメリカ型勤労福祉政策を導入しようとしている。これらの諸国はいったい何をアメリカから学び，それを国内に導入しようとしているのであろうか。その目的は福祉受給者の自活なのであろうか，それとも単なる財政赤字対策としての福祉切捨てなのであろうか。また勤労福祉の成否を左右する経済的好況という条件は存在するのであろうか。これらの疑問については第2章以下で検討していくことにする。

1. J. Peck, *Workfare States*, 2001, p. 84.
2. クリントンは期限，厳格な勤労要件，可能な限り最も厳格な児童扶養義務などについて議会と合意し，また人々を福祉から就労に向かわせる超党派的福祉改革案を提出するよう議会に促しており，直ちにそれに署名するつもりだとも述べた (*Ibid.*, p. 88)。
3. 彼が福祉改革を提案した際に福祉から「勤労福祉」への転換が唱えられた (*Ibid.*, p. 90)。
4. J. T. Patterson, *America's struggle against poverty 1900–1980*, Second printing 1982, pp. 174–176; R. K. Weaver, *Ending Welfare as We Know It*, 2000, p. 56; E. D. Berkowitz, *America's Welfare State from Roosevelt to Reagan*, 1991, pp. 122–123, 127–128, 133; B. D. Call, *Safety Net: Welfare and Social Security 1929–1979*, pp. 243–255, 265–266, 271.
5. Peck, *op. cit.*, p. 91; M. Gilens, *Why Americans Hate Welfare*, 1999, pp. 181–182; M. Meeropol, *Surrender*, 1998, pp. 86–88.
6. Peck, *op. cit.*, p. 96; Berkowitz, *op. cit.*, pp. 145–147; Gilens, *op. cit.*, pp. 182–183; Weaver, *op. cit.*, pp. 70–78.
7. Weaver, *op. cit.*, p. 102. JOBSは1995年までに福祉受給者の20%を勤労福祉プログラムに従事させることしか州に要求していなかったので，州や地方はJOBSの枠組み内で懲罰的，強制的，あるいは自発的なプログラムなど広範で多様な政策を追求したのである (Peck, *op. cit.*, p. 97)。
8. Weaver, *op. cit.*, pp. 131–133; Peck, *op. cit.*, p. 99.

9. C. Campbell and B. Rockman, *The Clinton Legacy*, 2000, p. 215. なお，州の規則免除申請の主要承認基準は評価枠組みの整備と費用中立性であったが，これらの基準は福祉改革プロセスにおける多くの歪みを生み出したと言われる（Peck, *op. cit.*, pp. 100-102）。
10. Peck, *op. cit.*, p. 104; Campbell, *op. cit.*, pp. 203-204; C. Noble, *Welfare As We Know It: A Political History of the American Welfare*, 1997, pp. 124-128.
11. S. F. Schram and S. H. Beer eds., *Welfare Reform: A Race to the Bottom?*, 1998, p. 201; Peck, *op. cit.*, p. 113. 全国知事会（NGA）も1996年2月に大統領に拒否された下院法案第4号を手本にクリントンの主張も採り入れた独自の福祉改革案を発表して福祉改革の進展に重要な影響を与えた（*Ibid.*, p. 115）。
12. S. F. Schram, *After Welfare: The Culture of Postindustrial Social Policy*, 2000, pp. 5, 19; D. J. Besharov, P. Germanis, J. Hein, D. K. Jonas and A. L. Sherman, *Ending Dependency: Lessons from Welfare in the USA*, 2001 The Institute for the Study of Civil Society, p. 1; Peck, *op. cit.*, pp. 116-117. ワシントンポスト紙は社説で同法案を極端に厳格な鞭と極端に少ない援護を提供する過酷な法律と呼び，大統領の拒否権発動を訴えた。
13. M. Wiseman, "Welfare in the United States," in R. Walker and M. Wiseman ed., *The Welfare We Want?*, 2003, Chapter 2, pp. 26-38.
14. *Ibid.*, pp. 118, 120-121.
15. D. P. Dolowitz, *Learning America: Policy transfer and the development of the British workfare state*, 1998. p. 37. （以下 *LA* と略記）
16. *Ibid.*, p. 39. 1988年FSAとその後のイギリス求職プログラムの発展において，州脱福祉勤労プログラムを検討する重要なNPO組織，MDRC（雇用公開実験調査会社）の報告書が重要な役割を果たしたと言われる。
17. *Ibid.*, pp. 40-41. レーガンが1971年に州知事として実施したカリフォニア州CWEPは労働可能な福祉受給者全員に勤労要件を義務づけ，特にAFDC受給者には給付と引き換えに最低賃金で扶助弁済まで就労することを要求していた。
18. Labour, *Getting Welfare to Work: A New Vision for Social Security*, Road to the Manifesto, p. 8. W-2プログラムの先駆として自立最優先（SSF）と実績に報酬（PFP）が1996年3月に実施された（J. J. Roger, "Lessons from Wisconsin's Welfare Reform," *Memorandum*, September 1997, Social Market Foundation, pp. 3-4）。
19. Peck, *op. cit.*, p. 169; Weaver, *op. cit.*, pp. 158-159; J. Riccio and Y. Hansenfeld, "Enforcing a Participation Mandate in a Welfre-to-Work Program," *Social Security Review*, December 1996, pp. 518-520. カリフォルニア州では地方分権が強固で，郡の裁量権が強かった。
20. Peck, *op. cit.*, p. 170; MDRC, *Evaluating Two Years Welfare-to-Work Program Approaches: Two-Year Finding on the Labor Force Attachment and Human Capital Development Programs in Three Sites*, 1997. http://www.mdc.org/Report/JOBS2approachs/JOBS2ApproachesWxsum,html; Legislative Analyst's Office, Gain Programs, January 1995, http://www.lao.ca.gov/cgss3.html.

第 1 章　アメリカ型勤労福祉政策の成果と限界　　　　　　　　　　　　　　　63

21. Peck, *op. cit.*, p. 173. なお，リバーサイド郡は就労支援サービスを最低に抑制して絶えずコスト引下げ圧力を掛けていたが，カリフォルニア州 8 大郡の中でも制裁前の調停手続きの利用率がかなり高く，規律違反に対する制裁率が最も高かったと言われている (*Ibid.*, p. 175)。
22. *Ibid.*, p. 186.
23. *Ibid.*, pp. 188-189. これは当時のリバーサイド郡社会福祉局長 L. タウンゼンドを長とする GAIN 特別調査委員会勧告に基づく法案である (*Ibid.*, p. 188)。
24. *Ibid.*, p. 200. そうした欠陥は労働市場が堅調ではなく，貧困や人種差別主義や官僚主義的な行政などの扱いにくい社会的政治的な問題を抱えていた大都市で最も顕著に現れたと言ってよい (*Ibid.*, pp. 196-198)。
25. *Ibid.*, p. 201. リバーサイド型プログラムの導入は PRWORA を正当化し，LFA の優位を強め，レーガンが目論んだよう勤労福祉制度を定着させている (*Ibid.*, p. 204)。なお，大都市圏ロサンゼルス郡で 1995 年 1 月に実施された就労最優先 GAIN（厳格な就労重視強制脱福祉就労プログラム）は PRWORA の哲学と目標を先取りしていたが，その詳しい実態については MDRC, *The Los Angeles Job-First GAIN Evolution: Final Report on a Work First Program in a Major Urban Center*, June 2000 を参照。
26. Peck, *op. cit.*, p. 204.
27. *Ibid.*, p. 130; Commonwealth of Massachusetts Executive Office of Health and Human Services Department of Transitional Assistance, *State Plan for Temporary Assistance for Needy Families (TANF) amendment*, April 2000, pp. 4-6.
28. Peck, *op. cit.*, p. 133; Schram and Beer, *op. cit.*, p. 199.
29. Patterson, *op. cit.*, pp. 193-194; Berkowitz, *op. cit.*, pp. 132-133.
30. Peck, *op. cit.*, p. 134.
31. *Ibid.*, p. 135.
32. *Ibid.*, p. 139.
33. ウェルドは次年度の州福祉予算を半分に抑制すると脅しながらその通過を州議会に強制したと言われる。また同州の期限規定が厳格すぎたので，連邦社会福祉省が免除範囲の拡大によって緩和しようとしたため規則免除交渉に数ヵ月間が費やされたのである (*Ibid.*, pp. 149-152)。
34. *Ibid.*, p. 160.
35. 以下の記述は "The effects of the Personal Responsibility and Work Opportunity Reconciliation Act on working families," *Viewpoint*, Opinion pieces and speeches by EPI stuff and associates (This Testimony was given before the Committee on Education and the Workforce of the U.S. House of the Representatives on September 20, 2001) http://epinet.org/webfeatures/viewpoints/TANF_testimony.html に依拠。
36. 以下の説明は "Unmasking the Wisconsin Welfare "Miracle"," *Workfare Watch Bulletin*, http://www.welfarewatch.tronto.on.ca/wrkfrw/wrkwtch7.html に依拠。
37. P. Kleppner and N. C. Theodore, "Work after welfare: Is Wisconsin's Booming Economy Creating enough Jobs?."

38. 1997年に低熟練労働にしか就けない失業労働者と成人福祉受給者 123,377 人に対して州内で提供できる低熟練職は僅か 40,790 人分しかなかったという。
39. 同州の新しい職の 72% は生活可能賃金よりも少額しか支給していなかった（43% は生活可能賃金の $\frac{1}{2}$）。福祉離脱者は時給 5.50〜7.00 ドル，年平均収入 11,410〜14,500 ドルで就労していた。3 人世帯の貧困線水準 14,500 ドルを超える所得を得ていたのは 28.8% だけだった（National Priority Project, Working Hard, Earning Less. http://www.natprior.org/grassrootsfactbook/jobgrowth/jobgrowth.html）。
40. P. Loprest, "How Families That Left Welfare Are Doing: A National Picture," Urban Institute, http://newfederalism.urban.org/html/seres_b/anf_b1.html.
41. H. Boushey, "Congress Must Do More Support Mothers," *The Philadelphia Inquirer* on August 22, 2001（*Viewpoint*, Economic Policy Institute）.
42. H. Boushey, "The needs of the working poor: Helping working families make ends meet," This Testimony was presented by EPI economist Heather Boushey before the U.S. Senate Committee on Health Education, Labor and Pension, on Thursday February 14,2002（*Viewpoint*, Economic Policy Institute）. 生活費には大学や退職後に備えた貯蓄，レジャー活動資金のような贅沢費用は含まれていなかった。
43. TANF の家族形成活動は限られていたので，アリゾナ，オクラホマやユタのように独自な取り組みも始める州もあった（結婚奨励金など）。
44. アリゾナ，コネティカット，デラウェア，ハワイ，インディアナ，ネブラスカ，オレゴン，サウスカロライナ，テネシー，バージニア，バーモントの 11 州は特定の世帯に対して期限満了を免除したり特定の状況下で扶助受給月を期限に算入せずに受給者の 20% 枠に抵触せずに 60 ヵ月を超えて現金扶助を行っていた。
45. これらのプログラムの給付は最低賃金職を時給 8 ドル支給の職種と同等のものに押し上げた。
46. ブッシュ政権は最近，失業率の上昇に見舞われた州に追加資金を交付するために 20 億ドルの偶発損失積立基金を設けることを提案した。
47. *Working Toward Independence*, p. 1.

第2章　カナダの勤労福祉政策

はじめに

　進歩は社会の不正や貧困を減少させるが，進化は社会を非人間的な力に服従させると言われる[1]。例えば，社会進化論（社会ダーウィン主義）は生存競争における適者生存の法則が貫徹される自由放任の社会を肯定し，19世紀末のアメリカ社会思想において主流の地位を占めていた。そして，勤労福祉政策も自己責任の徹底などの点で社会進化論に立脚しているように見える。実際，勤労福祉政策は効率至上主義を追求する自由市場のグローバルな展開と軌を一にしながら国際的に拡大してきたのである。

　周知のように勤労福祉政策は1960年代末のアメリカに起源を持っているが，勤労福祉的な政策思想は19世紀初めのイギリスでも有力な考え方であった。このような考え方に立脚して1832年にイギリスは貧民の公的扶助受給を抑制するシステムを考案して福祉費を削減するために王立救貧法委員会を設置した。その研究成果を踏まえて制定された1834年救貧法は，福祉依存からの脱却が絶望的な者を除くすべての福祉受給者に貧民収容施設での労働を義務づけて福祉受給を抑制しようとしたのである。新救貧法はすべての者が少なくとも最低生活水準を維持できるような賃金労働に就けるはずだと想定しており，もしも貧困に陥って生活保護を必要とする場合には明らかに勤労倫理が欠けていると判定されるという甚だ非現実的な前提に立脚していた。

　しかも，こうした新救貧法の考え方はイギリスからの移民の手を経てカナダ社会にも持ち込まれることになった[2]。例えば，オンタリオ州は19世紀末までに全自治体に対して貧民向けの避難所を設置するように義務づけたのである。その結果，労働可能な者は給付の受給要件として州都近郊の農場に設置された施設において勤労に従事しなければならなくなった。その後も貧民収容施設は，失業率

が低水準にまで下がり、福祉政策がさほど重要な問題ではなくなる第二次大戦期まで何らかの形で維持されたのである。また戦後、オンタリオ州の自治体の中には一種の勤労福祉的な政策を導入した地域もあった。しかしながら1966年のカナダ扶助制度（Canada Assistance Plan, CAP）が福祉の受給要件を金銭的な窮迫度にのみ限定するに至ったので、勤労福祉的な政策の導入はその後抑止されることになった。というのも、CAPは福祉財源を使った勤労福祉的な政策の実行を禁止していたからである。

だが、このCAPは1996年4月に保健・社会福祉及び教育向けの連邦補助金を統合したカナダ保健社会移転支出制度（Canada Health and Social Transfer, CHST）によって取って代わられることになった。このCHSTによって、州政府は引き続き連邦福祉補助の交付を受けながら、随意に勤労福祉政策を導入することが可能になったのである。もちろん、CAPが廃止されてCHSTが新設されるに至った背景には、連邦政府が財政赤字削減の必要に迫られ、何かと異論の噴出する福祉改革問題の責任を州当局に全面的に押し付けてしまいたいという願望が潜んでいたと言われる。いずれにしても、カナダは1966年以前に実施していた勤労福祉的な政策を単に復活させただけではなく、アメリカの勤労福祉政策から学んだ多くの要素を付け加えながら勤労福祉政策を本格的に導入するに至ったのである[3]。

そこで、本章は勤労福祉政策がカナダで導入されるに至った背景を歴史的に検討しながら、政策の実態と成果や限界について明らかにすることにしたい。特に全人口の約4割を占めるオンタリオ州の実態を分析の中心とするが、比較のために他の州の実態も可能な限り取り上げることにする[4]。

第1節　カナダ社会福祉政策の展開

[1] 救貧院の設置

言うまでもないが、貧民に対する勤労審査（work test）は古く長い歴史を持っていた。貧民救済の制度が受給者の徳性を堕落させ、労働誘引を減退させているという懸念を生み出してきたからである。世界史上初の救貧法が制定された

17世紀初頭のイギリスにおいても「怠惰に伴う貧困は救済されるべきでない」とする箴言が広く流布していた。もちろん，それは「給付に値する貧民」と「給付に値しない貧民」という根本的な区別を暗黙のうちに前提としていた。そして実はこの点がエリザベス朝のイギリスと M. ハリス知事時代のオンタリオ州とを繋ぐ糸のようなものになっていたのである。

イギリスは 19 世紀初頭に勤労意欲のある者と怠惰な者を区別しようとして大きな困難に直面していたが，イギリス救貧法報告（1834 年）がその解決策として「給付に値する貧民」を「給付に値しない貧民」から区別するために貧民収容施設審査（workhouse test）という方法を案出し，その後の社会福祉政策に大きな影響を及ぼすことになった。救済を申請する貧民は受給要件として中央救貧収容施設に自発的に入所して困窮状態を証明する義務を負う，という最も単純で安価な方法によって貧民向け社会支出を最低限度にまで縮小できるだろうと考えられたのである。しかも貧民収容施設調査が貧民救済を最低賃金での劣悪な労働と比べても遥かに魅力の乏しいものにするので，貧民の勤労倫理は強固に維持されるだろうとも考えられたのである[5]。

一方，カナダのオンタリオ州では，19 世紀半ば過ぎまで救貧法は導入されなかったが，同州に定住するに至ったイギリス移民が 1834 年以降，厳格な資格要件や勤労収容施設審査といったイギリス救貧法の原則を地域社会に持ち込むようになった。しかも 19 世紀末頃になると，特に冬の期間中には浮浪者や貧民が地方拘置所に充満するようになったので，州政府は州内各郡に貧民保護用救貧院（House of Refuge）の設置を義務づける法律を施行するに至った。このようにして設置された郡営救貧院（County Home）は一般に市町村近郊の 100 エーカーほどの農場に立地し，給付と引き換えに収容者を勤労に従事させたが，概してあまり上手く運営されていなかったと言われている。

この勤労審査の強化は 19 世紀末のオンタリオ州において輸送や産業の革命，地域的労働市場の打破，賃金労働者の増加などが進展する一方で，失業や浮浪者などの激増といった社会問題が発生してきたことを背景にしていた。だが，こうした経済構造の変化は 1880〜1890 年代においては単に勤労倫理の衰退という道徳的な観点からしか捉えられていなかった。このために冬期になると，大量の浮浪者や失業者が仕事や救済を求めてトロントなどの大都市に大量に流入して

来るのを押し止めることができなかった。その結果，浮浪者の流入に脅威を抱いていた中産階級が合同慈善運動（Associated Charities Movement）の指導下に反対運動を結集し，市営慈善事業や救貧院（House of Industry）に援護を求める独身男子全員に砕石や燃料用材木裁断などの作業に強制的に従事させることに成功したのである[6]。

［2］ 福祉受給権の変化

（1） 大不況下の労働キャンプ

勤労審査はカナダでは1930年代以前には貧民のごく一部にしか適用されていなかった。というのも，多くの貧民が生活困窮時には家族，友人や各種慈善団体から援助を受けて暮らしていたからである。しかし1930年代の大不況は労働者の$\frac{1}{3}$余りを失業させ，大規模な救済政策を全国的に実施させる契機となったのである[7]。

例えばオンタリオ州では，救済政策は1930年代に以下のような試行錯誤の過程を経ながら実施されていった[8]。第1段階（1931年冬〜1932年）では，州政府は失業者を一般賃金率で就労させるというやや無謀な努力をおこなっている。しかし州も連邦も1932年春には深刻な財政赤字の膨張に直面したため授産を放棄して直接救済に転換せざるをえなかったのである。第2段階（1932年冬〜1933年）では，救済政策は住民の生命を守ることを重視し，失業者に勤労倫理を求めることもなく経済的に困窮していれば給付をおこなった。だが，第3段階（1933年夏〜不況終焉）になると，救済政策は単に困窮者に救済を提供するだけではなく，失業者には勤労誘引を与えるために勤労審査を義務づける方向へと転換したのである。その意味で，第3段階の政策は1990年代の勤労福祉政策に類似した側面も持っていたと言われる。

しかし当初，勤労審査は対象が独身の男子に限定されていた。1933年夏に連邦政府（R. B. ベネット政権）は，国防省が失業独身男子（16歳以上）の救済のために運営を担当する労働キャンプをカナダ全域に設置した。この労働キャンプはビクトリア女王時代のイギリス救貧施設収容原則をカナダの北部や西部の森林区において復活させようとする試みと考えられた。とはいえ，キャンプへの参加は決して強制ではなく，労働不能な独身男子はキャンプ外で救済を受けることが

できた。だが，労働キャンプの目的は失業者に雇用を提供することではなく，勤労審査を強制することにあったと言われる。そのため労働キャンプは独身男子に食料と宿泊施設を提供したが，賃金をまったく支給せず，日用品購入費として1日僅か20セントのみを支給したのである。キャンプ参加者は森林伐採，沼沢地干拓，道路や飛行場の建設，あるいは歴史的に貴重な要塞の修復等の作業に従事することを義務づけられていた。もちろん，参加者は服務規律違反と判定されれば，キャンプから追放され，救済受給資格を剥奪された。このように懲罰的な政策は多くの独身失業者が公的扶助を当然の権利とみなしていると懸念する政策当局の不安を反映していたのである[9]。

オンタリオ州では，M. ヘップバーン州知事（自由党）が1934年夏の選挙で勝利した直後に既婚失業世帯主に対する勤労審査を導入した。というのも，連邦政府が同州に救済支出の連邦分担分を37％削減すると突然に通告してきたからである。連邦福祉相も労働可能な男子が無償で給付を受給しているという事実を警告し，勤労に従事する者には救済を提供してもよいが，怠惰な者には何も与えるべきではないとする方針を表明した[10]。その結果，受給者は扶助を再申請し，真に困窮している旨の宣誓口述書に署名をさせられることになった。また詐取特捜班が設けられ，所得隠しの摘発も開始されたのである。さらに失業者は1934～1935年の冬には救済手当の一部分を勤労奉仕（週1～2時間の木材裁断，街路清掃，落ち葉掻き集め，除雪等の作業）によって返済することを求められるに至った。もしも作業への従事を拒めば，家族共々に給付を停止される危険にさらされることになったのである。

（2） 勤労審査の終焉

1941年に慢性不況が終息すると，労働可能な失業者向けの救済も終わりを告げた。以後1950年代末まで労働可能な者は全国的に福祉の受給資格を停止されることになった。こうして労働可能な者（当時の定義では子供を抱えた未婚女性は含まれず）が受給資格を剥奪されたことから，勤労福祉的な政策や受給者の勤労倫理は政治的な問題とはならなくなった。しかも1940年に導入された国民失業保険（National Unemployment Insurance, 1940年）が失業者援護のほとんどを担うようになったのである。また1940～1950年代の経済的繁栄は失業率を3％

以下に抑え，福祉が政治問題化することを予防した。さらに連邦政府も 1956 年に失業手当受給の満了を迎えた者や受給資格のない者に対する連邦費用分担制度を復活させる失業援助法（Unemployment Assistance Act）を制定したのである。

しかしながら，1958 年にディーフェンベーカー不況が勃発すると，大量失業状況が 1962 年初春まで長期にわたって続くようになった。その結果，オンタリオ州内では失業率が 7% まで上昇し，福祉受給者も 1.5 倍に増加したので，かつての勤労福祉的な政策を復活させようとする動きが現れた。失業援助法は勤労福祉的な政策について規定を設けていなかったが，多くの自治体は 1959 年までに裁量権に基づいて勤労審査を再開したのである。しかし勤労福祉的な政策思想は 1960 年代には連邦や州の政府内部においてさえも容易には受け入れ難いものになっていた。高失業の経験やケインズ理論の影響を経て，強力な労働組合が失業は個人の道徳的な責任問題ではなく国民経済的な問題であると声高に主張するようになり，世論も失業者に生活可能な賃金の職を提供することがカナダのような豊かな社会の義務であると考えるようになっていたからである。もちろん，連邦政府も勤労福祉的な政策がディーフェンベーカー不況期に復活するのを阻止するために積極的に行動したのである[11]。

このような経緯を経て 1966 年に導入されたカナダ扶助計画（CAP）は困窮度を公的扶助の唯一の給付要件として明記し，勤労福祉的な政策の実施を明確に否認した[12]。つまり州・地方政府は CAP に基づく福祉支出の連邦分担金を受け取るためには，受給者に対して給付と引き換えに勤労を義務づけることができなくなったのである。しかし 1970 年代半ば以降になると，州の社会扶助政策は未婚の母親を福祉から離脱させて就労させるという方向に変化していった[13]。州政府は未婚の母親の就業を促すために勤労要件を導入し，低賃金労働の報酬を引き上げ，様々な就業に伴うサービスを提供するなどの新政策を相次いで実施した。こうして就労可能とみなされた未婚の母親は生活保護の受給権を徐々に蝕まれていくことになった。特に 1996 年 4 月に施行されたカナダ保健社会移転支出制度（CHST）は州・地方政府がアメリカ型の勤労福祉政策を自由に導入できるようにしたのである。

第2節　福祉改革

[1]　未婚の母親に対する勤労奨励

　前述のように1970年代半ば以降，州政府は社会扶助に依存する未婚の母親に対して就業免除を見直し，勤労奨励政策を重視するようになった[14]。未婚の母親に対する勤労奨励政策は①財政的の制約，②女性の就業率上昇，③一般・社会扶助人口に占める未婚の母親の増加，④労働市場の構造変化，⑤連邦・州関係の文脈，などの経済的・政治的・人口統計学的な背景の中から発展してきたものである。特に財政的な制約が深刻化する中で，社会扶助制度は社会支出削減政策における最も脆弱なターゲットとなったのである。

　しかし社会扶助受給者がインフレ抑制政策によって増加を続けている時に，財政支出の抑制は大きな困難を伴っていた。もちろん，労働可能な受給者はすべて勤労に従事することを求められるようになった。女性の就業率が家庭や経済におけるその役割の変化に伴って劇的に高まる一方で，福祉受給者に占める未婚の母親の比率が上昇し続けたので，扶助給付の正当性が次第に疑問視されるようになったからである[15]。

　むろん，勤労奨励政策は積極的な誘引と消極的な誘引を持っていたが，州が1980年代に実施した主要な勤労奨励政策は次の3つからなっていた。第1の制限手法は福祉給付が就労よりも有利にならないように低給付水準，劣等処遇，勤労要件等を含む様々な手段を備えており，最も消極的な勤労奨励策と言ってよかった。第2の金銭手法は低賃金労働の金銭的報酬を引き上げるために社会扶助の構造を変更しようとするものであった。第3のサービス手法は保育等の就労に伴うサービスを支給すると同時に，労働市場での競争能力を向上させるために情報，教育や訓練などを提供しようという政策であった。

　とはいえ，未婚の母親に対する勤労要件は給付受給の条件として実際に就労を要求するわけではなく，むしろ就職の可能性を高めるために，あるいは就職意欲を示させるために従事すべき活動を掲げていたにすぎなかった。第2-1表によれば，州や準州の半分が未婚の母親に対して何らかの勤労要件を課していた。ニューファンドランド州，プリンスエドワード島，ニューブランズウィック州，

第 2–1 表　未婚の母親に対する勤労要件の有無　　　　　　　　　（1985 年）

州・準州＼要扶養児童年齢	6 歳以下の児童	6 歳以上の児童
ニューファンドランド	無	無
プリンスエドワード島	無	無
ノバスコシア	有	有
ニューブランズウィック	無	無
ケベック	無	有
オンタリオ	無	無
マニトバ	無	無
サスカチュワン	有	有
アルバータ	有	有
ブリティシュコロンビア	有	有
ノースウェスト	無	無
ユーコン	有	有

（資料）　Evans & McIntyre, *op. cit.*, p. 106.

　オンタリオ州，マニトバ州，ノースウェスト準州における未婚の母親は特に勤労要件を義務づけられてはいなかったが，これらの州も勤労奨励に無関心であったわけではない。例えばプリンスエドワード島では，勤労は要件ではなくむしろ期待とみなされ，大いに奨励もされていたが，正式な処罰規定が存在していなかったと言われている。なお，勤労要件が強制されていた州では，ケベック州のみが学齢期前児童を抱えた未婚の母親を適用対象から除外していたのである。

　一方，アルバータ州は 1978 年に労働可能で勤労要件を義務づけ得る未婚の母親に対して最も明確な定義を設けており，ブリティシュコロンビア州も類似の労働可能な者の定義を採用していた。勤労要件は受給者の遵守すべき事項として① カナダ職業安定所に登録した上での求職活動，② 就職可能性の改善を目的としたプログラムへの斡旋受諾，などの規定を設けていた。もちろん，受給者が勤労要件に従わない場合には，受給資格を取り消される可能性もあった。とはいえ，実際に厳罰が頻繁に発動されたという事実はなかったようである[16]。

　しかも，勤労要件は福祉受給者が勤労意欲を欠いているというやや根拠の曖昧な前提に基づいており，就職口や保育支援の裏付けもなく未婚の母親に強制しても期待されたような成果を挙げられなかった。従って，それは税金が無駄には

使われておらず，適切に管理されていることを国民にアピールするという政治的な目的にしか役立っていなかったが，その過程で未婚の母親の扶助受給権は正当性を大きく侵害されることになったのである。

　第2の勤労奨励手法は低賃金労働の金銭的報酬を増加させるために生活保護制度における勤労所得の取扱いを変更する政策であった。福祉制度は勤労意欲を減退させる側面を持っていたが，低賃金労働市場も就職する誘引を欠くほどに魅力が乏しかった。金銭的誘引は ① 扶助給付を減額せずに勤労収入の保持を認め，② 控除額を超える勤労収入に応じた給付減額率を適用する，という2つの方法で扶助受給者の勤労収入の取扱いに影響を及ぼした。とはいえ，未婚の福祉母親の収入に対する取扱いは州によって区々であった。例えば，最も寛大であったサスカチュワン州では，未婚の母親は手取り収入250ドル全額を自分のものとして保持できた。同様に比較的寛大な政策を採っていたのがノバスコシア，ニューブランズウィック，アルバータなどの諸州であり，未婚の母親はそれぞれ月額202.50～212.50ドルを自分のものとして保持する権利を認められていた。これらの諸州とは対照的にユーコン，ケベック，プリンスエドワード島，ブリティシュコロンビア及びノースウェストなどの州や準州では，未婚の母親はたとえ就労しても低水準の控除と100%の給付減額のためにほとんど金銭的な利益を得ることができなかったのである。

　しかしながら，金銭的手法は経費節約を主目的とする限り，勤労奨励策としては限界を持っていた。というのも，控除金額が引き上げられ，給付減額率も縮小されれば，社会扶助費が次のような理由によって膨張するからである。まず，誘引は他の資産調査付制度（住宅，保育，薬剤）の補助削減・喪失を相殺し，期待された結果をもたらすためにかなり大規模でなければならなかった。また受給資格の所得最低水準が引き上げられれば，必然的に扶助受給者数が増加することになった。つまり貧困の縮小や勤労の奨励と費用の抑制はお互いにトレード・オフの関係にあったのである[17]。

　第3の勤労奨励手法であるサービス支給は未婚の母親を社会扶助から離脱させて就職させようとする州の政策の中でも特に重要視されていた。1979年以降，未婚の福祉母親を対象とするプログラムがオンタリオ，ニューファンドランド，アルバータ，サスカチュワン，ノバスコシア及びユーコンなどの各州・準州で

相次いで導入され，やがてニューブランズウィック州とノースウェスト準州を除く全国で実施された。もちろん，プログラムは州間の格差が大きかったが，大雑把に言えば次の2種類に大別された。1つはやる気，生活技術，学歴向上，求職技術の練成などを促す就職前プログラムであった。もう1つは就職斡旋と公式の訓練や非公式のOJTを提供するプログラムへの紹介を通じて，福祉受給者が労働市場における競争能力を直接的に向上させる施策からなっていた。

むろん，勤労奨励手法としての就職サービスの提供は人的資本の増加が労働市場で報われるという前提に立脚していた。だが，この前提は高い失業水準や女性の持続的な低賃金・不熟練労働への隔離などの傾向によって甚だ疑問視されるようになった。しかも教育は未婚の福祉母親の就職状況に影響を与えたが，その収入，労働時間や職種にはほとんど影響を及ぼさなかった。つまり教育は必ずしも給料の良い安定した職に就く可能性を高めることができなかったのである[18]。

[2] 制度改革

(1) 就労促進

1982年にカナダ憲法は社会扶助の包括構想，運営，提供に関して州政府が責任を持つと明文化し，連邦政府と州政府が社会扶助費を均等に負担することも規定した。こうして一般福祉費は連邦，州，地方の各政府がそれぞれ50%，30%，20%の比率で分担することになった。児童手当制度の費用もまた連邦と州が折半することになった。しかしながら連邦政府は財政赤字のために1990年にはオンタリオ，アルバータ及びブリティシュコロンビアの3州に対してCAPに基づく移転支出に上限を設けるに至ったのである。この上限は僅かながら毎年の引上げが認められてはいたが，膨張し続ける州の社会扶助支出（特にオンタリオ州）を支えるには焼け石に水と言わざるを得なかった。これらの措置の結果として，連邦政府は福祉費分担比率を徐々に低下させ，州政府が結局，その減少分を補填せざるを得なくなったのである[19]。しかも，こうした傾向を追随するかのようにCAP合意は1996年4月に州への移転支出削減を目的としたカナダ保健社会移転支出制度（CHST）に取って代わられることになった。

もちろん，社会扶助規則は州によって内容が様々であったが，資産や所得に制

限を設ける窮乏調査（needs-testing）が資格要件として実施されていた点ではすべての州に共通していた。特にオンタリオ州はノバスコシア州やマニトバ州と並んで，一般福祉扶助と家族扶助（母親手当や障害年金とも呼ばれる）の二本立ての社会扶助制度を採用していた。この二本立て制度は受給者の中には他の者よりも「給付に値する者」が存在しているという法律施行当時から有力であった考え方に立脚していたと言われる。また一般福祉が主に緊急事態に即応する制度という性格を持っていたので，制度が二本立てになったのだとも言われている。一方，家族給付は 1967 年の家族給付法に基づいて導入され，未婚の親，障害者，里親，職業復帰サービスなど 4 種類の扶助を行っていたのである。

ところで，少なくとも 1980 年代半ば頃までは，カナダでは福祉が受給者の依存を助長しているというような主張はやや奇異に思われていたが，アメリカでは福祉制度が依存を助長しているかどうかではなくて，それをいかなる方法で縮小ないし終焉させるかが問題とされていた。というのも，アメリカは既に 1970 年代初頭から福祉依存の問題に取り組み，様々な改革を実験してきたからである。それは福祉に対する反感がカナダではまだアメリカほどには高まっていなかったことを意味していた。

特に 1967～1972 年の時期はアメリカがリベラルな手法を用いて福祉改革に取り組んでいた時代でもあった。それは貧困問題に取り組むためにケースワーカーのカウンセリングを重視し，受給者の意思を重視したあまり懲罰的ではない手法であった。だが，この個別的指導手法はコストを押し上げ，福祉支出を劇的に膨張させることになった。しかも，その経過は 1985～1994 年におけるオンタリオ州における状況と薄気味の悪いほどに類似していた。もちろん，オンタリオ州のリベラルな福祉改革実験も，受給者が 1965～1972 年に 2 倍以上に増加したアメリカの先例と同様に完全な失敗に終わったのである[20]。

アメリカでは，リベラルな福祉改革は 1970～1988 年に官僚的で抑圧的な資格要件を重視する制度に取って代わられた。特に 1988 年にはアメリカ議会は家族援助法（Family Support Act, FSA）を制定し，既存の AFDC（要扶養児童家庭扶助）制度を新たな家族援助制度に変更した。しかも福祉改革が 1992 年の大統領選挙を契機に再び白熱した政治課題となり，FSA は期限付き福祉の導入など他の強力な福祉削減政策に取って代わられた。クリントン大統領も勤労福祉政策

が「現行福祉の終焉」を実現する重要な政策手段であると言明するようになったのである。もちろん，こうしたアメリカにおける福祉改革の方向転換はカナダ国内にも大きな影響を及ぼすことになった。

というのも，カナダの福祉受給者数が経済不況とは必ずしも関係なく増加するようになったからである。例えばオンタリオ州では，失業率が1981～1983年に6.6%から10.3%に上昇した時に，福祉受給者数も38万人から46万人に21%ほど増加した。だが，同州の経済が1980年代後半にブーム期を迎え，失業率が1986～1988年に7%から5%に低下したにもかかわらず，福祉受給者数は逆に49万人から53万人に11%も増加したのである。また1990～1992年に失業率が再び6.3%から10.8%に上昇すると，受給者数も激増した。その結果，1983年と1993年の失業率はそれぞれ10.3%と10.8%でほぼ同一であったが，オンタリオ州の受給者数は1983年6月～1993年6月に46万人から130万人へと実に2.8倍にも増加したのである。

この時期に受給者数が増加したのは特に福祉の規則・政策・手続きなどが変更された結果であると言われる。例えば，第2-1図のように受給者数の増加は

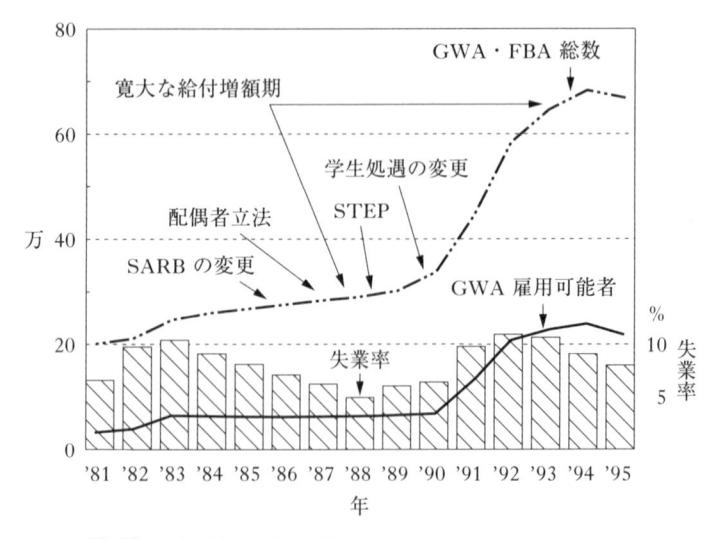

第2-1図　オンタリオ州の社会扶助（GWA/FBA）受給世帯と失業率

（資料）Sabatini, *op. cit.*, p. 244.

受給の容易化，資格基準の緩和，家庭の配偶者立法，STEP（雇用援助プログラム），寛大な給付水準引上げ，受給者に有利な給付裁定を下す SARB（特別扶助調査委員会）の存在などの要因と連動していたからである。このため福祉受給者の増加は必ずしも失業率の上昇のみでは説明できなかった。受給者は受給が容易になった結果，必ずしも最後のあるいは緊急時の手段としてではなく，最初の選択肢として福祉に依存するようになったからである。

そこで，片親の FBA（家族給付手当）受給者に関する SARC（社会扶助調査委員会）調査（1975～1984 年）を見ると，その 40% は 1 年以内にプログラムから離脱しているが，大多数は扶助に 3 年以内の範囲で継続的に依存していた。また 1974 年に受給者となった 2.5 万人のうち，15% は 1986 年までに再び受給者となり，4% は三度目の受給者となっていたが，85.7% は 1984 年までに福祉から離脱していた。つまり受給者の多くが就職して扶助から離脱しており，流動性はかなり高かったと言ってよい[21]。

ところで，オンタリオ州の社会扶助制度は 1975～1984 年までは伝統主義的な思想によって支配されていたと言われる。それは押し付けがましく，受給者の品位を傷つけ，給付水準を低く抑えるなど，厳しく制限された制度という特徴を持っていた。しかしながら 1970 年代～1985 年頃にかけて新保守主義イデオロギーが同州の社会政策にも強い影響力を及ぼすようになり，伝統主義的な制度はかえって福祉依存を助長していると非難されるようになった。受給者が福祉から脱却しようとする時に，貧弱な給付水準や金銭的抑制といった制度的欠陥のために自活を妨げられ，福祉依存を続けることになっていると考えられたからである[22]。

こうした批判に対して社会扶助調査委員会や州政府諮問グループは伝統主義的な制度が福祉依存を助長しておらず，受給者の就業も進展していると反論した。その一方で，1992 年 5 月までに STEP，地域開業手当（Community Start-up Allowance），就職仕度手当（Employment Start-up Allowance）などの制度が導入され，自活（就業）への障害を取り除くための福祉制度改革が行われた。しかも給付率はオンタリオ州が景気後退に陥り，市場賃金（税引き・インフレ調整後）が低下した 1988 年以降の時期においてもかなり引き上げられたのである。

これらの改革の成果を検証するために州政府諮問グループは 1992 年に福祉受

給期間に関する実態調査を実施した。その結果，未婚の親は平均で4年間も継続して社会扶助を受給していることが明らかとなった。未婚の親の扶助依存期間は自活への阻害要因とみなされたものが存在していた時代の3年から前述の制度改革によって阻害要因が除去された後の4年へとむしろ長期化したのである。1994年3月に州社会福祉省（MCSS）も未婚の親は43ヵ月間FBA（家族給付手当）を受給し，その後GWA（一般福祉手当）に平均1年間依存して生活していたので，合わせて4.6年間ほど社会扶助に留まっていると報告している。

このことから受給者に就職誘引を与えて福祉から離脱させようとする改革は失敗に終わったと見てよい。というのも，就職を促す改革が行われた後にも，未婚の親の扶助依存期間はむしろ1.5倍に長期化していたからである。未婚の親の扶助受給数はオンタリオ州では1981～1991年に6.3万人から16万人に増加し，1995年2月現在では20万人にも達していた。特に就職の阻害要因を除去する施策が実施されたにもかかわらず，受給者数の急増や受給期間の長期化などの問題がむしろ深刻化していたのである。しかも，挫折は決して未婚の親を対象とした施策に止まらなかった。例えば，1988年に社会扶助調査委員会は独身労働可能者の扶助依存期間を平均6.5ヵ月間と発表したが，1994年3月に州社会福祉省はその数字を平均12.5ヵ月間に上方修正せざるを得なかったからである[23]。

最も長期間にわたり扶助を受給していたのは障害者であり，未婚の親や労働可能な失業者がこれに次いでいた。受給期間は1987～1994年に労働可能な者で92％，未婚の親でも53％ほど長期化していた。そこで，社会扶助調査委員会はアメリカの調査研究（1967～1977年の5,000世帯の追跡調査）を援用して，受給者が決して長く扶助に依存していないとする主張を補強しようとした。この所得動学調査研究（Panel Study of Income Dynamics）によれば，サンプルの25％（1,250世帯）が調査期間のある時点で扶助を受給しており，扶助を必要とする者の半分が僅か1～2年間で給付から離脱していたという。この調査は長期依存の定義がやや曖昧ではあったが，福祉依存はサンプル世帯の僅か7.7％（96世帯）にすぎなかったと主張していた。社会扶助調査委員会はこの調査研究に依拠して，受給者が自活を望んでおり，実際に大部分が自立できるという経験的な証拠が存在していると結論づけたのである。

（2） 勤労福祉政策への転換

　もちろん，オンタリオ州における福祉の長期依存問題は実際にはアメリカほど深刻化していなかった。例えば，1988年にGWA（一般福祉手当）受給者のうち，1年を超えて扶助を受給していたのは僅か21%にすぎなかった。しかしながら1994年には1年を超えるGWA受給世帯が全体の38.4%にまで上昇したのである。しかも1980年代初頭の景気後退に伴って増加した受給者数は景気回復後もほとんど減少に転じなかった。つまり扶助受給者数は経済状態とは関係なく増加するようになったのである。

　そこで，オンタリオ州の制度が福祉依存を助長しているかどうかを評価するために，現在と過去の扶助受給者数を比較しておこう。失業率が8%であった1985年には，26.5万世帯のGWA・FBA（家族給付手当）受給世帯が存在し，扶助に14億ドルが費やされていた。同じく失業率が8%であった1995年には67万世帯のGWA・FBA受給世帯が存在し，扶助費は約70億ドルに達した。その結果，カナダで最も繁栄した州であるオンタリオが社会扶助人口比率においては全国で最も高くなったのである。しかも同州の扶助受給人口比率は1994年には失業率が他の5州と比べて低かったにもかかわらず，12.5%と最も高率であったのである。もちろん，これは同州の福祉制度が抱える矛盾を示していた。第2-2表も他の州と比べて失業率が比較的低いにもかかわらず，扶助受給人口比率が高

第2-2表　社会扶助受給者の数と比率と比較した州の失業率　　（1994年，単位：千人，%）

州	世帯数	受給者数	州の扶助受給者比率	失業率
ブリティシュコロンビア	210	354	9.5	9.7
アルバータ	65	139	5.1	9.6
サスカチュワン	40	81	8.0	8.0
マニトバ	50	89	7.9	9.2
オンタリオ	697	1,379	12.5	10.6
ケベック	473	787	10.8	13.1
ニューブランズウィック	40	74	9.7	12.6
ノバスコシア	53	104	11.1	14.6
プリンスエドワード島	6	13	9.7	17.7
ニューファンドランド	35	67	11.6	20.2

（資料）　Sabatini, *op. cit.*, p. 244.

い，という同州特有の現象を示していたのである。

そこで，比較のために4大州(人口数)の福祉受給者数推移をみると，第2-2図のようにオンタリオ州の特徴がより鮮明となる。明らかにオンタリオ州の受給者数の増加は他の州と比較しても特に突出していたのである。まずケベック州とブリティシュコロンビア州の受給者数推移は失業率と経済の変動を反映しており，受給者数の増減も驚くほどに類似している。一方，オンタリオ州の受給者数は1980年代後半の経済的好況からまったく影響を受けることなく増加し続けたのである。またアルバータ州は1980～1993年に受給者数を2倍以上に増加させているが，その後に給付削減や資格基準の厳格化などの福祉制度改革を断行し，1994年までに受給者数を大幅に減少させていた[24]。

次に，第2-3表は1985～1994年の州別社会扶助受給者数の推移を示しているが，オンタリオ州における増加は他の州の推移と比較して明らかに突出していると言わざるを得ない。オンタリオを除く全州(カナダ全人口の約60%を占める)の福祉受給者数は1985～1994年に26.6万人ほど増加したにすぎないが，オンタ

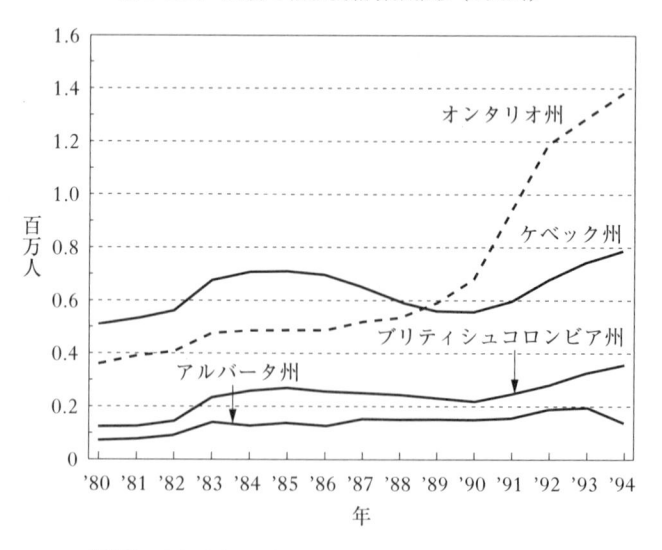

第2-2図　州別の福祉受給者数推移(4大州)

(資料)　Sabatini, *op. cit.*, p. 245.

第 2 章　カナダの勤労福祉政策　　　　　　　　　　　　　　　81

第 2–3 表　1985～1994 年の州別社会扶助受給者数の推移　　　　　　（単位：千，千人）

州	社会扶助受給者				1985～1994 年の変化率 (%)	
	1985 年 3 月		1994 年 3 月			
	世帯	人数	世帯	人数	世帯	人数
ブリティシュコロンビア	153	268	210	354	37.2	32.0
アルバータ	63	137	65	139	2.7	1.3
サスカチュワン	32	64	40	81	27.3	26.5
マニトバ	33	63	50	89	52.2	42.2
オンタリオ	265	486	697	1,379	162.4	183.6
ケベック	424	709	473	787	11.4	11.1
ニューブランズウィック	35	69	40	73	12.9	5.7
ノバスコシア	34	73	53	104	54.7	42.2
プリンスエドワード島	4	10	6	13	47.6	36.1
ニューファンドランド	21	49	35	67	69.8	36.6

（資料）　Sabatini, *op. cit.*, p. 244.

リオ州の増加数は約 89.3 万人にも達している。というのも，同州はこの時期に受給世帯数で 1.6 倍，受給者数でも 1.8 倍もの増加を経験していたからである。
　このように 1994 年のオンタリオ州の福祉制度を 1980 年代前半のそれと比較してみると，リベラルな手法は明らかに余り上手くは機能しなかったと言ってよい。実際，1985～1994 年に福祉（GWA/FBA）受給世帯は主として社会扶助調査委員会や諮問グループが勧告したような寛大な改革のために 26.5 万から 69.7 万へと増加したのである。またこの時期における同州の受給者増加率も他の州の 2 倍以上にも達していた。いずれにせよ福祉受給者数が増加し，福祉依存期間も長期化したという事実は厳然として存在していたのである。しかも，この増加は単に景気後退や失業，その他の経済的事情に由来するものではなかったと言ってよい。要するに 1985～1994 年の事態は福祉依存を減らすためにリベラルな福祉改革手法を用いても成果を挙げられないという結論を示唆していたのである。こうして以後の福祉改革は給付の魅力を削減する一方で，勤労福祉，就学福祉（Learnfare），給付・資格基準の厳格化及び期限付き扶助などといった自活を促す手法を有力な選択肢として様々な方法の模索が展開されていくことになったのである[25]。

第3節　オンタリオ州の勤労福祉

[1]　反福祉の潮流

(1)　カナダ扶助制度 (CAP) の廃止

　福祉給付の見返りに勤労に従事させるという考え方はエリザベス救貧法にまで遡ることができるが，こうした福祉抑制手段が1990年代のオンタリオ州でも再び主要な政策課題として声高に主張されるようになった。不健全な財政膨張に対する反発が州民の間で急速に台頭してきたからである。例えばギャラップ世論調査によれば，1994年にはカナダ国民の86%が福祉受給者に対する勤労の強制を支持すると回答していた[26]。

　オンタリオ州の保守党が1995年の選挙で勝利して政権に就いた後に最初に実施した福祉改革は同年10月の一律21.6%の給付削減であった。しかも給付はその後2000年10月までの5年間に3割近くも削減されている。その結果，実質給付水準は過去35年間で最低に達し，貧困線水準を大きく下回るに至ったのである[27]。

　カナダでは，福祉・社会事業費は1966年のカナダ扶助法に基づいて連邦政府と州政府によって分担されてきた。カナダ扶助制度 (CAP) が経済的困窮度を現金給付の資格要件として規定していたので，給付申請者は流動資産(現金や証券)や固定資産(住居や車)が一定水準以下でなければならなかった。給付額もかなり低く，基本的なニーズさえも満たせないほどの水準であった。しかもカナダ扶助制度は1990年に連邦補助金に上限が設けられ，CHST（カナダ保健社会移転支出制度）を盛り込んだ1995年度連邦予算によって廃止されるに至ったのである[28]。その結果，連邦補助金の用途が必ずしも福祉や社会事業に限定されなくなったので，州はこれらの用途以外に充当することができるようになった。その一方で，カナダ扶助制度の廃止は扶助法で保障されてきた貧困層の保護が失われることを意味していた。例えば，居住要件禁止条項はCHSTでも維持されることになっていたが，ブリティシュコロンビア州はこれに違反するような条項を要件として実施していたのである。

　それまでカナダ扶助制度は経済的困窮度のみを基準とする受給資格を貧困者に

保証し，州が職業訓練や求職活動を強制することを禁止してきた[29]。だが，その廃止によって，州は「給付に値する申請者」を選んで現金給付を行う裁量権を獲得することになったのである。とはいえ，州が実際に CHST に基づいて採り得る選択肢は勤労福祉手法か人的資源手法のいずれかにならざるを得なかったといってよい。

(2) オンタリオ勤労の発展

オンタリオ州は国内最大の人口（約 1,200 万人）を擁するカナダで最も富裕な州の1つであった。福祉受給世帯は 1981 年には一般福祉手当（GWA）8.3 万世帯，家族給付手当（FBA）11.8 万世帯であったが，1995 年 1 月にはそれぞれ 34.1 万世帯，32.7 万世帯へと激増している[30]。そこで，進歩保守党の新しい指導者 M. ハリスは福祉改革を選挙運動の目玉として利用しようと思い立った。1995 年に彼は給付と引き換えに受給者を地域奉仕活動に従事させるという選挙公約を掲げ，政権就任後に発表した『青書』にも盛り込んだ。なお，『青書』は「常識革命」を標榜し，福祉改革による財政赤字の削減を中心的な政策課題に据えていたのである[31]。

こうして保守党の選挙圧勝は新政権の福祉改革政策を正当化することになった。というのも，労働可能な受給者が第 2-4 表のように激増し，世論も勤労福祉政策を支持するようになっていたからである。世論調査でも，有権者は自由党や新民主党の政策提案よりも「給付と引き換えの勤労プログラム」として知られる保守党の改革案を支持していた。しかも保守党の勝利は明らかに福祉改革

第 2-4 表　カナダの社会扶助受給者　　　　　　（単位：千人，%）

年	社会扶助受給者	失業率	労働可能者の割合
1981	734	7.5	36.1
1983	985	11.8	45.9
1985	1,085	10.5	48.0
1987	1,052	8.8	49.0
1989	1,022	7.5	n.a.
1991	1,239	10.3	n.a.

（資料）　Gray, *op. cit.* なお，n.a. はデータ不明。

公約によって獲得したと考えられていたので，ハリス州政府もオンタリオ勤労（Ontario Works, OW）と呼ばれる勤労福祉制度を実行しなければならないという政治的重圧を被ることになったのである[32]。

そこで，ハリスは知事就任直後に州福祉給付を 21.6% 削減し，複雑な二本立ての制度を構成していた GWA と FBA を統合して簡素化する組織改革を行った。また障害者は福祉の対象から除外され，新設の障害者支援制度（DSP, 1998 年 6 月導入）と呼ばれる比較的寛大な所得保障制度に移管されたのである。さらに受給者が給付と引き換えに週最長 17 時間の勤労を義務づけられる勤労福祉計画も作成された[33]。なお，オンタリオ勤労に基づく勤労福祉制度は 4 ヵ月間以上福祉を受給した独身の労働可能な者と幼児保育義務のない独身の親，の 2 つのグループに対して適用されたのである。

改革の実施以前には独身の親は労働不能な者とみなされ，給付水準の高い家族給付（FB）の受給資格を認められていた。第 1 子の誕生時から末子が 19 歳に達するまで（在学中ならば 21 歳まで），独身の親は求職や就労の義務もなく家族給付を受給することができたのである。しかし改革の実施後は，受給資格が 3 歳児未満の幼児を保育する独身の親に限定された。独身の親は末子が 3 歳になると，オンタリオ勤労に配属され，求職活動，地域奉仕，就労訓練などに参加させられ，斡旋された職に就かなければならなくなったのである。

オンタリオ勤労は 1996 年 9 月から段階的に実施に移されることになり，第 1 段階の実施地域が地方自治体から出された提案の中から選ばれた。ほとんどの自治体は勤労福祉政策に反発していたが，プログラムの運営方針を示した計画を州政府に提出させられ，その中から最初の実施地域 20 ヵ所が選ばれたのである。そして州政府は福祉受給者に対して給付と引き換えに週最長 17 時間，地域奉仕活動か訓練活動に従事することを義務づけた。一方，福祉受給者はオンタリオ勤労の下で ① 地域社会参加（ボランティア作業），② 職場配属，③ 就労支援（求職，履歴書作成，訓練など室内訓練），の 3 つの選択肢を与えられることになったのである[34]。

（3）勤労福祉への抵抗

しかしながら勤労福祉政策の導入はオンタリオ州では頑強な抵抗に遭遇した。

特に勤労福祉主義に強く反発した地方公務員の抵抗が非常に大きかった。反貧困団体や労働組合も勤労福祉政策が受給者の無給労働力化を強行させることになると懸念して激しく抵抗した。このため勤労福祉政策は実施が再三延期され，オンタリオ勤労の公式な実施日は1998年1月1日から5月1日に繰り下げられたのである。この遅延の原因は公務員の執拗な抵抗であり，自治体の中にはオンタリオ勤労に反対して引き延ばし作戦に訴えるところも現れた。労働組合や福祉擁護団体は勤労福祉政策の導入に果敢な挑戦を試み，参加者が職場に配属されるのを実力で阻止してきた。公務員組合もボランティア団体が福祉受給者の訓練に手を貸すことを阻止し，政府部局が訓練に携わることにも激しく抵抗してきた。その結果，勤労福祉プランの地域奉仕活動はほとんど実行できなくなってしまったのである[35]。

このため勤労福祉政策の導入は掛け声倒れに終わり，オンタリオ州の福祉制度もほとんど変化しなかった。確かに受給資格の基準が厳格になり，新しい規則も導入されたが，強制的な地域奉仕活動は容易に実施に移せなかったからである。オンタリオ勤労は実質的には従来同様の求職・雇用訓練制度を意味するにすぎなかった。実際の勤労福祉政策の主な内容はケースワーカーや労働組合も容認できるような求職申込用紙への記入や室内訓練授業への出席などからなっていた。一方，参加した少数の者にとっても，勤労福祉政策は新しい技能の習得や就職に繋がらず，まったく失望すべき結果に終始していたと言ってよい。

勤労福祉政策は1995年の選挙公約では給付と引き換えの強制的地域奉仕活動と定義されていたが，オンタリオ勤労では参加者が求職活動や訓練に従事し，職場配属や地域奉仕活動に参加することであると規定されていた。州政府も各自治体が福祉受給者の15%を職場配属に割り当てることを要求していた。また州が福祉給付の80%と運営費の50%を負担する一方で，自治体は受給者の選抜，地域奉仕・職場配属・訓練への割り振りなどの事務を担当しなければならなかった。しかも州政府がオンタリオ勤労への参加者割当数に応じて自治体への交付金を決定すると発表したので，これに反発した自治体は受給者全員を履歴書作成コースに配属し，それを勤労福祉制度と称するという安易な方法を選んで抵抗の姿勢を示したのである[36]。

ハリス州知事の第1期目は結局，教育改革をめぐって教師たちと，また病院

合併・閉鎖・縮小をめぐって医療従事者と衝突したが，真の強敵は福祉改革に抵抗する労働組合や反貧困団体であった。労働組合は勤労福祉政策に協力するボランティア団体や慈善団体への寄付を停止するという脅迫戦術に訴え，効果を挙げていた。福祉擁護団体も勤労福祉政策は貧困者を援護するという団体の使命に矛盾すると強力に反対運動を展開し始めたのである。

しかも，州内の地域団体や慈善団体の上部組織は労働組合などからの多額の寄付金に依存して組織を維持していた。そうした中でカナダ公務員組合は勤労福祉政策に毅然とした反対姿勢を表明しないユナイテッドウェイ団体（United Way Organization）をボイコットすると決議した。こうした威嚇に遭遇して慈善団体や地域団体が参加者を訓練し地域奉仕活動に従事させる意思も能力も持ちえなくなったので，州政府は福祉受給者に対する訓練や勤労の機会を確保することができなくなった。結局，労働組合や特殊利害団体は勤労福祉政策から勤労経験や地域奉仕活動の要素を排除することに成功し，後には高価な訓練制度のみが残されることになった。圧力団体は勤労福祉政策が現実には何も新しい要素を追加していないことを承知していたが，引き続き会議や集会を開いて勤労福祉政策が本格的に導入される時に備えて戦略を練っていたのである[37]。

従って，オンタリオ州の勤労福祉政策は単に政治家の面目を保つという目的のためにあたかも履行されているかのように装われているにすぎず，実際は反勤労福祉団体と州政府との暗黙の共謀状態にあったと言われる。つまり同州の勤労福祉政策は「見掛け倒しの制度」にすぎなかったというのが最も妥当な評価であろう。適格な福祉受給者の3％が勤労プログラム，7％が訓練プログラムに配属され，残りはオンタリオ勤労の実施以前と同様に福祉小切手を受給しながら求職活動に従事していた。むろん，福祉当局も圧力団体も勤労福祉政策が意味のないものであるという事実を公表したくなかったので，それをひた隠しにしていたのである[38]。

このような結果になってしまった理由は以下のような点にあった。第1に，州は給付の削減，資格の厳格化，制裁の導入などの福祉改革でとりあえず満足していた。第2に，旧福祉制度の遺産が非常に大きすぎたために解体することが困難だったのである。例えば，ソーシャルワーカーや行政当局は勤労経験配属に反対して室内訓練という伝統的な手法を踏襲しようとした。第3に，福祉運

営の権限が自治体に与えられたために，勤労福祉政策の考え方が徹底させられなかったのである。最後に，強固に組織された福祉擁護団体が勤労福祉政策の進展を巧みに阻止したからである[39]。

[2] 福祉改革

(1) 勤労福祉手法

オンタリオ州政府は就学福祉（Learnfare）と勤労福祉の2部門からなる勤労福祉政策を導入した。就学福祉は原則的に強制参加であり，教育や訓練を重視していたが，参加を望まない者は勤労福祉に配属された。勤労福祉部門は様々な地域奉仕活動に従事する職業部隊がその中心となっていた。具体的には道路清掃，雑木林の伐採，雪掻き，ごみ収集などのような自治体の作業と，社会事業団体や奉仕クラブなどのボランティア団体への受給者の配属，が2つの主要なタイプをなしていたのである[40]。

しかしながら参加者は地域奉仕活動に従事しても賃金を支払われることがなく，最低限度の手当しか受け取ることができなかった。しかも地域奉仕手法は福祉受給者を低廉な労働力源として利用する労働力プールを作り出し，現役労働者の職を奪うことになる恐れも秘めていた。実際にアメリカのニューヨーク市の例では，下水道設備労働者がレイオフ後2ヵ月以内に福祉受給者に転落し，同様の下水道設備作業に従事する，といったまるで笑い話のような挿話も現実に起こっていたのである[41]。

もちろん，勤労福祉部門への配属は参加者の技能や雇用可能性を決して改善するものではなかった。むしろ自治体はコスト削減のために正規の職員に代えて福祉受給者を活用しようとする動きを示した。就労機会も大幅に不足しており，数千のキワニスクラブ(民間奉仕団体)の就労先は推定50万人とも言われる労働可能な福祉受給者を吸収するには蟷螂の斧にも等しかった。特に州内の雇用者数は1989〜1993年に景気後退の結果として524万人から509万人に減少し，失業手当の受給資格を失って福祉受給者に転落する者が激増したのである。

だが，勤労福祉政策はアメリカの経験からも明らかなように求職活動や就労を強制する一方で，コストを優先して教育や訓練活動を限定していたので，参加者の技能や雇用可能性を改善することにはほとんど繋がらなかった。確かに短期

的には受給者を福祉から離脱させて財政支出を節約できたかも知れないが，参加者の長期的な雇用可能性はほとんど改善されなかったのである。福祉から締め出された者は再び福祉に舞い戻るか，他の扶助制度に頼る以外に術がなかったので，単に責任や関連費用が別のレベルの政府に移転されるにすぎなかった。もちろん，勤労福祉政策はマサチュセッツ州の雇用訓練プログラムのように，経済が好調な地域では成功する可能性があったと言ってよい。

(2) 人的資源手法

もう1つの福祉改革政策が人的資源手法であった。この手法は任意参加を原則とし，自由な選択に基づく就労支援サービスの提供を目的としていた。人的資源手法には① 個人の技能向上を重視した雇用条件適合施策と，② 労働市場の平等化（labour market side of the equation）を重視する施策，という2つの制度があった[42]。まず雇用条件適合施策は就職し，長期的に勤続できる能力の改善を目的としていた。これは人的資源への投資であり，参加者の関心，知識，技能や経験などに応じて様々な教育や訓練を提供するための活動であった[43]。

また労働市場の平等化施策には賃金補足，地域社会経済開発，及び自営の3つの手段があった。賃金補足は参加者が有給雇用で稼得する賃金に対して付加給付を行う施策である。次の地域社会経済開発（CED）は参加者を福祉から離脱させて就労させるうえで最も大きな可能性を持っていたと言われる。その目的は① 失業者が事業を始める際に必要な道具や設備を購入する資金を入手しやすくし，② 事業発展や自営のために必要とされる技術知識や専門技術を提供する，などの点にあったのである[44]。

だが，人的資源手法は質の高い手頃なプログラムが次第に減少するという問題に直面していた。例えば，州内の地域大学は技能訓練等に対する強い要望があったにもかかわらず，政府の予算削減措置を受けてプログラムや専任講師を大幅に削減せざるを得なかった。また最終的に就職できなければ無駄に終わるので，技能訓練は労働市場のニーズに合致したものでなければならないという厳しい制約を課されていたのである。

しかも賃金補足は低賃金雇用の維持を企図していると非難され，大いに物議を醸すことになった。というのも，使用者が賃金補助付労働者を非補助金付労働

第 2 章　カナダの勤労福祉政策　　89

者に代置する置き換えを増加させるかも知れないという懸念を生んだからである。また賃金補足は補足すべき賃金収入がある場合には機能するが，高率の長期失業が続く状況下ではそもそも就職自体が難しかったのである[45]。

その上に上訴制度が勤労福祉制度には組み込まれてはいなかった。これとは対照的に廃止されたカナダ扶助制度は福祉受給者が当局の決定に異議を申し立て得る上訴制度を設けるように義務づけていた。だが，これに取って代わったカナダ保健社会移転支出制度（CHST）は上訴制度の設置については何ら規定を設けていなかったのである[46]。

［3］　勤労福祉の実態

（1）　オンタリオ勤労

オンタリオ勤労は社会扶助制度の根本的な変革を標榜していたが，その目的をほとんど実現できていなかった[47]。確かに社会扶助からの離脱は高い経済成長の持続と相俟って増加したが，そのほとんどはオンタリオ勤労の雇用プログラムによるものとは言えなかったからである。しかもオンタリオ勤労は扶助に依存し続ける人々の就職を阻害し，絶望的な状態に置いているとも言われている。給付削減，資格制限や様々な要件が強化される一方で，有益な雇用プログラムが欠如していたからである。扶助受給者は酷い貧困生活を強いられ，衣食住確保の不安を抱えながら，生き延びるために多くの労力を費やしており，再就職のための求職活動に集中することが困難だったのである[48]。

オンタリオ勤労は相互責任を謳ってはいたが，実際は参加者のみが責任を押し付けられる自己責任の制度であった。というのも，州政府は教育や訓練など就職に必要な支援を提供する相応の義務を負わされていなかったからである。しかも参加者はプログラムに関する情報をほとんど与えられず，雇用プログラムの選択肢を積極的に選ぶことすらできなかった。オンタリオ勤労は受給者を扶助からできるだけ早急かつ安価に離脱させ，公共投資も最小限度に抑制するという方針を採っていたのである。そのためオンタリオ勤労プログラムは履歴書作成や集団求職実習活動以外に何の追加的支援もなしに実施される求職活動を意味していたにすぎず，旧制度下における求職活動と何ら違いがなかった。それどころか決して就職に繋がらないような無意味な活動に従事させられることも多かった[49]。

恣意的な求職活動は就職の指針というよりも受給者を扶助から締め出すための単なる粗探しにすぎないかのようにすら見えたのである。

　しかも自治体は州が要求する勤労福祉配属目標者数の帳尻を合わせるために必死になって州規則の抜け道を探そうとした。例えば、参加者は日頃のボランティア作業に従事するだけで勤労福祉と認定され、扶助を受給することができたのである[50]。だが、勤労福祉は参加者に就職に有利な技能訓練を提供せず、しかも一般労働者の職を奪いつつあった。例えば、職場配属の中にはサドベリー市の生ごみ収集や植林などの作業が含まれていたが、参加者がそのような就労体験によって何か新しい技能を習得できるとも思われなかった。また州当局は勤労福祉が一般労働者の解雇に繋がってはならないと盛んに口にするが、実際にはプログラム参加者が一般労働者に代わって作業に就くケースも増加していたのである。

　というのも、オンタリオ勤労は参加者が低賃金職種に就くうえで必要な最低限度の技能や教育を習得させることしか考えていなかったからである。それはせいぜい高卒程度の学力しか意味していなかったので、雇用機会の拡大にはほとんど繋がらなかった。雇用機会は教育の高い者に対するものほど多く増加しており、高卒程度ではよくて停滞、高校中退以下ではむしろ減少していたのである[51]。

　そうした中でオンタリオ州の保守党政府は1995年10月に21.6%の給付減額を実施し、福祉支出を数億ドル削減した。受給資格もまた福祉受給者を減らすために厳格化されたのである。例えば、資格の剥奪、資産制限の引下げ、情報要件の増加、上訴権の制限などの伝統的な方法に加え、「内縁の配偶者」規則などが新たに導入されている[52]。このように勤労要件の重視は社会扶助を困窮度に基づく制度から勤労活動に基づく「給付に値する者」向けの給付制度へと変容させたのである。

　特にオンタリオ勤労法(1998年5月施行)は片親、障害者や高齢者など従来は決して勤労要件の適用対象にもならなかった人々に対しても勤労を要求していた。子供が学齢期に達した片親も勤労プログラムへの参加を義務づけられ、オンタリオ障害者援助制度（ODSP）に基づく狭い障害定義に合わない障害者も同様に勤労を求められるようになり、60～64歳の高齢者層も勤労要件を適用されるに至ったのである[53]。

（2） 福祉離脱と貧困

しかも福祉離脱者は正規の雇用者となっても貧困から離脱することが困難であった。1996年に全国の正規・通年雇用者家長世帯の5％は『統計カナダ』の基準とする低所得層以下に属していた。同じく独身者世帯では1割が貧困状態にあった。一方，非正規・非通年雇用者家長世帯（全世帯の$\frac{1}{5}$）では$\frac{1}{4}$，同じく独身者世帯（全体の22％）では半分以上が貧困層に属していたのである。もちろん，オンタリオ州の非正規・非通年雇用者の収入は極めて低く，平均年収は1996年に7,714ドルにすぎなかった。正規・通年雇用者でも低所得者が多く，1996年に18％（男子13％，女子24％）が2人世帯の貧困線を下回る2万ドル弱の所得しか稼得していなかったのである。

むろん，福祉離脱者の就業先は不安定な低賃金職種にほぼ限定されていた。例えば，1997年11月に福祉を離脱した者は58％が就職のために離脱し，その80％が正規の雇用，20％がパート雇用に就いた。しかも福祉離脱後3ヵ月以内に，就職に伴う福祉離脱者のうち20％が職を失うか転職している。第2–5表のように福祉離脱者全体（就職以外の離脱者も含む）のうち，27％が失業者となっており，正規の雇用者は43％にすぎなかった。また片親は独身者よりもパート雇用者の割合が高かったが，失業の割合はむしろ低かった。つまり片親は正規あるいはパートで就職して福祉から離脱する傾向が高かったと言ってよい[54]。

次に就業者の職種的な特徴を見ると，独身者と片親とでは大きな違いが見られた。例えば，第2–6表のように全体の平均労働時間は36時間であったが，GWA

第2–5表　福祉離脱後の雇用状態　　　　　　　　　　　　　　　　　（単位：％）

現在の雇用状態	全体	GWA 独身	GWA 家族	GWA 片親	FBA 片親
正規の雇用	43	44	54	34	36
パート雇用	19	19	14	17	24
雇用計	62	63	68	51	60
失業	27	30	25	26	23
専業・定時制生徒	12	10	7	24	21
その他	0	0	0	2	0
合計	100	100	100	100	100

（資料）　Workfare Watch Project: Interim Report, *op. cit.*, p. 9.

第 2-6 表　職種の特徴　　　　　　　　　　　　　　　　　　（単位：％，ドル，時間）

特徴	全体	GWA 独身	GWA 家族	GWA 片親	FBA 片親
平均週時間	36.0	36.1	39.3	36.0	33.3
常勤雇用	71	67	74	23	12
臨時雇用	28	32	23	74	88
平均時間賃金	9.04	8.30	10.10	10.00	9.60
平均週収入	325	300	397	360	320
貧困線水準	n/a	335	630	418	520

（資料）　Workfare Watch Project: Interim Report, *op. cit*., p. 10. n/a は不明。

（一般福祉給付）世帯の 39 時間から GWA 独身者や GWA 片親の 36 時間，FBA（家族給付）片親の 33 時間までかなりの格差があった。また正規の雇用者は全体では 71% であったが，GWA 片親では 23% 弱，FBA 片親でも僅か 12% にすぎなかった。しかも，その大部分が臨時職であり，近い将来失業に陥るリスクにさらされていたのである。

　平均時間賃金も僅か 8〜10 ドルと低く，平均週収入も 300〜360 ドルにすぎなかった。その結果，平均収入レベルの世帯は貧困線水準以下の所得層に属していたのである。また平均週収入は独身者では貧困線水準を 35 ドル下回るだけであったが，4 人世帯では 233 ドルも下回っていた。一般扶助を離脱した子供 1 人を持つ片親の平均週収入も貧困線水準を 60 ドルほど下回っていたのである。なお，平均的片親（子供 2 人）が家族給付から離脱すれば，平均週収入は貧困線水準を週 200 ドルも下回ることになったと言われる。

　ところで，新福祉制度やオンタリオ勤労の実施以前には，地方自治体の一般扶助制度が労働可能な独身者に，また州管掌家族給付制度が片親や障害者にそれぞれ扶助を支給してきた。しかし 1990 年代の景気循環と州管掌福祉制度改革の結果として，社会扶助は 1990 年代半ば以降益々，片親（ほとんどが女性）と障害者のための制度という性格を強めていったのである[55]。もちろん，独身の失業者は再就職までの間，社会扶助に依存して生活するのが一般的であった。だが，懲罰的・抑制的な扶助制度と低賃金職種の増加によって，多くの独身失業者が扶助をまったく受給しないか，比較的短期の間に扶助から離脱するようになったのである。

オンタリオ勤労プログラムは地方自治体から一般扶助受給者を受け入れ，州家族給付（FBA）制度からも片親の移管を受けたが，彼らの多くは長期間にわたって就労の経験がなかった。そこで，労働可能な者は扶助受給前に求職活動を要求され，扶助受給者も自活という目標を達成できるように求職活動，職業紹介や職業訓練プログラムに参加することを求められることになった。こうして社会扶助は基本的に就職による自活が期待できない生活困窮者に限定される傾向を強めていったのである。

しかも給付期限が，① 労働可能な者に対しては 24 ヵ月に限定し，② 2002 年 4 月 1 日から導入し（それ以前の扶助受給期間は期限に算入せず），③ 就職して受給を止めた場合には 24 ヵ月の給付期限の進行も停止する，という 3 つの原則に基づいて実施されることになった。だが，給付期限は就労を期待される雇用可能な受給者のみに限定され，障害者，高齢者，要扶養児童，縁者の家に寄寓する子供，3 歳以下児や障害児を抱えた独身の親，求職活動を免除された者，永住権未取得の難民申請者などには適用されなかったのである。

(3) 「給付に値しない貧民」

オンタリオ州は 1997 年にカナダ保健社会移転支出制度（CHST）の導入に対応して福祉制度を再編するために社会扶助改革法（SARA）を実施した。同法は福祉依存の悪循環を断ち切り，受給者の自活を促すことを目的としていた。またオンタリオ勤労法（Ontario Works Act, 1998 年 5 月公布）とオンタリオ障害者援助プログラム法（Ontario Disability Support Program Act）が従来の一般福祉扶助法（GWA），家族給付法（FBA）及び職業復帰サービス法（VHSA）に取って代わることになったのである。

こうした中で未婚の母親は保育の責任，限られた学歴や職歴などのために社会福祉費削減の深刻な影響を被っていた。しかも彼女たちの多くが扶助受給時代よりもむしろ就職後に生活水準の低下を経験していた。つまり未婚の母親は就職によって貧困から離脱できたのではなく，失業貧民から勤労貧民へと姿を変えただけであったのである[56]。

しかもオンタリオ勤労法は男性と同棲する女性とその子供たちに対する受給資格を剥奪する規定を設け，未婚の母親の受給資格を厳しく制限していた。1987

〜1995年までは同居カップルは3年間独身者の扱いを受け，その後カップルとしての資格を審査されることになっていた。しかし1995年10月以降，彼らは直ちに現行判例法に基づく既婚夫婦として扱われ，両人の所得が受給資格審査の対象とされるようになった。この規則の適用によって10,103人が社会扶助から排除されたが，その76％が未婚の母親だったのである。

　もちろん，この規則はその是非をめぐって法廷で激しく争われることになった。その結果，1998年8月にオンタリオ州社会扶助審査委員会（SARB）は「内縁の配偶者」規則が受給者の権利を保障した憲法に違反すると判断し，社会扶助受給女性と同居する男性はその配偶者とみなされないと裁定した。オンタリオ地区裁判所も2000年6月に「内縁の配偶者」規則を憲法違反と断定し，SARB裁定を支持したのである。なお，オンタリオ勤労法が同棲規則を復活させた理由は伝統的な家族概念に基づく1950年モデルの復古を意図していたからであると言われている[57]。

　もちろん，オンタリオ州の福祉改革は福祉受給者が積極的に就職するように促す一方で，現金扶助が生活困窮者に限定されることに最大の目標を置いていた。こうした政策の背景には扶助受給者は「給付に値しない貧民」であるとみなす州民感情が潜んでいたのである。それゆえオンタリオ勤労は最も自活への意欲の高い者に一時的な現金扶助を支給して経済的な自立を支援することができると期待された。つまり勤労義務を果たす者が現金給付に値する者とみなされたのである。

　このためオンタリオ勤労法施行後，申請者は現金給付の受給資格を得るために金銭的困窮を示した上で，次の3つの要件を満たさなければならなくなった。第1に，受給者は求職活動，職場配属，地域配属などの雇用施策に参加する義務がある。第2に，受給者は就職斡旋を受諾しなければならない。第3に，子供が学齢期に達すれば，労働可能な片親はオンタリオ勤労に参加しなければならない。しかも片親は子供の年齢が学齢期前であっても，任意でプログラムに参加することができた。これらの受給要件の厳格化によって福祉依存の悪循環が断ち切られるものと期待されたのである[58]。

　さて，オンタリオ州はまず割高な給付を他の9州の平均よりも1割高の水準にまで引き下げようとした。しかしながら，これは実際の生計費水準を無視し

たまったく恣意的な基準であった。もしも給付が生計費水準よりも大幅に引き下げられるならば，多くの受給者がホームレスに追いやられることになると懸念されたのである[59]。福祉受給世帯の最大の経常経費は住居費であったが，トロント市などの州内主要都市の家賃は他のカナダ主要都市と比べても遥かに割高だった。そのため平均的なアパートの家賃を勘案すれば，同州の給付水準は国内10州の中で7番目，と低い部類に属していたのである。

確かに福祉受給者は1995～2000年の5年間に40%近くも減少したが，それは必ずしも勤労福祉の成果とは言えなかった。むしろ，それは行政的な総点検（資格要件の厳格化，学生や障害者の他の制度への移管等）などに帰せられると言われている。実際，有資格受給者のうち僅か2%が地域奉仕活動に配属されたにすぎず，政府指定参加率15%（2000年には30%へ引上げ）と比べても極めて低すぎたからである[60]。

(4) 景気後退と限界

しかもカナダの経済ブームは終焉し，2000年には景気後退に入った。それまでの社会扶助受給者の順調な減少は雇用の増加や最も就職可能性の高い者の再就職に依存していたが，今やそれが困難となったのである。多くの社会扶助受給者が育児ニーズ，障害や疾病，教育・訓練の不足など就職のうえで不利な大きな阻害要因に直面していた。オンタリオ勤労は早急な就労を重視し，教育・技能の育成を制限して十分な支援を行わなかったので，受給者のニーズに対応できなかったからである。そこで次に，資料的な制約もあるので，州内最大都市トロントに焦点を絞ってオンタリオ勤労の実態について見ておこう。

トロント市センサス大都市地域（Toronto Census Metropolitan Area）の雇用者数は第2-7表のように1995～2001年秋までに23%増加した。しかし雇用増加率は2001年には以前の5年間と比べて大幅に低下している。失業率も1995～2000年に8.6%から5.5%に低下した後，2001年には再び6.6%にまで上昇している。一方，社会扶助受給者数は1995年以降劇的な減少を示してきた。この減少は高い経済成長，資格要件の厳格化，及び厳格な管理運営制度などの要因によってもたらされたと言われる。社会扶助受給者数は持続的に減少していたが，そのペースは2001年以降に逓減傾向を見せている。しかも，福祉離脱者の失業

第2-7表　トロント市センサス大都市地域の労働力の特徴　　　　　　　　（単位：千人）

	1995	1996	1997	1998	1999	2000	2001*
労働力	2,300	2,348	2,431	2,487	2,546	2,645	2,761
雇用	2,103	2,135	2,238	2,313	2,391	2,500	2,579
正規雇用	1,773	1,795	1,882	1,957	2,041	2,128	n/a
パート雇用	330	340	356	356	349	371	n/a
同比率(%)**	16	16	16	15	15	15	n/a
失業	197	213	193	174	156	145	182
失業率(%)	8.6	9.1	8.0	7.0	6.1	5.5	6.6
参加率(%)	67.0	67.1	67.9	67.9	67.9	68.7	69.4

（資料）　"Ontario Works and Jobs in the Toronto CMA," *Workfare Watch Bulletin*, January 2002, p. 1.
*は2001年11月で3ヵ月の移動平均。**は総雇用に占める比率。

率はそれ以外のグループよりもかなり高かった。また就職した者もほとんどが不安定で賃金の低い，景気後退時には真っ先に解雇される危険にさらされている労働市場の最下層職に従事していた。独身者と家族の平均扶助受給期間は1995～2001年に約18ヵ月から26ヵ月に拡大し，3年以上の受給者比率も12%から23%に上昇している。一方，短期間（6ヵ月未満）の扶助受給者は25%にすぎなかったのである[61]。

短期受給者の多くは独身者であったが，3年以上に及ぶ扶助受給者は約$\frac{2}{3}$が要扶養児童家庭であり，残りの$\frac{1}{3}$が独身者であった。また後者の半分は病人か障害者であり，これらのグループはオンタリオ勤労参加者の中でも増加傾向を示していた（2001年5月に参加者の16%）。さらにオンタリオ勤労参加者の約40%は高卒以下の学歴しか持っておらず，大部分がカナダの国外で教育を受けていたのである。

しかも，経済構造の変化が低賃金職種と高賃金職種を増加させる一方で，中間職種を減少させるという労働市場の二極分化構造を作り出していた。特にトロント市では低賃金職種（年収1万ドル以下）従事世帯が長期的に増加傾向を示していた。また臨時の雇用者は州内全雇用者の10%を占めていたが，福祉離脱勤労者の間では28%にも達していたのである。パートタイム雇用者も1990年代には全雇用者の15～16%で比較的安定して推移していたが，福祉離脱勤労者の間では31%にも上っていた。このような雇用の不安定化は福祉離脱者の$\frac{1}{5}$が1年以

内に福祉に舞い戻るという福祉の統計にも如実に反映されていたのである[62]。

　加えて州管掌社会扶助制度は経済構造の変化や雇用保険の縮小などによって，失業者に対する所得保障機能の一部を担わされることになった。例えば，2000年には全国の失業者の約50％が雇用保険の給付を受けていたにすぎなかった。一方，社会扶助は1998年に雇用保険の受給資格を持たない失業者の23％に対して扶助を支給していたのである。

　以上のようにオンタリオ勤労は教育や技能の向上よりも早急な就労を重視し，人的資本への投資を軽視したので，技能や教育の低い参加者にとっては無益で強引な求職活動制度といった意味しかなく，あまり成果を挙げられなかった。オンタリオ州の福祉改革も受給者数の削減を目的としており，受給者数の減少が雇用の増加を意味し，受給者の福祉離脱が就職を意味するという暗黙の前提に立っていた。しかし福祉離脱と雇用は必ずしも結び付いていなかったのである。

第4節　その他の州の勤労福祉

[1]　ケベック州

（1）　社会扶助制度の変化

　ケベック州は1921年に最初の社会扶助法を制定し，公的救済を要する特別な状況下にあるグループへの類別（categorical）扶助を徐々に制度化していった。特に1930年代の大不況は困窮母親向け扶助の実施（1937年）など様々な類別扶助制度の導入を促した。しかし類別扶助制度は1950年代末の景気後退を契機に制度間の深刻な矛盾に直面し，ようやく1969年の社会扶助法（Social Aid Act）によって類別扶助制度を単一の社会扶助制度に統合したのである。一方，州公的扶助特別調査委員会（バウチャー委員会）も1963年に自己責任を問えない貧困要因や扶助受給権原則（連邦失業援助法で明記）の承認を州政府に勧告した。このようにしてケベック州の社会扶助改革は社会正義の原則に基づく政府介入の新しい指針を提示することになった。また社会扶助法は片親家庭（single-parent families）給付の増額や物価スライド制の導入を行ったが，特に1970年の社会扶助法は貧困な母親に適用されてきた「品行方正」要件（1937年実施）を終焉させたの

である[63]。

　しかしながら1980年代末に慢性的失業がケベック州でも深刻化し，社会扶助受給者の多くが労働可能な貧民によって占められるようになると，自己責任の原則が再び復活させられ，扶助は次第に新しい相互主義的な関係へと変化していった。この政策転換は1988～1989年の福祉改革を契機として始まり，1995年にその基礎が築かれ，1998年の改革へと繋がっていったのである。

　こうしてケベック州は社会扶助統合の約20年後に失業や失業保険の危機から社会扶助制度の再構築を図らなければならなくなった。特に1988年の所得保障関連法（Act respecting income security）は失業者対策を大胆に方向転換させる社会扶助改革を促すことになった。社会扶助政策の基礎にあった労働可能性や就労誘引の問題が前面に打ち出されたのである。扶助受給者の激増に加えて，労働可能者対労働不能者の比率が完全に逆転するに至ったからである。社会扶助制度の導入時には，労働不能者が全申請者の63.9%を占めていたが，1980年代末には労働可能者が全体の73.4%にも達していたのである。しかも常習的受給者はますます独身者や青年などによって占められるようになった。社会扶助制度は雇用可能性が限られていた短期失業者のニーズには対応できず，時代遅れとなっており，不況や高失業に伴うコスト膨張問題にも直面していたからである。そこで，社会扶助制度改革は雇用可能性に基づく労働可能貧民と労働不能貧民の区別が大きな焦点となったのである。

　その結果，労働可能貧民向け勤労雇用誘引プログラム（Work and Employment Incentives Program）とその他貧民向け現金扶助プログラム（Financial Support Program）という2つの新しい制度が，2つに区分されたグループを支援するために設けられた。すべての受給者は反証を提出できなければ，就労可能者とみなされ，直ちに勤労雇用誘引プログラムに登録された[64]。また雇用可能性を改善したいと望む者は技能向上に必要な援助を受けることができた。雇用可能性の改善はコミュニティ・サービスと同様に学歴向上や訓練計画，OJT経験など，様々な手段を通じて実施されることになっていた。これらの施策は以前から失業青年向けに試験的に実施されていたが，それが全体的に拡大されるに至ったのである[65]。

　勤労雇用誘引プログラムは再就職活動への参加状況に基づいて給付水準を決定

第 2 章　カナダの勤労福祉政策

第 2-8 表　ケベック州の世帯種類別社会扶助給付額の変化　　　　　　（単位：ドル，%）

世帯構成	給付率	1988 年	1996 年	変化率
独身障害者	現金給付	608	689	+13
労働可能独身者（18-29 歳）	不参加者 参加者	222 222	500 620	+125 +179
労働可能独身者（30-64 歳）	不参加者 参加者	608 608	500 620	−18 +2
労働可能独身親（18-29 歳）子供 1 人	不参加者 参加者	826 826	750 870	−9 +5
労働可能夫婦・子供 2 人	不参加者 参加者	1,104 1,104	970 1,083	−12 −2

（資料）　Morel, *op. cit.*, p. 159.

し，活動への参加を拒む者に対しては厳しい制裁を科した。このため給付額や勤労所得控除額も参加，参加不能（Unavailability），参加待機中（availability），不参加の 4 つの区分に基づいて決定されたのである。1991 年 12 月時点では，勤労雇用誘引プログラム対象者の分布は不参加 38.9%，参加 13.8%，参加待機中 11.7%，参加不能 35.6% であった。また労働可能な単身者は 1989 年時点では月額 503 ドルの現金扶助を受給できたが，制度改革後には不参加 420 ドル，参加待機中 460 ドル，参加 520 ドルのいずれかの給付水準を適用されることになった。要扶養児童 1 人を抱える未婚の母親も 1989 年時点では 684 ドルを受給できたが，改革後には同様に 620 ドル，660 ドル，720 ドルのいずれかの給付水準を適用されることになったのである。そこで，世帯種類別の社会扶助給付額の変化を 1988 年と 1996 年について比較した第 2-8 表をみると，明らかに受給者の待遇が不公平になっている。このような給付水準の構造は受給者が再就職施策に自発的に参加し，求職活動に熱心に取り組むように促すという意図を反映していたのである。

　だが，この法案が公表されると，政府の方針に対する不満の嵐が吹き荒れた。圧力団体が活発に抗議行動を続けたが，法案はほとんど実質的な修正がなされなかった。圧力団体は新制度の複雑さや雇用不足を無視して就労誘引のみを重視する州政府の姿勢を激しく批判した。彼らは労働可能者向け給付の削減が雇用収入

によって相殺されるという根拠薄弱な前提も非難した。また彼らは労働可能者と労働不能者の区別に基づく給付調整がバウチャー委員会報告によって確立された扶助権原則に反していると主張したのである。というのも,ケベック州の改革は扶助受給者を「給付に値する貧民」と「給付に値しない貧民」という区別へと逆戻りさせ,後者を扶助から排除するために就労を強制する懲罰的な性格を持っていたからである。それは所得保障を勤労福祉に基づく制度に変質させようとする意図に基づいていたのである[66]。

(2) 1998年改革と評価

　社会扶助制度の改革は1998年6月の生活保護・就職支援及び社会的連帯に関する法律 (Act respecting income support, employment assistance and social solidarity, 1999年秋実施)の制定によって更に拍車を掛けられた[67]。同法は既存の2つのプログラムを更新して社会扶助制度の二重構造をそのままに維持した。その結果,現金扶助制度は障害者向け社会福祉プログラムとなり,勤労雇用誘引プログラムも再就職可能な者に対する雇用扶助プログラムとなった。第3の両親賃金補助 (Parental Wage Assistance, PWA) プログラムも維持された。しかし州政府は新しい政策方針も打ち出し,未婚の母親に対するプログラム参加義務を放棄し,任意登録制に改めたのである。

　改革が進展すると共に,社会扶助受給者は失業保険受給者と同様の義務を課されるようになり,両者はほとんど区別ができなくなった。また子供のいない労働可能な若者(18～24歳層)を対象とした雇用訓練プランが設けられ,正当な理由もなく参加を拒否あるいは途中で放棄すれば,給付を削減されることになったのである。だが,こうした強制的な手法は強い反対に遭遇することになった。というのも,州政府が未婚の母親に対する強制的な参加を放棄して任意参加を容認した後に,強制的な参加の対象とされたのは若年層のみであったからである。

　ケベック州は1988年以降,扶助受給者を就労可能性に基づいて分類し,勤労福祉プログラムへの参加を強制する福祉改革を他州に先駆けて実施してきた。この積極的勤労雇用措置 (Positive Action for Work and Employment) はケベック州の社会扶助制度における勤労福祉政策の中心的な制度であったと言ってよい。このプログラムの下で受給者は参加不能,参加(待機も含む)及び不参加,の3つ

のグループに大別されることになった。給付額もプログラムの参加者に厚く報い，不参加者には不利になるように設定されていた。だが，注目すべき点は多くの扶助受給者がプログラムへの参加を拒絶し，代わりに月額100ドルの給付削減を甘受するという選択を行ったことである。しかも，州政府は参加希望者のうち，一部分しかプログラムに配置することができず，多くの参加待機者を抱えていたのである。

1988年の福祉改革は1980年代に福祉受給者，特に独身福祉受給者が急速に増加したことに対する対応として実施された。しかしながら受給者数は既に1987年にはピークに達し，州内経済が回復期を迎えると共に，福祉改革の実施前から減少に転じていた。従って，福祉改革が受給者数の減少に及ぼした効果は過大に評価することができなかったのである。

しかも1993～1996年には給付の削減が大部分の福祉受給グループに対して実施された。また特別管理職員が制度の不正利用や悪用を摘発するために配置され，受給者の家を突然訪問するなど管理も強化された。しかし最も大きな政策変更は福祉受給資格を厳格化するために更なる改革が導入された1996年に実施された。その主な政策は給付水準の追加的削減，プログラム不参加者に対する制裁強化，及び資格制限資産の上限額引下げなどの手段を含んでいたのである。

なお，ケベック州の福祉受給者数はオンタリオ，アルバータ，ブリティシュコロンビアなどの州と比べて独身の親の比率が最も低かった。しかしこれは低所得の親に対するもう1つの現金給付制度であるPWA（2004年末廃止，労働者所得補足である就労奨励金（work premium）に取って代わられる）が存在していたことと関連していたのである[68]。

[2] マニトバ州

(1) 勤労福祉政策の導入

マニトバ州政府は1990年代に貧困を自己責任とみなす方針を採用し，社会扶助受給者に対する援護を後退させた。まず1993年に社会手当法（Social Allowance Act）が州・地方の福祉受給率の標準化を図るために福祉受給者に不利な改正を行った。1996年6月にも社会手当法改正案及び関連修正法案（法案第36号）が社会手当法を新たな雇用・所得扶助法に改正するために議会に提出された。

特に雇用・所得扶助法案の第5条第4項は州政府に勤労福祉政策を実施する権限を付与していた[69]。法案の成立を受けて，マニトバ州は勤労福祉と就学福祉（Learnfare）を実施することになり，福祉受給者は就労義務に違反すれば，扶助を拒否されることになったのである。

さて，カナダの社会扶助権を保障してきたカナダ扶助制度（CAP）は1990年の補助金上限制度の導入によって動揺し始め，次いでカナダ保健社会移転支出制度（CHST）の実施によって完全に放棄された。しかも，益々多くの国民が貧民に恥辱や懲罰を加える勤労福祉政策を支持するようになっていた。政府は福祉政策を戦前期にまで逆戻りさせるかのように貧民が怠惰で，給付に値せず，懲罰を加えられるべき対象だとする紋切り型の偏見を助長した。また子供の養育を通じて社会に貢献していた母親もこの懲罰的な勤労福祉政策の標的からは逃れることができなかったのである。

マニトバ州は1996年5月に雇用・所得扶助制度（EIAP）を導入したが，その主たる目的は福祉受給者が職を見つけて職場に復帰するのを援護することにあった。同州の勤労福祉政策は家族福祉省や教育訓練省が運営する様々な勤労福祉や就学福祉などの制度からなっていた。それは福祉受給者に訓練を施し，求職活動や就職準備活動に従事させることを目標としていたのである。特に勤労最優先プログラムへの参加は扶助受給者全員に義務づけられ，拒む者は給付減額などの処罰を受けた。なお，6歳以下の児童や障害児童を抱えた未婚の親，障害者や老人などは参加の強制を免除されていたのである[70]。

こうしてマニトバ州は1990年代に勤労福祉政策を導入することによって，労働可能な福祉受給者数を減少させ，社会扶助支出を1995〜1999年に9％ほど削減した。しかも国民児童手当（NCB）が1997年以降，州の追加課税措置によって福祉受給者から回収されることになった。この数百万ドルの回収を通じて，同州は最貧困児童を犠牲にしながら支出水準を引き下げることができたのである。だが，そのために同州の貧困率は1993〜1997年に18.1％から19.4％にまで上昇することになった。また福祉支出は減少したが，その一方で食糧銀行（food bank）を利用する非福祉受給者の数が激増した。この食糧銀行の利用者増加は貧困率の上昇と共に，福祉改革が貧民の生活状態を改善できていないことを示唆していたと言ってよかった。

もちろん，勤労福祉は福祉離脱者の正規雇用を持続的に増加させることができず，福祉依存と離脱を繰り返す堂々巡り現象を作り出していたのである。しかも，福祉離脱者のほとんどは不安定な不熟練職種にしか就職できなかった。また同州最大の福祉改革プログラムである「義務の履行（Taking Charge!）」は，独身の福祉受給親を対象とした5年間の実験的なプロジェクトで，2,620億ドルもの予算を計上していた。しかしその一方で，任意参加の福祉受給者に訓練や教育を施し，大きな成果を挙げてきた多くのプログラムが1990年代には縮小の憂き目を見たのである。

（2）　勤労福祉政策の実態
　しかも勤労福祉政策は民間部門に補助金を交付し，福祉受給者に給付と引き換えに勤労を強制することによって低賃金や無給の労働力を作り出している，と非難されていた。というのも，勤労福祉の参加者は一般従業員が享受しているような賃金水準や労働条件の保護資格を与えられていなかったからである。それゆえ無給労働は労働立法の適用を免れるために自発的な労働のように偽装され，就労もせず訓練も受けていない福祉受給者は「自発的に」地域奉仕に参加することを強制された。その結果，地域団体はこうした無給労働力の提供を受けることによって，州政府の経費削減措置によって被った財政的打撃を埋め合わせることができたと言われる。
　このように州政府は生活困窮者を救援してきた団体への補助金交付を縮小する一方で，これらの団体に福祉受給者を配属させて無給の作業に従事させる政策を実施していた。またかつては貧民を援護してきた団体も勤労福祉政策の一翼を担わされることになったのである。
　これとは対照的にオンタリオ州では，勤労福祉政策がマニトバ州よりも大胆に推進されていたにもかかわらず，むしろ多くの教会や地域団体が貧民の管理や監督を拒否し，勤労福祉政策に反対する立場を鮮明にしていたのである。しかもマニトバ州では，使用者は契約期間後の雇用については何の義務も負わされずに，勤労最優先（Work First）プログラムの参加者に支払われる賃金の一部として時給3.00ドルの補助金を受領できた。また補助金交付は使用者に対して特定参加者の雇用義務という拘束力を持たなかったので，長期的な雇用に結び付く

かどうか，甚だ疑問視されていた。実際，多くの使用者はいったん補助金交付期間が終了すれば，もはやプログラム参加者を雇用しないことが多かったと言われる。それゆえ使用者が彼らを雇い続ける場合には，勤労福祉政策とは無関係に空きポストを埋めなければならなかったという事情を抱えていたのである。結局，雇用は新たに創出されず，補助金プログラムの利益は専ら使用者に帰属していたと言ってよい[71]。

しかも，勤労福祉は個人の適性や関心とは無関係に職場や訓練への配属を強制的に決定する傾向が強かった。その結果，使用者，訓練担当者，参加者のいずれもが失望感を味わうことになったのである。参加者は福祉受給に伴う恥辱を与えられていたので，使用者も彼らを補助金付でなければ雇う価値がないと考えがちであった。その結果，参加者はやがて解雇されるか辞めざるを得ないほどに勤務時間を減らされたのである。調査報告からも明らかなように，使用者は補助金付であれば進んで福祉受給者を雇おうとしたが，長期にわたって雇うケースは稀だった。また非福祉受給者が概して継続的な職種向けの労働者として採用されたのに対して，補助金付で就職したプログラム参加者は標準以下の，正規雇用の賃金率に値しない労働者とみなされていたのである。

加えて使用者に対する雇用補助金はプログラム参加者の技能向上よりも，進んで雇ってくれる使用者を見つけることに主眼が置かれていた。だが，技能の向上がなければ，参加者は条件の良い仕事に転職するという希望をほとんどもち得ず，労働市場における脆弱な立場も改善できなかった。にもかかわらず福祉受給者が受けられる訓練はほとんどが低賃金職種向けの短期訓練プログラムに限られていたのである。

勤労福祉政策は高失業期には受給者が限られた就労可能な職に就いたり辞めたりの状態を絶えず繰り返すという問題に直面した。つまり勤労福祉は出入りの激しい堂々巡りの仕組みを出現させただけであって，貧困や失業の問題に対する長期的な解決策を見つけ出したわけではなかった。しかも，勤労福祉政策は労働者が自由に職業を選択できなければならないと規定している国連憲章（社会的文化的権利）にも違反している恐れもあったのである。

ところで，福祉受給者向け雇用訓練プログラムの費用と成果に関する情報は極めて限られていた。カナダの勤労福祉政策はアメリカのそれと比較して一般に割

高であり，多くの問題を抱えていたと言われる。例えば，ニューブランズウィック勤労（NBW）は参加者がプログラムを終了すれば，1人当たりの費用は5.9万ドルに達する。マニトバ州の「義務の履行（Taking Charge!）」部門の経費も1人当たり6.5万ドルにも達していた。またニューブランズウィック勤労はプログラムからの脱落率が60％にも上っていたのである。しかも，告知・管理・評価などのプログラム管理職を除けば，ニューブランズウィック勤労は新たな雇用をほとんど創出しなかった。結局，ニューブランズウィック州の貧困率や失業率はほとんど何の変化も見せなかった。さらにケベック州のプログラムは高コストに加え，受給者の長期的な雇用を改善する効果もなかったので，7年後には中止に追い込まれたのである。

もちろん，マニトバ州でも福祉改革の成功を示唆するような明白な経験的証拠は見当たらなかった。第2-9表のように福祉受給者は1996年以降に減少したが，福祉受給者や低所得世帯の間では食糧銀行の利用が激増していた。また雇用補助金を交付された使用者が受給者の長期雇用に貢献していると思われる兆候も見いだされなかった。いったん補助金交付期限が満了となれば，使用者が引き続き受給者を雇用することはほとんど期待できなかった。使用者はこのプログラムに

第2-9表　カナダ10州の福祉受給者数　　　　　　　　　　（3月31日，単位：千人）

	1993	1994	1995	1996	1997	1998	1999	2000	2001	2002
ニューファンドランド	68	67	71	72	72	65	60	59	54	52
プリンスエドワード島	13	13	12	12	11	11	10	8	8	8
ノバスコシア	99	104	104	103	94	86	81	74	67	62
ニューブランズウィック	78	74	67	67	71	67	62	56	53	51
ケベック	741	787	802	813	793	726	661	619	577	561
オンタリオ	1,287	1,379	1,344	1,214	1,149	1,091	910	802	709	688
マニトバ	88	89	85	86	79	73	68	63	61	60
サスカチュワン	68	81	82	80	80	73	67	64	61	56
アルバータ	196	139	113	106	90	77	72	65	58	54
ブリティシュコロンビア	323	354	374	370	321	297	275	262	253	241
全国	2,975	3,100	3,071	2,937	2,775	2,578	2,579	2,085	1,911	1,843

（資料）　National Council of Welfare, *Fact Sheet: Welfare Recipients.*
　　　　http://www.ncwcnbes.net/htmdocument/principales/numberwelfare.htm

よって確保できる安い労働力のプールを活用するために勤労福祉プログラムに参加していたのである。結局，勤労福祉プログラムは低賃金職種向けの訓練しか行っておらず，受給者を福祉から完全に離脱させられるような職に就かせることができなかったと言ってよい[72]。

いずれにせよ，マニトバ州が福祉改革に成功を収めているという事実を示唆するような証拠は何も存在していなかった。むろん，福祉改革は福祉受給者数の推移のみによっては評価することができない。福祉受給者数は経済の状態によって変動し，受給者の規模は何よりも失業率と関連していたからである。雇用所得扶助法（Employment and Income Assistance Act）は貧民の自活が福祉改革の目標であると明記していたが，福祉離脱者が限界的な労働力に留まるならば，福祉や貧困からは永続的に脱却できず，勤労福祉政策が成果を挙げているとも言えなかったのである。

［3］ ニューブランズウィック州

(1) 就学福祉

ニューブランズウィック州はエリザベス救貧法をカナダで最後に廃止した州であった。同州では社会扶助法が1960年に至ってようやく制定されたからである。その後1960年代以降で最も重要な変化は1982年の改革であった。同州は1980年代初頭まで受給者の類別に応じた給付額の設定を行わなかったが，1982年に制定された社会福祉法が翌年から申請者の就職可能性や年齢に基づいて福祉給付に格差を設けたのである。受給者は3種類に分類され，就職可能性の高い者には最低の給付額が適用された。ちなみに1985-86年のデータによれば，受給者はそれぞれ25%が「長期（限られた労働能力）」，65%が「向上訓練斡旋プログラム」，10%が「暫定的扶助」に配属されていたのである[73]。

しかしニューブランズウィック州の社会扶助制度は1980年代に甚だしい悪評に傷つけられることになった。というのも，同州は1983年に扶助受給者を使って他の受給者の資格を再審査するために家庭訪問をさせるという信じがたい制度を導入したからである。しかも，社会扶助当局は彼らが銀行や保険会社，あるいは申請者の情報を確認するために必要と思われるすべての情報源に接触できるようにした。この強制的家庭訪問制度は激しい批判を浴びて1987年に中止され

たが，その後も受給者に対する偏見が残されることになったのである。

　ニューブランズウィック州の福祉改革は1987年の選挙で州議会の全議席を独占する勝利を収めて知事に就任した自由党のF. マッケナンによって開始された。同州はカナダ東部に位置する人口僅か73万人の国内で最も貧困な州でもあった。特に失業率が10%前後の高水準で推移し，福祉受給率も全国で最高の部類に属していた。福祉受給者数も第2-9表のように1993年には州人口の11%に相当する7.8万人にも達していたのである。

　マッケナンは州知事就任直後に，労働可能な者が社会扶助の受給期間を教育，訓練及び就労経験などの活動に従事して自活するための機会として活用すべきだという方針を示した。しかも，同州は連邦政府との間に共同費用分担合意（1987年に署名，1992年に延長）を締結することによって，①ニューブランズウィック勤労（NBW，任意参加就学福祉・勤労福祉），②自立プロジェクト，③ニューブランズウィック職業部隊（50～65歳の解雇高齢労働者向け），の3つの大規模な福祉改革を実験する財政的余裕を得たのである。このうち全国的に最も大きな注目を集めたのはニューブランズウィック勤労と呼ばれる任意就学福祉政策であった[74]。

　ニューブランズウィック勤労は州内で社会扶助受給者が急増する一方で，既存の訓練制度が分断化や期間の短さ（最高52週間）などの大きな欠陥を持っていたことから1992年に導入された。ニューブランズウィック勤労は連邦と州が共同で費用を分担して運営する期間6年（1992～98年）の実演プロジェクトであったが，その運営実務は州の責任とされていた。まず1992～1994年の3年間に毎年1,000人の扶助受給者が徴募され，3年半に及ぶプログラムに参加した。その参加者はオリエンテーション（2週間），職場配属（20週間），学歴向上（9ヵ月間，高卒課程向け授業），夏季インターンシップ，学歴向上（9ヵ月間，高卒資格取得向け授業），技能訓練（1年間，地域大学），の6段階のプログラムに参加することになっていたのである。

　参加者は20週間の職場配属後に個別ケースに応じたプランに従事する。その費用は各参加者が連邦失業保険制度の下で156週間の訓練資格を取得できるので，連邦政府に転嫁することができた。また参加者として選抜された未婚の母親は高卒相当の教育課程を修了し，更に地域大学で就職用技能を習得するまでの

間，他の現金扶助（最長8ヵ月）を受給することができた。もちろん，後者はニューブランズウィック勤労を修了した者しか参加できなかったので，高い脱落率から考えてこのプログラムに参加する者はあまり多くなかったと見てよい[75]。

ところで，1990年代には女性の貧困問題が顕著となり，大きな注目を集めるようになった。ニューブランズウィック州では，社会扶助に依存する未婚の母親が1993年に1.3万人に達し，全受給者の30%を占めるに至った。また社会扶助受給世帯は67%が独身の親世帯であり，さらにその80%が女性世帯主であった。しかも，これらの世帯の$\frac{3}{4}$は貧困線水準以下の生活を強いられていたのである。

1995年の改革以前には州政府は基本的に任意制度を重視していたが，前述のように1992年頃からニューブランズウィック勤労や自立プロジェクト（SSP）の実施などを通じて就労誘引手法の導入を試みるようになった。この2つのプロジェクトは主に母子家庭の母親を対象としており，その求職活動を促す実験は他のカナダ諸州に対するモデルとなったのである[76]。

ニューブランズウィック勤労は連邦と州の合意に基づいて1992年に設立された国家的実験プロジェクトであり，1998年に終了した。それは就労経験が全くなく，要扶養児童を抱え，学校教育も限られ（高校中退以下），ほとんど何の技能も持っていない者を対象としていた。しかしながらプログラムが全くの任意参加であった点では他のカナダ諸州で実施されたプログラムとは明らかに異なっていた。しかも，ニューブランズウィック勤労は専ら教育と訓練を重視していたので，参加者が継続的な雇用に就ける資格を取得できる可能性を持っていた。そのためニューブランズウィック勤労は全国のメディアから大きな注目を浴び，クレチン連邦首相も国家的なモデルであるという高い評価を与えたのである。

同州政府と連邦のもう1つの主要共同プロジェクトが扶助受給者の福祉離脱と就業を促進することを企図した自立プロジェクトであった。それは最低1年間の扶助を受給した独身の親に対して正規の雇用に就いた場合には最長3年間の所得補足を行った。参加者は正規の雇用（最低週30時間勤務）に就くまでに平均で1年の期間を要したという。いったん就職すれば，参加者はもはや扶助を受給できず，医療扶助の受給資格も失ったのである[77]。

連邦政府と協力して実施された第3の実験的就労プロジェクトは1994年に実

施されたニューブランズウィック職業部隊（NBJC）であった。職業部隊は社会扶助や雇用保険給付を受給していた50～65歳の失業者を対象としていた。参加者は任意でコミュニティ・サービス実施団体に斡旋された。また参加者は民間会社，自治体，NPO，行政機関やその他の団体において26週間のボランティア作業に従事することと引き換えに，年1.2万ドル以下の収入を受け取ることができた。職業部隊は高齢労働者が好況時でも著しい就職難に直面していたことから，長期的な福祉依存に陥らないように彼らの再就職を支援しようとしたのである。プログラムは参加期間3年で，参加資格を世帯所得2万ドル以下に制限していた。職業部隊は1999年まで継続され，年間8,000万ドルの費用が支出されたのである。

（2） ニューブランズウィック勤労の実態

　ニューブランズウィック勤労は1992年に準備不足のままに拙速的に実施されたので，正式な政策指針やマニュアルもなしに運営され，大きな混乱を招くことになった。この拙速主義は管理情報システムが実施に間に合わないなどの弊害をもたらした。就学福祉も徐々にあまり上手く機能していないことが判明してきたので，福祉当局は次第にプロジェクトそのものに興味を失っていったのである[78]。第1期生1,030人のうち31ヵ月目にもプログラムに留まっていた者は僅か31％にすぎなかった。第1期生が早い段階から多数の脱落者を出していたので，国家的実験プロジェクトとしての威信を保つために第2期生は選考基準を改められ，教育程度の高い者が選ばれるように修正された。その結果，基本レベルの学歴向上（学歴向上の種類は基本，中間，上級の3つからなる）を必要とする者は第2期生では僅か7％に激減した。だが，この選抜基準の変更にもかかわらず，第2期生の脱落率は42ヵ月間のプログラムのうち最初の20ヵ月が経過した時点で既に45％にも達していた。なお，10ヵ月が経過した時点での第3期生の脱落率は15％であった。しかも，参加者全体の半分が1996年3月までに社会扶助に舞い戻っていた。つまり就職の結果としてニューブランズウィック勤労を離脱した者はほとんどいなかったのである[79]。

　では，ニューブランズウィック勤労は未婚の福祉母親が高賃金職種に就けるような教育や訓練を提供するという本来の目的をどの程度まで実現できたのであろ

うか。州政府が任命した評価機関の報告は「成功」という言葉を再三繰り返すばかりで、具体的な内容に乏しかった。ニューブランズウィック勤労の最終報告書は2001年に至っても準備されず、州政府の秘密主義に不満を鳴らす者も多かった。そのために1.77億ドルに上る高価なプログラムは失敗であったと指摘する者が増加している[80]。

ところで、マスメディアはマッケナンが人的資源手法の革新者として名声を築く上で大いに手を貸してきた。全国のマスコミはニューブランズウィック勤労プログラムが公表された時に同州に殺到してきたが、やがて他の話題に関心を移し、何が行われたのかを検証するために戻ってくることはなかったのである。福祉当局もマスコミも最初の派手な宣伝の後にニューブランズウィック勤労にうんざりしてしまったというのが真相である。マッケナンはニューブランズウィック勤労が正式に修了する1年前の1997年に知事を辞め、そのプログラム自身も存続期間の短い福祉受給者向けの新しい自活プログラム（Jobs Plus）に取って代わられた。しかも、州政府はその後も実際に何人がニューブランズウィック勤労を修了したのかを公表しようとしなかったのである。

ニューブランズウィック勤労は大量の脱落者を出したが、マッケナン知事は就学福祉プログラムを通じて全国的な脚光を浴びる絶好の機会を摑むことができた。しかし福祉受給者が高校を修了し、地域大学で就職に有利な技能を身に付ければ自活を達成できるという信念は、寛大な保育や通勤費の支援にもかかわらず、大多数の参加者が高卒課程の修了という第一段階の関門さえ超えられずに脱落するという現実の前に挫折するに至った、と言わざるを得ないのである[81]。

[4] アルバータ州

(1) 福祉改革

アルバータは人口285万人の豊富な石油に恵まれた大草原地帯に位置する州で、政治的には保守主義の砦として知られていた。福祉制度の徹底的な変更は保守系知事の長い伝統の中でも最も保守的といわれたP. クライン知事によって実施された。1992年の選挙での勝利後、クラインは「福祉に対する戦争」を宣言し、M. カーディナルを州家族社会福祉相に任命した。貧困家庭の出身で福祉を猛烈に嫌悪するカーディナルの任命は彼を汚れ仕事に利用しようというクラ

インの抜け目のない戦略に基づいていた。カーディナルは福祉運営の方法を徹底的に変更し，就任1年目で福祉受給者を27%も削減するという成果を挙げたのである[82]。

カーディナルは福祉の完全な廃止を目指し，福祉の行政的・構造的な変更を行ったばかりではなく，勤労福祉政策を推進する州政府の強固な意思を社会福祉官僚に徹底させた。まず給付水準が勤労貧民の収入を上回ってはならないという理由から，1993年10月には最高基礎手当や住居手当が削減された。労働可能者は正当な理由なく職を拒否，あるいは放棄すれば直ちに給付を停止されることになった。また「内縁の配偶者」政策が実施され，同棲相手の所得を申告しない場合には給付が打ち切られることになった。さらに雇用訓練制度が福祉受給者を雇用する団体に賃金補助を交付するために導入された。これは任意参加の制度であったが，実際には強制され，職場配属の12ヵ月後には参加者の70%以上が福祉から離脱するなど大きな成果を挙げた。これらの措置の結果，受給者数は1993–94年度の最初の9ヵ月間に29%減少し，給付支出額も15%ほど縮小している。受給者数はその後も減り続け，第2–9表のように1993〜2000年に67%も減少するに至ったのである[83]。

このように同州は極めて革新的な勤労福祉政策を実施してきた。福祉受給者は正式には給付と引き換えに勤労を強制されたわけではなかったが，もしも自活援助（Supports for Independence）と呼ばれる新設の福祉プログラムに参加しなければ，給付を停止されたのである。自活援助は福祉受給者を①労働可能な者，②付加給付を必要とする低賃金稼得者，③一時的な労働不能者や生後6ヵ月以下の幼児を抱える者，④保障所得グループに属する者，の4つのグループに区分し，労働可能な者のうち約70%を即座に就労可能な者と判定した（30%は訓練を必要とする者）。参加者はまず職業教育を履修し，次に雇用プランを作成し，その後に①正規の教育・訓練，②就職準備プログラム，③就労体験プログラム，の3分野のいずれかに配属されたのである。

このうち第1分野は地域大学や大学への通学を目的としており，参加者は福祉から学徒援護プログラムに移管された。第2分野は参加者が民間職業紹介所と密接に協働しながら競争的労働市場へ直接参加することを目的としていた。第3分野は参加者が3つの州営就労経験プログラムで就労を体験し，就職を容易に

することを目的としていた。特に就労体験プログラムは在籍期間中の参加者を福祉受給者としてではなく時間賃金労働者として扱うという点で革新的であった。即ち，プログラム参加者は州政府や非営利地域団体の職員になるか，州最低賃金の時給5ドル以上で就労し，福祉受給者ではなく従業員として扱われたのである[84]。

しかしアルバータ州の勤労福祉政策はもしも受給者が勝手に仕事を辞め，あるいは理由もなく就職斡旋を拒絶するならば，扶助の受給資格を剥奪されるという点で懲罰的であった。そのプログラムは雇用の不足や技能・経験の欠如を無視しており，受給者が怠惰なゆえに福祉から離脱できないのだという考え方に立脚していたのである[85]。

(2) 実　態

アルバータ州の月別受給者数は第2-9表のように1993～1998年に19.6万人から7.7万人にまで71%も減少している。もちろん，福祉制度の改革もこの大幅な減少に大きな影響を及ぼしている。同州の福祉改革は1990年のアルバータ家族社会福祉会議によって基礎が据えられた。特に福祉受給者が第2-2図のように1990～1993年に増加し続ける中で，クラインが1993年に新知事に就任すると，社会福祉職員も給付額の引下げを除き，州政府の福祉改革案を支持するようになったからである。ソーシャルワーカーの多くは福祉改革案に反対の態度を表明したが，州内の世論は彼らに与せず，政府の改革案に賛成したのである。

ところで，同州の就労体験プログラムは参加者を長期の有給雇用に就かせるなど輝かしい成果を挙げてきたと言われるが，福祉受給者はこれに強い反発を示していた。例えば，多数の福祉受給者が同州から逃げ出し，隣接のブリティシュコロンビア州に大量の福祉難民となって流入したのである。また福祉受給者の中には給付額の引下げや福祉改革に嫌気が差して生活の見込みもなく福祉を離脱してしまう者もいた。福祉行政当局の姿勢も資格を厳格にし，福祉の魅力を失わせ，福祉詐欺を厳罰に処するという方向に大きく変化した。つまり同州の福祉受給者数は福祉からの脱却が促進された結果というよりも，もはや福祉には容易に頼れなくなったという理由から劇的に減少したのである。

例えば，州会計検査院長も1993年以降に福祉を離脱した数千人が実際に職に

就いたとする証拠は見られないと明言している。そこで，州政府は1993～1996年に福祉から離脱した元受給者に関する調査をカナダ西部財団（CWF）に依頼した。1997年に公表された調査報告によれば，受給者の大部分が就職し，福祉に依存していた時よりも生活が良くなったと回答していたという[86]。回答者の大部分は独身者で，約半数が子供（18歳以下）を持っていなかった。しかし調査対象者全員が福祉からいったんは離脱したものの，そのうちの15～20％は面接時点までに福祉に舞い戻っていた。なお，福祉離脱の理由は53.3％が就職のためであった。また社会扶助給付とサンプルの有給雇用所得を比較すると，給与水準は扶助給付とほぼ同水準が18％，それ以下が24％を占めていた。しかしながら西部財団の調査は就職に伴う福祉離脱を大げさに誇張する傾向が強く，州政府擁護のために秘密主義に陥っており，その客観性が甚だ疑問視されていたのである[87]。

むろん，アルバータ州の特徴は州民が1993年以降に起こった福祉制度の劇的な変化に対してほとんど無抵抗であった点にある。圧力団体が極めて強力で勤労福祉政策の推進を阻止し続けているオンタリオ州などとは異なって，同州の圧力団体は何らの抵抗も示していない。もちろん，児童の貧困問題をめぐっては福祉改革への批判の声も上がっているが，ほとんど影響力を持っていなかった。マスコミは受給者の大部分が就職して福祉から脱却したと主張する西部財団の調査報告書を疑問視し，州政府の勤労最優先政策にも反対していたが，人的資本開発手法には賛成してきた。また州民は扶助受給者に対して強い嫌悪感を抱いており，懲罰が軽すぎ，恥辱も少なすぎると考えていたと言われている。恐らくこうした風土が強制的な福祉改革をむしろ歓迎するような州内の雰囲気を形作ってきたのであろうと思われるのである[88]。

[5] ブリティシュコロンビア州

（1）福祉改革

ブリティシュコロンビア州も1994年から制度の厳格化などの福祉改革に乗り出した。まず福祉受給者の削減のために行政手続きが変更され，削減目標も導入された。また福祉の不正受給や濫用を防止する対策として90人の監視官が新たに任命された。さらに1994年以降，労働可能な独身者は社会扶助を受け取る

ために毎月福祉事務所に小切手を貰いに行かなければならなくなった。しかも，独身者は1995年10月に受給資格の資産上限額を2,500ドルから500ドルに引き下げられたのである。

しかしながら真に徹底的な政策変更をもたらしたのは1995年12月に実施されたブリティシュコロンビア給付（British Columbia Benefits）の導入であった。それは要扶養児童を抱えていない労働可能な福祉受給者に対する給付の削減（8～10%）と若年者雇用・脱福祉就労（Youth Works / Welfare to Work）制度の導入からなっていた。若年者雇用（YW）は若年層（19～24歳）を対象として就職準備・基礎教育・技能訓練などのプログラムを提供し，脱福祉就労（W-t-W）も所得扶助に依存する成人層（25～59歳）を対象として同様のプログラムやサービスを提供する制度であった。もちろん，労働可能な福祉受給者は全員が若年者雇用・脱福祉就労プログラムへの参加を義務づけられた。しかも，独身の親が参加の免除を認められる子供の年齢も12歳から7歳に引き下げられ，若年者雇用（YW）への参加を拒めば扶助を停止されることになったのである[89]。

その上，福祉に依存する親は不利な状態に置かれることになった。例えば，家族特別手当（子供のいる低所得家庭向け）は，当該世帯が社会扶助を受給している場合には追加税の形で回収されることになったのである。これらの措置は低賃金労働を若干魅力的なものにする一方で，福祉を可能な限り懲罰的にしたいと考えていた政策当局の方針を反映していた。このアメとムチの手法は失業や福祉受給が不況や雇用不足のためではなく個人の怠惰の結果であるという前提に立っていたのである[90]。

（2）実　態

ブリティシュコロンビア州の扶助受給者数は1994年に増加傾向が減速したが，1995年前半には再び急増した。そこで，州政府は1996年にブリティシュコロンビア給付法に基づき新しい政策を導入した。こうして1996年の同法施行後，若年者雇用法（Youth Works Act）と所得扶助法（Income Assistance Act）に基づく所得扶助の受給者数は毎年減少した。一般に受給者数の減少は新規扶助受給者数の変化と扶助離脱者数の変化という2つの要因によって左右される。しかし同州の受給者数減少は主に新規受給者の減少によって生じていた。福祉離脱者数も

短期扶助受給者（1〜7ヵ月）ではより急速な減少が見られた。例えば，短期受給者数は1996年1月〜1997年10月に7.9万人から4.5万人にまで減少したが，長期受給者数(10ヵ月以上)は同じ期間に9.6万人から8.1万人に減少したにすぎなかったのである。

その結果，全体に占める長期受給者の比率が同じ期間に52.3%から61.1%にまで上昇した。一方，若年者雇用・脱福祉就労は参加者の継続的雇用や自活能力を改善するための就職準備・基礎教育・技能向上などを含む広範なプログラムであり，その成果は長期受給者数の持続的な減少にも示されていたのである[91]。

1998–99年には若年者雇用（YW）の参加者は13.1%，脱福祉就労（W-t-W）の参加者も9.6%の減少を示していた。しかも，両プログラム参加者の約50%がその年のうちに職に就いたと言われる。加えて，他の7%が大学や短大に入学していた。結局，扶助に依存する若年者は1ヵ月以内に約$\frac{1}{4}$が，3ヵ月以内では約60%が福祉から離脱していたのである。そして早期に離脱できない者に対しては若年者雇用（YW）が求職活動や訓練などを提供していた。また扶助に依存していた成人も3ヵ月以内に約60%が福祉から離脱していたのである。しかし福祉から離脱した参加者が自活できていることを示すデータは明らかとなっていない。

むすび

「給付と引き換えの勤労」という福祉思想は歴史的に古くから存在しており，カナダでも1930年代の大不況期からカナダ扶助制度の導入によって事実上禁止される1966年までの間，広範に実施されてきたと言ってよい。だが，本章が課題として取り上げているのはそうした超歴史的な制度ではなく，1990年代以降のアメリカで各州が試行錯誤的に実験を試み，今や国際的なモデルとなりつつあるアメリカ型の勤労福祉政策である。それは①強制と制裁，②就労重視，③厳格な資格制限と期限付給付，などの要素によって特徴付けられていた。特に制裁を伴う就労強制と期限付給付はアメリカ型勤労福祉制度の重要な特徴と言える。というのも，それこそが単なる財政赤字対策としての福祉抑制に止まらず，「現行福祉の終焉」という福祉国家の大胆な変革にも繋がっているからである。

では，カナダ諸州の福祉改革はアメリカ型勤労福祉政策の特徴をどこまで採り

入れているのであろうか。というのも，勤労福祉政策が単なる政治的なレトリックの範囲を超えて実質的な意味を持っているかどうかを判断する基準はその点にあると思われるからである。

確かにカナダの勤労福祉政策はアメリカのそれと同様に，福祉受給者数の縮小という点では一定の成果を挙げてきたように見える。例えば，全国の福祉受給者数は1993～2002年に298万人から184万人にまで32%も減少した。カナダの人口と受給者のそれぞれ4割を占めるオンタリオ州でも，福祉受給者数は129万人から80万人へと32%減少している。しかしながらアメリカの政策に対する評価でも指摘されている点ではあるが，受給者数減少の大部分は勤労福祉政策以外の要因に帰せられるべきであり，また本来の政策目的でもある福祉離脱者の自活が達成できたかどうかは甚だ疑問であった。しかもカナダの諸州では，アメリカ型勤労福祉の重要な要素である期限付給付や強制参加などの要素が必ずしも厳格に導入されてはいなかったのである。

例えば，オンタリオ州の勤労福祉政策は参加者の職場配属がほとんど実行されておらず，従来と同様の求職活動を単に勤労福祉政策と僭称しているだけの「見掛け倒しの制度」にすぎなかった。州内の強力な労働組合や福祉擁護団体が勤労福祉政策の実施に頑強に抵抗し，実行を事実上阻止していたからである。また，たとえ福祉からの離脱は容易であっても，安定した雇用に就くには多くの困難が伴い，正規の雇用に就いても貧困からの脱却と自立は一層難しかったのである。

ケベック州は扶助権原則に反して福祉受給者を労働可能者と労働不能者に区分し，前者に勤労福祉プログラムへの参加を義務づける福祉改革を他州に先駆けて実施してきた。しかし強制参加は未婚の母親に対する適用を断念し，若年層に対してしか適用できなかった。またプログラムはコスト高で効率性も悪かったので，実施の7年後には大部分が放棄されることになったのである。

またニューブランズウィック州の就学福祉は輝かしい成果を挙げたとする虚名のみが横行しているだけで，コスト高の失敗した政策という評価がその実態に近かったと言ってよい。しかも同州も強制的参加手法を導入せず，任意参加手法を採用していた。さらに，マニトバ州の勤労福祉政策も成功を示唆するような証拠はまったく見受けられなかったと言ってよい。

第 2 章　カナダの勤労福祉政策　　　117

　これとは対照的に政治的保守主義の砦といわれるアルバータは州内に反対勢力をほとんど抱えていなかったこともあって，徹底的な福祉改革を断行することができた。同州の勤労福祉政策は一応任意が建前であったが，給付停止等を武器にして事実上勤労を強制していた。その結果，福祉受給者数を大幅に削減し，継続的な有給雇用に就かせるなどの成果を挙げてきたと言われる。だが，多くの福祉受給者が勤労福祉政策を嫌って生活の展望もなく福祉から離脱し，あるいは州外に福祉難民となって流出していたのである。福祉受給者は決して経済的に自立できるようになったのではなく，福祉から締め出されて容易には給付を認められなくなったので，申請を断念するようになったのだと言ってよい。いずれにせよ，カナダの勤労福祉政策が上手く機能しているとは言えないし，アメリカ型に近い形で勤労福祉政策が実施されているとも言えなかった。恐らく社会的，歴史的，政治的，文化的な背景の違いが大きく作用していたのであろうが，アメリカ型の就労強制や期限付給付などの要素はそのままの形でカナダ社会に導入するには多くの困難が伴っているように思われるのである。

1. E. C. アラン，神谷幹夫訳『定義集』岩波文庫，2003 年，137 頁。
2. B. R. Gray, "Implementation of Ontario Works," http://leroy.cc.uregina.ca/~rasmussk/resear.html
3. カナダとアメリカは社会福祉政策において多くの類似点を持っているが，社会権などに関しては微妙な相違を示している（S. Morel, *The Insertion Model or Workfare Model?: The Transformation of Social Assistance within Quebec and Canada*, 2002. p. 16）。
4. カナダ扶助制度の受給者数は 1998~99 年に全国で 228 万人に達していたが，このうちオンタリオ州が 40%（91 万人），ケベック州が 29%（66 万人）を占めていた（*Ibid.*, p. 150）。
5. J. Struthers, *Can Workfare Work? Reflections From History*, Caledon Institute of Social Policy, February 1996, p. 2.; Morel, *op. cit.*, p. 9.
6. 母親については，1916~1935 年に多くの州で立法化された母親手当法が初めて資格を有する独身の低所得母親に毎月現金給付を受け取る権利を確立した（P. M. Evans & E. L. McIntyre, "Welfare Work Incentives, and the Single Mother: An Interprovincial Comparison," In J. S. Ismael ed., *The Canadian Welfare State: Evolution and Transition*, 1987, p. 103）。
7. L. A. Pal, "Tools For the Job: Canada's Evalutuion From Public Works to Mandated Employment," In Ismael ed., *op. cit.*, pp. 41–43.; Morel, *op. cit.*, pp. 69–70.
8. Struthers, *op. cit.*, p. 3.

9. Struthers, *op. cit.*, p. 4. アメリカの CCC（市民資源保全部隊）は参加者に給料を支払い，適切な指導者を配置し，有意義な修養を義務づけていたので，大きな成果を挙げ，参加者にも誇りを持たせることができたと言われる。
10. *Ibid.*, p. 6.
11. Morel, *op. cit.*, p. 70.; Struthers, *op. cit.*, p. 8. 例えば，勤労福祉的な政策が救貧法への逆行であると嫌悪していた連邦国民保健福祉省の高官は勤労福祉的な政策を実施するオンタリオ州の地方自治体には 50% の連邦費用分担金を交付しないと州政府に通告した。その結果，オンタリオ州は 1961 年に勤労福祉的な政策の導入を最終的に放棄したのである。
12. S. B. Seward ed., *The Future of Social Welfare Systems in Canada and the United Kingdom*, 1987, pp. 49-50. カナダ扶助制度の下で各州は ① 福祉プログラムはニードに基づく扶助を行い，② 居住要件を課してはならず，③ 上訴手続きを実行する，という 3 つの条件を履行しなければならなかった (E. E. Sabatini, *Welfare — No Fair: A Critical Analysis of Ontario's Welfare System (1985–1994)*, 1996, p. 17)。
13. Evans & McIntyre, *op. cit.*, p. 101.
14. *Ibid.*, pp. 103-104.
15. *Ibid.*, pp. 103-104. 例えば，オンタリオ州では社会扶助に依存する未婚の母親数は 1961〜1982 年に 4 倍に増加し，1984 年の全国扶助受給者の $\frac{1}{3}$ を占めるに至った。
16. Evans & McIntyre, *op. cit.*, p. 107. しかしブリティシュコロンビア州は 1981 年に雇用可能な失業者への給付削減を認め，扶助の再申請を月毎に行うように受給者に義務付ける政策を発表したのである。
17. *Ibid.*, pp. 110-111.
18. なお，教会や NGO などは貧民に食糧を提供する主要な役割を担ってきた。特に食糧銀行（Food Bank）はプリンスエドワード島やニューファンドランド島を除きカナダ西部，特にブリティシュコロンビア州に多く集中していた。食糧銀行は 1981 年に初めてエドモントンに設置されて以降 1984 年末までに 75 機関に増加した。食糧銀行は集中化された倉庫，あるいは物資集配センターであり，余剰食糧(寄贈及び割当)を収集・貯蔵し，飢餓貧民に補足的な食糧や食事を提供する第一線の機関に無料で配布するための NPO として登録されている (G. Riches, "Feeding Canada's Poor," In Ismael ed., *op. cit.*, p. 126)。
19. オンタリオ州では，連邦分担比率は 1989/90 年の 50% から 1992/93 年の 23% まで低下し続けた (Sabatini, *op. cit.*, p. 18)。
20. *Ibid.*, pp. 234-235. 1985〜1994 年の年間受給者増加率は 16.9% であった。
21. *Ibid.*, pp. 237-238.
22. *Ibid.*, p. 238. オンタリオ州は 1970 年代後半から社会支出の増加抑制と社会福祉の供給者としての政府役割の縮小を統合する政策を開始した。その結果，社会扶助の給付月額は 1975〜1981 年にかなり減少した。給付が 1970 年代半ばの水準にまで回復し始めるのは 1986 年以降になってからのことである。
23. Sabatini, *op. cit.*, p. 240.
24. Sabatini, *op. cit.*, pp. 245-246.

25. *Ibid.*, pp. 251–252. J. Peck, *Workfare States*, 2001, p. 236.
26. S. Torjman, *Workfare: A Poor Law*, February 1996, The Caledon Institute of Social Policy. p. 3.; B. R. Gray, "Implementation of Ontario Works," http://leroy.cc.uregina.ca/~rasmussk/resear/html 1990年代半ばに社会扶助に対する大衆の反感が高まったが、それは大衆の不安、心配と怒りの複雑に入り混じった感情を反映していたと言われる（Morel, *op. cit.*, p. 78）。
27. National Union Research, "Workfare: A Law-wage strategy for the Canadian economy," *National Union Research*, May 2000, p. 3.; "Five Years later: Welfare rate cuts anniversary report, Benefit Cuts: The Dimensions of Poverty," http;//www.welfarewatch.tronto.on.ca/ossn/fiveyears.html; "Welfare Warfare" in *Caledon Commetary*, November 1997, Caledon Institute of Social Policy, p. 1. ただし GAINS-D（障害者向け保障年収プログラム）の下で給付を受け取る障害者と老人のみは削減を免れたのである。
28. J. A. McMullin, L. Davies and G. Cassidy, "Welfare Reform in Ontario: Tough Times in Mothers's Lives," in *Canadian Public Policy*, Vol. xxviii, No. 2, 2002, p. 301. CHST はカナダ扶助制度、保健、中等後教育などの既存制度への連邦分担金を保健・中等後教育・福祉及び社会事業向けの包括補助金に変更するに至った。
29. *Ibid.*, pp. 3–4. もちろん、州は労働可能者が求職活動、職業紹介、教育、訓練等に従事することを要求した。しかしこれらに参加しなくとも、給付は受けられた。例えば、ケベック州でも労働可能な受給者のうち、訓練や求職活動の非従事者は従事者よりも月 150 ドル少ない額だが、給付を受け取っていたと言われる。
30. Morel, *op. cit.*, pp. 77–78. オンタリオ州の福祉受給者数は 1994 年にピークに達したが、景気回復と雇用改善が進展した 1995 年から福祉改革に先立って再び減少し始めている。次いで 1995 年の福祉政策の変更は福祉受給率を激減させ、資格要件を厳格化させた（S. Klein and B. Montgomery, *Depressing Wages: Why welfare cuts hurt both the welfare and working poor*, March 2001, Canadian Centre For Policy Alternatives, p. 18）。
31. Quaid, *op. cit.*, p. 173.; Peck, *op. cit.*, pp. 216–217, 240–247. 『青書』は国内のみならず北米でも最も高い福祉費を攻撃していた。福祉受給者が記録的な膨張を示したからである。そこで、『青書』は福祉給付を他の全州の全国平均よりも 10% 高い水準に引き下げることを提案した。保守党政権は強制的な勤労福祉プログラムを通じて福祉を就労に転換する法案を成立させた。しかしながら、オンタリオ勤労は当初から実施の問題で苦境に陥っていた。実施の成否が勤労福祉原理に強く反発する地域社会組織への参加者の配置に依存していたからである。
32. E. Lightman, A. Mitchell and R. Shillimgton, "Tracking the outcomes of Welfare reform," in *Workfare Watch Bulletin*, April 2002.; Klein and Montgomery, *op. cit.*, p. 18. 州政府の狙いは福祉改革による財政赤字の削減にあったが、就職可能性を高めるプログラムは法外な高コストを伴っており、目的と矛盾することになったと言われる。
33. "Ontario going for broke in the race to the bottom," in *Workfare Watch Bulletin*, March 1998, http://www.welfarewatch.tronto.on.ca/wfkfrw/bul.html 知事は独身の労

働可能者向け給付が他の 9 州の平均給付よりも 25% 高いと主張した。3 歳以下児童を抱えていた独身の親と 4 ヵ月未満の福祉受給者は除外された。しかし批判者はこれを「無給労働」と呼び，労働組合や特殊利害関係者は福祉給付と引き換えに福祉受給者に勤労や訓練を要求するどんな強制的制度にも反対すると誓ったと言われる (Quaid, *op. cit.*, p. 175)。

34. Quaid, *op. cit.*, pp. 177-180. 政策立案者はオンタリオ勤労を立案するに当たって他のカナダ諸州，アメリカやニュージーランドで実施されていた様々な勤労福祉政策を研究したと言われる。
35. *Ibid.*, pp. 183-184.
36. *Ibid.*, p. 186. 1999 年 8 月，適格者 30 万人のうち職場配属は 1.4 万人にすぎなかった。2% 以上の職場配属を達成した自治体はほとんど存在していなかった。トロント市でも職場配属は福祉受給者 8.5 万人のうち 100 人未満にすぎなかった。1999 年までに 5% の自治体が 15% の目標を達成したが，州政府は 1998 年に目標値を更に 30% に引き上げたのである。
37. *Ibid.*, pp. 187-189; Peck, *op. cit.*, pp. 248-249.「勤労福祉監視」のような活動家団体は勤労福祉政策が実際には履行されていないという事実に国民の注意が向けられることを最も警戒していた。
38. Quaid, *op. cit.*, pp. 190-191. 国民は多数の人々が勤労福祉プログラムに参加していると信じていたが，実際の職場への就労配属という点では極めて貧弱であった。訓練プログラムに続く長期の求職を含めて古い福祉制度がのろのろと実施され続けていたのである。
39. *Ibid.*, p. 191. 労組と福祉擁護グループは勤労福祉政策に対して有利に戦い，就労配属を阻止することに成功したのである。
40. Torjman, *op. cit.*, p. 4. 就学福祉は 16〜21 歳の若年失業親を対象としており，プログラムの主要目標はアメリカの学習福祉の経験を手本に，10 代の親の社会扶助依存の悪循環を打破することに置かれていた (Morel, *op. cit.*, p. 80)。
41. Torjman, *op. cit.*, p. 5. なお，スウェーデンは 1980 年代に失業者が失業初日からカウンセリングと失業前賃金の 80% を受け取る制度を成功させている。そして 1 年後に民間部門で就職できなければ国家が職を提供することになっていた。しかし失業率が 3% 以下の時代には成功を収めたが，それ以上に高くなった 1990 年代には上手く行かず，民間部門の職に補助金を交付することを通じて就労を促す政策に転換し，成功したと言われる。
42. *Ibid.*, p. 9.
43. *Ibid.*, p. 10. 提供されるサービスには ① 求職者が雇ってくれそうな使用者と接触するのを支援する情報・照会サービス，② 面接術，履歴書の書き方，求職情報などを提供する就職準備，③ 情報，資料や器具の利用サービスを提供する求職通信 (JobLink) 支援施設，④ 他に個人能力開発コース，年季奉公，学歴向上及び技能訓練等の支援施策，などがあった。
44. *Ibid.*, p. 10. CED は保育等のニーズに対応し，障害等の特殊な状況を緩和しようとした。

第 2 章　カナダの勤労福祉政策　　　　　　　　　　　　　　　　　　　　　　　121

45. *Ibid.*, p. 12.
46. *Ibid.*, p. 14.
47. Workfare Watch Project: Interim Report, "Broken Promises: Welfare Reform in Ontario," in *Workfare Watch*, April 30th 1999, Executive Summary, p. 1. http://www.welfarewatch.tronto.on.ca/promises/summary.html オンタリオ勤労法の目的は受給者が職に就き維持するという義務を果たす限り一時的な扶助を提供することであるとされた（Klein and Montgomery, *op. cit.*, p. 18）。
48. オンタリオ州内の大部分における一般的な家賃は社会扶助受給者が払える額を超えていた。そのため大部分の受給者は住居費を支払うために食糧，衣料，交通費，電話代のような他の必要経費をかなり切り詰めざるを得ず，飢餓状態に陥る者も多かったという（*Ibid.*, p. 2）。
49. *Ibid.*, p. 3. 例えば，肺炎で入院中の者が電話による求職活動を要求され，また出産間近の妊婦も求職活動を強制されたという。
50. *Ibid.*, p. 4. 参加者達はオンタリオ勤労の実施以前においても広範囲なボランティア作業を行っていた。
51. *Ibid.*, p. 5. オンタリオ勤労の恣意的な官僚主義的要件が雇用機会を損ねることもあったのである。
52. Workfare Watch Project: Interim Report, "Broken Promises: Welfare Reform in Ontario," in *Workfare Watch*, April 30th 1999, Introduction ― Welfare reform in Ontario, p. 3. http://www.welfarewatch.tronto.on.ca/promises/intro.html これによって数千人の女性が資格を剥奪された。16～17歳層の者（若い未婚の母親を含む）も学校や認定訓練プログラムに在籍し，管財人や保護者を通じて扶助を受給しなければならないなど，非常に厳格な資格を課されたのである。
53. *Ibid.*, p. 4. 高年齢層は従来，再就職が困難なために勤労要件の適用を免除されていた。
54. *Ibid.*, p. 9.
55. *Ibid.*, p. 10.
56. McMullin, Davies and Cassidy, *op. cit.*, p. 302.
57. *Ibid.*, p. 303.
58. *Ibid.*, p. 307.
59. Peck, *op. cit.*, p. 235.
60. *Workfare Watch Bulletin*, March 1998.
61. "Ontario Works and Jobs in the Toronto CMA," *Workfare Watch Bulletin*, January 2000, p. 2.
62. *Ibid.*, p. 3; "Tracking the outcome of welfare reform," *Workfare Watch Bulletin*, April 2002, p. 3.
63. 慈善団体と同様に聖職者や宗教的信徒団に割り当てられた扶助に関する圧倒的な役割や支配力がこの「品行方正」要件撤廃の遅れを説明する一因である。貧困な母親向け扶助は，個人生活への政府の介入に対して抵抗が強い国において国家を家族に直接介入させる新しい法律となって現れた。カトリックの教義に染まった人々は社

会扶助問題を個人的なレベルで，即ち個人の責任と義務という観点から見ていたが，1930 年代の大不況期に頂点に達した貧困の緊急事態がその抵抗を克服したのである (Morel, *op. cit.*, pp. 35–36)。

64. 1991 年 12 月の登録者は WEIP 78.7%，FSP 19.2%，PWA 2% であった (*Ibid.*, p. 157)。
65. *Ibid.*, pp. 41–42. なお，第 3 のプログラムとして PWA (Parental Wage Assistance, 要扶養児童低所得世帯向け賃金扶助) が既存の制度に取って代わった (*Ibid.*, p. 41)。
66. *Ibid.*, pp. 43–44.
67. *Ibid.*, p. 50. 同法は制定時にケベック州の 73 万人の社会扶助受給者（子供 22.5 万人を含み，州民の $\frac{1}{10}$）に直接的な影響を及ぼした。
68. Klein and Montgomery, *op. cit.*, pp. 17–18. ケベック州勤労福祉プログラムは高価で効率性が悪かったので 7 年後に大部分が放棄された (National Union Research, *op. cit.*, p. 5)。
69. S. Mackinnon, *Workfare in Manitoba: A Primer*, September 1999, Canadian Center for Policy Alternatives, pp. 1–3. 社会扶助という言葉が意図的に削除され，勤労を重視した内容に取って代わられた。法案第 36 号の強制的な性格は法案第 40 号 (1999 年 7 月) によって更に拡大された。即ち，第 5 条第 4 号は麻薬中毒者が治療への参加を拒絶した場合に，金銭扶助を拒絶できる権限を州政府に付与していた。また受給者は育児プログラムや職業訓練に参加することを義務づけられていた。さらに他のプログラムに配属されていない福祉受給者は給付と引き換えに週 35 時間の奉仕活動に従事させられることになっていたのである。
70. Mackinnon, *op. cit.*, pp. 5–6.
71. Mackinnon, *op. cit.*, p. 10.
72. Mackinnon, *op. cit.*, pp. 15–16.
73. Morel, *op. cit.*, pp. 82–84. 1982 年改革は雇用可能性の基準に基づく社会扶助受給者の分類制度を確立することになったと言われる。
74. Quaid, *op. cit.*, p. 124. ニューブランズウィック勤労はアメリカのコンサルタント会社と州の高級幹部と管理スタッフの間での議論の中からアイデアが生まれたという。知事はそのプログラムを通じて新たに訓練された労働力を活用して州外から企業を誘致しようと目論んでいたのである。彼はプログラムを扶助受給者に対して強制する意向であったが，費用の大部分を負担する連邦政府の反対で任意制度となったと言われる。
75. *Ibid.*, pp. 125–128. ニューブランズウィック勤労は福祉に依存する独身の親を対象とする任意就学福祉プログラムであり，未婚の母親が福祉依存に陥るのは人並みの職業に就くうえで不可欠な教育を欠いているからである，という前提に立っていた。
76. Morel, *op. cit.*, p. 84.
77. *Ibid.*, p. 85. SSP はニューブランズウィックとブリティシュコロンビアで実施された。
78. Quaid, *op. cit.*, pp. 131–133.
79. だが，当局が意図的にプログラムの修了者と脱落者を退出者として一括処理していたために脱落者数を正確に把握できず，失敗を隠蔽するために情報の公開が遅らさ

れていたのである。ニューブランズウィック勤労からの離脱理由は1994年9月以前に離脱した者では健康18%, 所得の低さ11%, 個人・家庭の事情10%, プログラム・プロジェクト職員との衝突9%, 不十分な金銭支援9%となっていたが, 同年9月以降に離脱した者ではプログラムのストレスや困難さ21%, 健康12%, 個人・家庭の事情9%, パートタイム雇用9%, 常勤雇用3%などとなっていたのである (*Ibid.*, pp. 134–137)。

80. ニューブランズウィック勤労は最終グループ採用の3年後である1997年に廃止されたが, 異例の高い脱落率にもかかわらず失敗の烙印を押されていなかった。だが, もしも参加者全員がプログラムを修了 (60%が中途で脱落) すれば, プログラムの1人当たりコストは5.9万ドルにも達すると言われる (National Union Research, *op. cit.*, p. 5)。クウェイドも1人当たり経費は脱落者を考慮すれば10万ドルにも達すると指摘している (Quaid, *op. cit.*, p. 138)。

81. *Ibid.*, p. 146.

82. 1993年に給付額の削減は独身の労働可能者17%, 子供1人の独身の親13%, 子供2人の夫婦12%に達していた。資格基準が厳格化され, 新規・既存受給者への審査が徹底された (Klein and Montgomery, *op. cit.*, p. 18)。カーディナルは混血インディアン出身者として初めて州政府閣内ポストに任命された。彼は①学生7,000人を福祉制度から州学生融資委員会の奨学金制度に移管, ②受給資格基準の厳格化によって約1.8万世帯を, また不正受給防止等により1.1万人を福祉から排除, ③永続的労働不能者約2,000人を福祉から重度障害者保障所得制度へ移管, などの措置によって受給者を大幅に削減したのである (Quaid, *op. cit.*, pp. 148–150)。

83. *Ibid.*, pp. 151–152. 幼児を抱えた未婚の親に対する求職免除要件も幼児の年齢が2歳以下から6ヵ月以下に引き下げられた。また福祉の運営も①福祉受給権は一時的なものであり, ②給付は他の資力を費消した後に初めて利用でき, ③福祉受給者は勤労貧民よりも経済的に優遇すべきではない, などの新しい原則が提示されたのである。

84. *Ibid.*, p. 154. 雇用技能プログラム (ESP) は未婚の母親を主たる対象としており, 彼女たちを繁忙な州政府部局に26週間配属した。アルバータ地域雇用 (ACE) は雇用技能プログラムを拡張したもので, 参加者は非営利地域団体 (ナーシングホームや教育委員会等) で勤労に従事した。第3の雇用プログラムはアルバータ職業部隊 (AJC) であった。

85. Klein and Montgomery, *op. cit.*, p. 19.

86. Quaid, *op. cit.*, pp. 164–166. 無作為に抽出された1,096人のうち, 769人が回答を寄せ, このうちの693人が電話インタビューに応じた。

87. *Ibid.*, p. 166. もちろん, 福祉離脱者の就労は好況と金銭的就労誘引政策によって1993〜1996年に増加したが, 特に3つの就労経験プログラムは高い職場配属率を達成し, 参加者が有給雇用に就くのを促進したと言われる。

88. *Ibid.*, p. 170. それゆえカーディナルは1996年に閣僚を辞めたが, その総合改革政策は中止されることなく, 労働可能者への就労重視政策は福祉行政の基調となっていた。

89. Ministry of Advanced Education, Training and Technology, Province of British Columbia, "Relevance of Skills Development Programs," *Annual Report 1998/99*; do., "Transitions from Income Assistance to Further Training or Employment," *Annual Report 1998/99*. 若年者雇用・脱福祉就労の雇用可能性プログラムは自主的求職活動(所得扶助依存期間1～7ヵ月の者), 支援付求職活動(所得扶助依存期間8～9ヵ月の者), 適性技能調整(所得扶助依存期間10ヵ月以上の者), の3段階に分かれていたという。
90. Klein and Montgomery, *op. cit.*, p. 19.
91. Ministry of Human Resources, Province of British Columbia, "Youth Works and Welfare to Work Training and Employment Programs: Changing in the Caseload," *Benefits Monthly Statistical Report*, Part 2.

第3章　イギリスの勤労福祉政策
　　　　——ニューディール——

はじめに

　貧しき者が口にするパンは苦いと言われる。特に、社会扶助が権利給付としての地位を失い、「給付と引き換えに就労」を要求されるようになった20世紀末以降においてはなおさらのことである。生活手段を喪失してしまった貧困者も社会扶助（福祉）の代償を支払わなければならない時代になっている。もちろん、貧困者は何ら資産を持っていなかったので、公的給付の見返りに労働に従事するべきだ、というのが勤労福祉の素朴な考え方であった。社会福祉は給付に付随する恥辱を払拭して権利性を強めようと奮闘してきた長い歴史を持っており、社会扶助や権利給付の制度はその大きな成果であったと言ってよい。だが、経済のグローバル化と軌を一にした勤労福祉（workfare）の世界的な隆盛はこのような歴史的成果をあたかも逆戻りさせようとしているかのように見えるのである。

　勤労福祉という言葉は「福祉給付と引き換えの勤労（work-for-your-welfare）」を意味していたが、「就労のための福祉（welfare-to-work, 脱福祉就労）」と呼ばれる場合もあった。周知のように勤労福祉政策は1960年代末のアメリカに起源を持っているが、次の4点が現代における主な特徴として挙げられる。即ち、①労働可能者への強制、②給付と引き換えの勤労、③労働市場の同一職種より劣等な労働条件、④扶助受給者の最下層を対象、などがそれである[1]。

　ところで、イギリスの福祉改革はアメリカの政策思想や実験から多大な影響を受けてきたが、必ずしも全面的なアメリカ化が進められてきたというわけではなかった。というのも、英国大蔵省はアメリカの勤労福祉政策と同時にオーストラリア、スウェーデン、オランダ、及びカナダなどの政策からも多くの教訓を吸収してきたからである。しかも求職者手当制度や再就職促進制度（Restart）な

ど1988〜1996年の保守党政権下で実施された福祉改革も労働党政権のニューディールに少なからぬ影響を及ぼしてきたと言ってよい。もちろん，アメリカは「就労のための福祉(脱福祉就労)政策」のアイデアや実践における先駆者として重要な意味を持っていたが，英国大蔵省内の「脱福祉就労調査チーム（Welfare to Work Unit）」は福祉改革のアイデアを集めるためにアメリカ，英連邦諸国，及びオランダやスウェーデンなどの主要ヨーロッパ諸国についての詳細な調査を集中的に実施したのである[2]。

そこで，本章の課題はイギリス型勤労福祉政策であるニューディールが導入されるに至った政治的・社会的な背景と政策過程，運営の実態を分析したうえで，その成果と限界を明らかにすることにある。また，ニューディールがアメリカの勤労福祉政策からどのような影響を受け，いかなる共通点を持っていたのかを明らかにし，勤労福祉政策の海外移転に伴う問題点などについても考察する。なお，ニューディールが影響を受けたと思われる海外の勤労福祉政策についてはアメリカ，オーストラリア，スウェーデン，オランダの4ヵ国を取り上げて検討する[3]。

第1節　海外勤労福祉政策のインパクト

[1]　アメリカからの影響

大蔵省内の「脱福祉就労調査チーム」は合衆国人事管理局や労働省などのような勤労福祉政策の実施・評価を管轄する官公庁と緊密な関係を結び，勤労福祉分野で豊富な経験を持っていたR. レイヤードなどの学者からも専門知識を得ようとした。また，州・地方レベルの福祉改革実験にも目を向け，カリフォルニア州リバーサイド郡のGAIN（自立への大道），フロリダ賃金（Florida Wages），ウィスコンシン勤労（Wisconsin Works）などの世評が高い実践モデルの立案者たちとも情報交換を行った。なお，大蔵省の公式メモから判断すると，彼らはこれらのモデルが訓練よりも就労を重視しており，しかもすべてが明らかに成功を収めていると評価されていたことから，特に強い関心を抱き，影響を受けたものと思われる[4]。

ところで，イギリスのブレア労働党政権とアメリカのクリントン民主党政権が実施した福祉改革は多くの共通点を持っていたと言われる。というのも，両者は共に就労を強制し，福祉詐欺や不正と戦うことによって福祉に対する国民の支持を獲得し，受給者の権利と同時に義務を強調して「勤労に報いる」ことを最優先しようとしていたからである。しかも特に重要な共通点として，両国の福祉改革は少なくとも部分的には福祉依存の弊害を非難する保守派の主張に同調していたのである。

しかしながらイギリスでは，政府がアメリカのように私生児出生率を抑制し，婚姻を促すような政策を実施しようとすれば，大きな反発を招く恐れがあった。というのも，労働党政府が片親給付（One Parent Benefits）を廃止するという保守派のプランを実行しようとした際に，労働党下院議員が未曾有の造反行動に訴えるに至り，2人の所轄大臣がその経歴に回復不可能なダメージを被るという結果を招いたからである[5]。

もちろん，イギリスとアメリカの福祉制度には大きな相違点もあった。第1に，アメリカでは福祉制度と社会保険制度との間には，明白な区別（二分法）が存在していた。アメリカの用語法では，福祉は主として AFDC / TANF（要扶養児童家庭扶助・臨時貧困家庭扶助）と食糧スタンプを意味していた。しかも，福祉は移転所得全体の僅か8％を占めるにすぎなかったにもかかわらず，貧困に関する学問的・政治的な論争の中心的な地位を占めていたのである。これに対してイギリスでは，社会扶助の対象が普遍的であったために，福祉と社会保障はアメリカのように截然と区別することができなかった[6]。

第2に，英米両国は幼児の母親，特に未婚の母親の就労に対して極めて対照的な姿勢を示してきた。アメリカの福祉政策は未婚の母親が有給雇用に就くことを当然視し，強制することも躊躇すべきではないという姿勢を堅持してきた。例えば，1996年 PRWORA（個人責任就労機会調整法）は受給者が給付を申請できる事由項目から乳幼児保護を除外していた。つまり TANF は未婚の母親が育児の責任者であるからではなく潜在的な労働者であるという理由で給付を支給していたのである。これに対して女性平等団体などが非難の声を上げていないのは，アメリカでは既婚母親の大多数が既に有給雇用に就いているという実態を反映していたからである。ちなみに AFDC 規則は未婚の母親が公的費用で育児

のために家に留まることを可能にしていたが、それ以外の母親や父親に対しては何らの保障もしていなかったのである。

　しかしながら、こうしたコンセンサスはイギリスでは存在していなかった。例えば、NDLP（独身の親向けニューディール）における極めて限られた強制的な手段でさえも、就労と母性を結びつけるかどうかは国家の経済的な計算問題ではなく、社会的文化的に決定されるべき道徳的な選択であるという理由で激しく非難されてきた。しかも、未婚の母親に就労要件を義務づけることは当該家庭の児童の利益に反する、と社会的保守主義者と福祉圧力団体が共に反対していたのである。それゆえアメリカ型の福祉改革はこうした論争が解決されない限り、イギリス社会では完全な形で導入されそうもなかったと言ってよい[7]。

　第3に、イギリスはアメリカとは違って強力な中央集権的政府を持った国家であった。しかしながらイギリスの論者はアメリカの福祉改革について論及する際に、連邦制度や州への福祉規則免除に基づく実験プログラムなどの実態をまったく理解していない場合が多かった。その結果、州営公開実験プロジェクトは実に様々であったにもかかわらず、彼らは特定のプロジェクトの調査報告に過度に印象づけられ、あたかも全国的に普及している政策であるかのように普遍化させてしまう傾向が強かったのである。

　第4に、アメリカでは人種がイギリスと比べて遥かに重要な福祉政策の問題となっていた。例えば、アメリカでは黒人とヒスパニックの貧困率は白人の3倍にも達していた。その結果、全米人口の12%を占めるにすぎない黒人が福祉申請者の約40%も占めていたのである。もちろん、福祉に対する国民の敵意がどこまで人種的な反感に根ざしているかは議論の余地がないわけではなかった。だが、貧民の圧倒的部分が黒人層であったので、福祉論争は益々貧民の行動や価値観に焦点を合わせるようになったと言ってよい。特にこれは家族に対する福祉の影響について論ずる際に、最もよく妥当していたのである[8]。

［2］　オーストラリアの勤労福祉

（1）　勤労国家政策

　P.キーティング労働党政権は1993年に長期失業の問題に取り組むために学識経験者からなる委員会を設置した。同委員会は1994年5月に経済成長のみでは

失業問題を解決できないと主張する『勤労国家（Working Nation）白書』を発表し，2000年までに失業率を5％以下に引き下げるという政府の完全雇用公約を是認し，労働市場プログラムの拡充と給付制度改革を結合した戦略を提案したのである。これを受けて労働党政権は長期失業者を職場に復帰させるための就職契約（Jobs Compact）政策を発表した。就職契約は18ヵ月間以上給付を受給している求職者に広範囲な訓練と同時に6～12ヵ月間の臨時雇用を提供することを保障していた。また優先的な職場配属先は民間部門であり，寛大な賃金補助金が提供された。この雇用保障によって長期失業者は再び労働市場との繋がりを築き，就職機会を高めることができると期待されていたのである[9]。

　勤労国家政策においては，ケースマネージャーが国家と失業者の活動契約に基づいて個別的に雇用や訓練援助パッケージを決定した。長期失業者は雇用保障と引き換えに訓練や就職斡旋を受け入れることを義務づけられ，もしも違反すれば大幅な給付の削減を被ったのである。結果的にみれば，勤労国家政策は経済成長のみでは長期失業者や貧困層に雇用機会を十分に保障できないという教訓を残した。確かに労働市場政策や柔軟な給付制度は福祉依存を減らし，失業者の就職可能性を向上させた。しかしながら勤労国家政策は雇用補助金を長期の失業者に限定するという欠陥を持っていた。このため失業者の多くが補助金なしの就職斡旋プログラムに配属されることになり，使用者の雇用意欲を高めることができなかったからである。しかも事前設定目標の達成圧力が就職よりもプログラムへの配属を優先させることになり，ケースマネージャーも参加者の個別的なサービスや支援よりも数値目標の達成に追われることになったのである[10]。

　勤労国家政策は連邦職業安定所（CES）のサービスを悪化させるという副産物も伴った。連邦職業安定所が訓練や雇用計画を実施し，活動契約を作成・監視する任に当たるようになり，就職斡旋という本来の業務能力を大幅に低下させることになったからである[11]。この斡旋サービスの減退によって就職の容易な短期失業者に対する就職活動を援助できないという深刻な問題を露呈させた。というのも，特別な措置がすべて長期失業者向けに集中し，短期失業者や中高年層向けのサービスが極めて手薄になったので，かえって失業の長期化を助長することになったからである。これに対処するために労働党政権は1995年末に賃金補助金を短期失業者にも拡大し，雇用プログラムを改変・単純化する勤労国家の

大幅な拡充策を発表したのである。

　特に JET（雇用・教育・訓練）は有益な独身の親向けプログラムとして貴重な教訓を残した。独身の親は自分に合わないコースやプログラムを拒絶し（任意方式），柔軟で徹底した1対1の支援を受けながら利用可能な選択肢を熟知したうえで，誠実に活動に参加することができたのである[12]。求職活動審査や所得審査も改革された。求職活動審査は臨時職やパート職の増加，就業パターンの変化，求職以外の活動への十分な参加機会などに配慮するように変わった。所得審査も収入に対する給付回収課税（claw-back）適用を緩和し，失業者が積極的に臨時職に就き，それを進んで社会保障省に申告する誘引を与えるように寛大化された。この変更は就職報告を増加させ，就労の促進や福祉支出の削減を可能にし，臨時収入と不正請求の区別を容易にすることになったのである[13]。

　こうして勤労国家政策は給付制度と地域政策（社会的排除や失業問題への対応）を統合させることが重要だという教訓を残した。もしも地域経済発展・教育・訓練機関が社会保障省に対して給付規則の変更や適用免除について積極的に交渉できるようになれば，もっと大きな成果が得られたであろうし，消極的な給付を積極的な就労手段に変えることももっと容易であったかも知れない。また勤労国家政策が雇用補助金と同時に直接的な雇用創出にも重点を置いていたならば，もっと大きな成果を挙げていたであろう。いずれにせよオーストラリアの経験は大規模な雇用訓練制度が職場復帰の促進にある程度の効果を持つことを示していたのである。

　この労働党前政権とは対照的にハワード連立政権（自由・国民両党）は1997年2月に若年失業者に対して勤労福祉政策を実施した。当初は試験的な限定的制度であったが，後に12ヵ月間以上失業中の25～34歳層全員にまで拡大された。新政策は失業者が給付と引き換えに働くべきだという素朴な国民感情を反映しており，若年失業者に職業技能訓練を施して福祉依存を思い止まらせようとしたのである。しかも，それは体系的な労働市場訓練や教育プログラムを含んでおらず，むしろ失業者が日課や労働市場のニーズに再適応できることのみを目的としていたと言ってよい。

　新しい勤労福祉政策は前政権の勤労国家政策とは大きな相違点を持っていた。勤労国家政策は政府が財政負担によって訓練や有給雇用を保障していたが，新政

第 3 章　イギリスの勤労福祉政策——ニューディール——　　　131

策は政府が参加者の就職可能性を改善するために何の義務も負っていなかった。もちろん，新政策と勤労国家政策は失業問題の解決策として民間部門の成長に依存し，失業給付の受給権を蝕むことになるという点では共通性を持っていたのである[14]。

　しかし勤労国家政策はその後，就労体験や職業訓練への依存を強め，就職率を低下させることになった。その結果，参加者の多くが再び失業手当の受給者となって舞い戻ったので，就職契約は単に長期失業者を短期計画によって再循環させているにすぎないと非難されるようになったのである。そこで，ハワード政権はプログラムの縮小，援護の限定，厳格な勤労審査及び厳しい給付制裁などの政策を導入するに至り，公共職業安定所の民営化やプログラム支出の 25% 削減などを実施した。この政策変更によって民間のプログラム実施業者は成果主義に基づいて報酬を支払われるようになったので，最も就職見込みのある失業者を優先しようとする強い圧力を被るようになったと言われる。

(2)　イギリスへの影響

　英豪両国は有力政治家や役人の頻繁な交流や相互訪問などを通じて緊密な関係を維持してきた。英保守党政権はアメリカの勤労福祉実験にも大きな影響を受けたが，オーストラリアの福祉改革からも多くのことを学んでいる[15]。例えば 1989 年以降，イギリスはオーストラリアの勤労活動合意や求職活動手当などを参考にしながら求職活動審査の義務づけ，1989 年の社会保障法，1996 年の求職者法などを実施したのである。

　両国の労働党も政策の課題やアイデアについて相互交流の長い歴史を持っていたが，特に豪労働党の長期政権維持 (1983～1996 年) は英労働党の大きな関心を惹起した。1995 年には T. ブレアや G. ブラウンなどの影の内閣がオーストラリアを訪問し，ニューレイバー政策を正当化するためのプロセスの一環として豪労働党を利用した。英労働党員の多くが豪労働党の政策を模倣すべき手本とみなしていたからである。こうして英労働党は遅くとも 1996 年末には失業者への雇用保障や勤労国家において構想されたオーストラリアの政策に極めて類似した福祉改革計画を英国民に公約するに至ったのである。実際，ニューディールはオーストラリアの就職契約に甚だ類似した内容のものとなっている[16]。

さて，第三の道と呼ばれる政策がイギリスその他の欧米諸国で大きな影響力を及ぼしている。第三の道はブレア英首相，クリントン前米大統領，シュレーダー独首相などが主な主唱者であったが，甚だ曖昧な用語であるために異論も多い。それはグローバルな社会的経済的変化の時代における社会民主主義とネオリベラリズムの双方の最も優れた面を結合した新しい中道左派の政治的イデオロギーである，と擁護する者もいる。一方，それは英労働党のグローバルなネオリベラリズムへの屈服を正当化するために企図されたサッチャーリズムの模倣にすぎない，と酷評する者もいた。確かに第三の道は社会問題と取り組むうえで市場の役割を重視していたが，不平等や貧困や福祉支出に対する姿勢という点ではネオリベラルと大きな違いがあったのである[17]。

ブレア政権は「労働可能な者には仕事，労働不能な者には所得保障」というスローガンを掲げ，第三の道が福祉国家の解体ではなくむしろ再生を目指していると主張した。確かにブレア首相はネオリベラリズムの言辞を弄し，勤労倫理の重要性，福祉依存の拒絶，斡旋機会の受諾義務，福祉詐欺との戦いなどについても言及することが多かった。だが，イギリスの福祉改革はアメリカのクリントン前政権によって実施されたネオリベラル政策とは根本的に異なっていた[18]。アメリカの政策は期限付給付，勤労福祉への強制参加，10代の未婚の母親への給付拒否など極めて懲罰的な内容を含んでいたからである。これに対してイギリスのニューディールは独身の親への就労強制もなく，雇用創出，賃金補助金，教育・訓練の提供などを重視していた。ブレア政権は就職に関する個人的な阻害要因と同時に社会的な阻害要因も認めており，政府と企業が不利な境遇にある求職者の就職を積極的に促進していく責任を果たさなければならないと考えていたのである。

[2] スウェーデンの積極的労働市場政策

(1) 1990年代の不況

スウェーデンは1980年代末まで失業者に対する積極的労働市場政策によって失業率を2%前後に抑制することに成功してきた。しかしながら1990年代初頭にスウェーデンは1930年代以降で最悪の経済不況に陥り，西欧諸国の中で最も深刻な打撃を被ったのである。GDP成長率は1990〜1993年にマイナスを記録

し，失業率も1990〜1993年に1.7%から8.3%に上昇し，国家財政も1993年にはGDPの13%に達する赤字を記録した[19]。

この大量失業は積極的労働市場プログラムの参加者，失業給付の受給者及び受給資格のない失業者を共に増加させた。積極的労働市場プログラムは職業訓練，障害者訓練，臨時雇用，従業員募集支援及び若年者対策の5つ(中心は職業訓練と障害者訓練)からなっていたが，このうち2つ以外は1990年代に廃止され，別のものに取って代わられた。なお，プログラムの参加率はピークの1996年には労働者の5.3%にまで達したのである[20]。

1990年代の不況は失業を増加させ，現金給付の重要性を高めることになった。もちろん，失業給付の受給資格は失業後に職業安定所に求職者として登録し，加入期間と就労期間の2つの要件を満たさなければならなかった。加入要件は1990年代には変更がなく，失業保険基金に12ヵ月間以上加入していることであったが，就労要件は1990年代半ばに頻繁に変更された。特に1997年の変更は1990年代初頭の規定よりも要件を厳格にし，失業直前の12ヵ月間に6ヵ月以上の就労を要求したのである。また失業給付は55歳以下層で最高300日，55歳以上層では最高450日であったが，この年齢区分が1998年には57歳にまで引き上げられた。失業給付と並んで1970年代半ば以降，基礎的失業給付が就労要件を満たしながらも加入要件を欠いている者に対して支給されるようになった。とはいえ，給付水準は正規の失業給付ほどには寛大ではなかったのである。失業保険の給付水準は所得の90%から1993年に80%，1995年に75%と再三にわたって引き下げられ，ようやく1997年秋に80%の水準にまで回復している[21]。

児童手当制度は1990年代を通じて普遍的な性格を維持し，収入審査や資産審査もなしに支給された。1999年の給付額は名目・実質共に1990年水準よりも高かった。社会扶助受給者の比率も深刻な経済危機と失業給付の資格厳格化のために1990〜1997年に40%以上も増加し，実質経費が倍増している。もちろん，スウェーデン経済が1990年代後半に回復すると共に，扶助受給率も低下し，1999年には1990年とほぼ同水準となったのである。

(2) 勤労福祉の導入

1990年代初頭の不況はスウェーデンの福祉国家政策に対する政治的な批判を

惹起し，大胆な改革への圧力を加速することになった。失業の増大が福祉政策や労働政策の変更を不可避にしたからである。特に若年層（18～24歳）の失業率は1992～1996年に20％にも達していた。そこで，政府は財源や意思決定メカニズムの分権化，規則の削減，地方職業安定所の柔軟性拡大などの改革を実施した。その結果，自治体は国民保障制度の対象者ではない社会扶助受給者の増加に対応するために独自の計画を立案し，資金を充当する権限を与えられた。こうして国は労働市場の責任者としての地位を徐々に地方政府に委譲し，1995年には自治体が20歳以下の若年層に対する全責任を引き継ぐことになったのである。

　しかも国から自治体への権限委譲は社会扶助における責任が社会から個人へと転嫁される傾向と重なっていた。受給者の権利や義務に関する考え方が1990年代初頭に劇的に変貌を遂げたが，それは1998年の社会サービス法改正によって更に明白なものとなった。というのも，同法は社会扶助受給者に訓練や求職活動への参加を強制する権限を州に付与していたからである。もちろん，プログラムからの離脱や参加の拒絶は扶助の削減や取消しの理由となった。こうした制裁は個人の自立責任が明確にされなければならないという根拠に基づいて正当化された。いずれにせよ同法は最後のセーフティネットと考えられる社会扶助にまで勤労福祉の原則を持ち込むに至ったという点で象徴的な出来事であったのである[22]。

　このような勤労福祉の潮流は1998年にスウェーデン議会を通過した改正社会サービス法（20～24歳の若年層に対する自治体責任法）によって更に徹底化された。特に若年層に対しては社会扶助においても労働市場政策と同様に就労が重視されるようになった。というのも，経済危機は比較的に就労経験の浅い若年層により大きな打撃を与え，1993年には16～24歳層の20％が失業者となっていたからである。この1998年法は25歳以下の若年成人が社会扶助の受給資格を得るためには技能向上プログラムに参加しなければならないと規定していた。その結果，扶助受給若年成人層は給付要件として追加的な義務を負わされることになり，他の受給者とは異なった待遇を受けることになったのである[23]。なお，プログラムは失業保険か社会扶助の受給資格者，あるいはまったく何の給付資格も持っていない若年失業者などを適用対象としていた。もしも失業者が90日間，勤労活動や訓練活動などにまったく従事していなければ，自治体の雇用計画や能

力育成プログラムに 12 ヵ月間にわたって配属されることになっており，斡旋を拒否すれば給付を失う恐れがあったのである[24]。

特に勤労福祉的な特徴は地方政府が失業者に給付と引き換えに劣等条件での就労を強制できるようになった点にも示されていた。参加者は失業給付受給者と同様の就労活動に参加する義務を負いながら，報酬に関しては同一の権利を与えられていなかった。失業給付の受給者は以前の所得の 80% を報酬として受け取れたが，失業給付と社会扶助のいずれの受給資格も持っていない者は僅か月額 2,000 クローナの報酬しか得られなかったのである。この報酬水準は労働市場の賃金とはまったく関係がなくなり，社会保障や社会扶助の代替水準と関連づけられるようになった。しかも，就労活動はアメリカ型勤労福祉と同様に参加者に失業保険，疾病救済，あるいは老齢年金増額などの資格を決して与えることがなかったのである。

このようにスウェーデンは 1975～1995 年に社会支出を抑制し，1990 年代に労働市場政策の性格や機能を大きく変容させたと言ってよい。例えば，失業保険に関する新規則は失業手当の受給と各種再就労政策との密接な連携を復活させた。もちろん，再就労は新しい勤労福祉タイプの義務を特徴とする新しい分権的プログラムの中心的な原則となったのである。

[3] オランダ

(1) 福祉国家の特徴

オランダは戦後，福祉後進国として出発したが，1950～1960 年代に失業，疾病，障害，老齢及び寡婦などを対象とする社会保険・国民保険を相次いで導入し，社会保障制度を整備していった。こうしてオランダの社会保障制度は未曾有の経済成長期に拡充されることになったために適用対象が普遍的で，給付も比較的に高水準となったのである。即ち，それは ① 普遍的で寛大な給付，② 社会・経済政策の形成過程や社会保障の運営に対する協調組合主義組織の参加，③ 所得補償の重視と積極的労働市場政策の欠如，④ 低水準の女性就労率，⑤ 寛大で友愛的な運営，などの特徴を持っていた[25]。オランダはまた労働年齢層向け給付に求職活動や労働能力に関する厳格な審査を義務づけていたが，就労意欲の向上や使用者の雇用誘引を高めるために税制や社会保障制度の改革を行い，長期

失業者に対する雇用創出政策も実施していたのである。

しかし社会保障給付は1975～1980年に特に障害給付が倍増し，1980～1985年には失業保険給付がほぼ3倍に増加した。その結果，社会保障費は1970～1985年に対国民所得比で12%から22%に上昇している。このため1980年代に入ると，社会保障支出の膨張を懸念する政治論争が激化することになったのである。当初，議論は社会保障費の膨張問題を中心に展開されたが，1980年代末には制度監視の拡大や社会保障制度の近代化などより根本的な問題へと移っていった[26]。

こうして1980年代に福祉改革が始まると，組織変更が次々と断行された。伝統的な中央政府と社会福祉事業者との関係は変更され，自治体は所轄の社会扶助受給者の職場復帰に要する資金を移管されることになった。社会問題雇用省は労働市場政策を管轄する重要な中央政府機関であったが，地域政府，地方政府，社会福祉事業者などに実質的な運営を委ねてきた。特に社会福祉事業者は労働者保険委員会（BVs）によって組織され，オランダの福祉制度の大部分を管理運営してきたのである。労働者保険は労働者の大部分をカバーし，強固な権利的基礎を持ち，財源を労使拠出によって調達していた。また最も重要な第三者機関は中央雇用委員会が運営する公共職業安定所（PES）であり，形式上は政府から独立していたが，政府の法的・財政的な監督下に置かれていたのである。

オランダの社会扶助制度は中央政府が資金の大部分を調達し，地方自治体が運営するセーフティネットであった。地方自治体（600以上）は社会サービス部を通じて扶助制度を運営し，雇用創出プログラムを実施する場合には中央政府から追加資金の交付を受けることができた。一方，中央政府は地方政府が必要とする社会扶助費の大部分を賄ってきたが，1999年には無制限の負担を止め，過去の支出実績に基づく固定交付制度に変更している。地方自治体はこの予算の枠内で大きな裁量を与えられることになったが，セーフティネットを維持しながら新しいサービスや積極的施策の実施を求められており，明らかにその能力を超えていたと言ってよい。

オランダの福祉改革はイギリスと同様に政府がサービスの直接的な実施から撤退し，活動を民間部門に開放して競争を促そうとしていた。STARTと呼ばれる第三者機関の設置もそうした重要な変更の1つであった。STARTはかつて公共職業安定所の一部であったが，現在は長期失業者に就職斡旋を行う独立の臨

時職業安定機関として活動している。また1980年代末以降，社会保険や社会扶助の受給資格が厳格化され，給付水準も引き下げられ，様々な労働市場プログラムが導入されたのである[27]。

(2) 社会保障改革

オランダの福祉制度は第3-1表のように障害給付の受給率が他の欧米諸国と比べて異常に高いという欠陥を抱えていた。その対策として政府は社会福祉事業者の権限を縮小し，使用者が障害者を新規・継続雇用する特別な誘引を導入した。同時に斡旋の「相応しい」雇用の定義が拡大され，障害の定義も厳格化されたのである。また厳格な審査が新規の申請者から全面的に適用され，給付受給中の者も再審査されることになった。その結果，障害給付の受給率は1994〜1996年に2.4%も減少することになったのである[28]。

オランダの失業給付制度は失業保険法（WW，最長6ヵ月間），失業給付法（WWV，最長2年間）及び社会扶助法（ABW / RWW），の3つの制度からなっていた。一方，社会扶助は他のすべての給付受給権を使い切った者や職歴のない者に最低限の給付を行っていたが，近年まで社会扶助受給者の大部分は失業者とはみなされていなかった。というのも，社会扶助受給者は就労義務を免除された未婚の母親が大部分であったからである。また疾病や障害の給付制度の改革とは違って，失業給付の改革は民営化の試みがほとんど見られなかった。最も自由主義的な政党内でも，失業のリスクは公的保険によってカバーされるべきだとみなされていたからである[29]。

第3-1表　障害給付の受給率　　　　　　　　　　　　　（対労働力，単位：%）

	1970	1975	1980	1985	1990	1994
オランダ	5.5	8.4	13.8	14.2	15.2	15.1
アメリカ	2.7	4.2	4.1	4.1	4.3	6.2
イギリス	2.9	2.8	3.1	5.6	6.8	
西ドイツ	5.1	5.4	5.9	7.2	5.5	5.4
スウェーデン	4.9	6.7	6.8	7.4	7.8	9.7

（資料）　Veen and Trommel, *op. cit.*, p. 16より作成。イギリスの1990年の欄は1991年，西ドイツの1994年の欄は1993年の数字。

その後，失業保険法と失業給付法は1987年に単一の保険制度に統合され，加入条件も緩和されて非正規の労働者やパートタイム労働者にも適用が拡大された。しかしながら，これらの労働者が加入しやすくなった反面で，受給期間の短縮が行われた。しかも，失業給付制度は受給者の増加のために1995年以降に基準の厳格化が図られたのである。失業者向け社会扶助（RWW）も若年者を給付対象から次第に締め出すようになっていった。

独身の親も最年少の子供が5歳（以前は12歳）になれば，積極的な求職活動に従事することを求められるようになった。これはオランダでも女性の就業率が上昇すると共に，世論が大きく変化してきたからである。これに対応するかのように1996年には国民扶助法が改正され，扶助受給者は労働可能であれば，就労を求められるようになった。その結果，福祉給付は就労できない者に限定され，給付額は就労誘引を損ねないように低水準に引き下げられることになったのである[30]。しかも，制裁が福祉の濫用を抑制するために強化された。失業保険も規則や求職活動の不履行など失業の責任が受給者の側にあれば，制裁を科すことになった。その結果，制裁件数は1987～1994年に4倍にも増加したのである。

さて，オランダは1980年代末～1990年代に若年者や長期失業者向けに新しい政策を導入した。従来は公共職業安定所が直接的支援（情報・助言援助，求職活動，訓練，雇用補助金）を行う一方で，自治体が雇用創出を義務づけられ，公共及び民間部門で失業者を作業に従事させる労働力プール（labour pools）を運営してきた。しかし現在，自治体は失業者を職場に復帰させる責任を負わされ，必要なサービスを調達するために公共職業安定所から資金の移管を受けている。補助金付雇用手法も1997年求職者職場復帰法（WIW）によって変更され，単一の雇用基金（年間17億ギルダー）が労働力プールや若年者雇用保障向けの施策に取って代わったのである。こうして自治体は同基金を使って若年者や長期失業者に訓練や就労体験を提供することになった。もちろん，若年者は既存の包括的手法の対象にもなっており，もしも1年以内に就職できなければ，自治体が補助金付雇用を提供しなければならないと定められていたのである[31]。

この労働市場政策の改革は長期失業者の雇用改善策と統合され，メルカート雇用（社会問題雇用相にちなんで命名）と称する3つのタイプの雇用機会を創出することになった。第1は1年間以上の失業者を対象に1999年までに公共部門で

4万人の長期雇用を創出することを目的としていた。これによって雇用された者は約70%が社会扶助受給者，$\frac{1}{5}$以上が労働力プールから移管された労働者からなっていた。第2は社会扶助法が給付を定額雇用補助金に流用できるように認めたこと(最長2年間)を利用して，1年間以上失業中の2万人を民間部門に就職斡旋することを目的としていた。第3は社会扶助自体の活性化を目的としていた。自治体が扶助受給者向けに雇用関連活動を試験的に実施し，参加者は追加給付を受け取れるが，就職斡旋を拒めば扶助を削減・停止されたのである。

第2節　サッチャー政権の政策転換

[1]　勤労福祉政策の導入

(1)　市場至上主義と失業問題

サッチャー保守党政権は1979年に公共支出と個人・法人税を縮小するという明白な意図を持って政権に就いた。保守党は完全雇用目標を犠牲にしてでも公共部門借入必要額（Public Sector Borrowing Requirement）を廃止するという強固な決意を労働市場の規制撤廃による市場優先政策と結びつけていた[32]。その一方で，同政権は失業問題を軽視し，むしろインフレ抑制の手段として利用してきた。しかしながら1980年代半ば以降になると，もはや失業を無視することができなくなり，アメリカ流の福祉改革を導入して失業問題の解決を図ろうとしたのである。アメリカの勤労福祉政策に関する情報がイギリスの政府や研究機関にも浸透するにつれて，サッチャー政権は大量失業問題と取り組むためにイギリス流の脱福祉就労政策を実施しようと決意した。例えば，1987年までに再就職促進制度（Restart），就職見込み質問表，福祉受給資格の廃止（16〜17歳層を対象）などが実施されたのである[33]。

サッチャー政権は1980年代初頭には失業問題を政策課題であるとはまったく考えず，市場至上主義的政策目標，マネタリスト的信念，及び労働組合攻撃を追求した結果，失業を激増させることになった。総選挙の接近もサッチャー政権がアメリカ流の福祉改革導入を決意する大きな要因となった。失業率の上昇や失業統計の操作に対する国民の不満は1986年には頂点に達していた。しかも，

サッチャー政権はイギリスの政策や制度が国際社会に後れを取っていると感じていたので，世界市場において競争力を維持するためにも職業教育制度の改善や脱福祉就労政策の導入が不可欠であると考えるようになったのである。もともとサッチャーは福祉依存を助長する社会保障制度にはイデオロギー的な反発を感じていたので，政権就任後に抜本的な改革を推進する心積もりだったと言われる[34]。

(2) マスコミの勤労福祉報道

サッチャー政権はアメリカなどの海外諸国における雇用政策全般(失業給付や勤労福祉を含む)について広範な情報を公刊論文，学術研究，大臣や高官の海外視察などを通じて精力的に収集した。政府閣僚も1980年代初頭からアメリカやスウェーデンにおける脱福祉就労(勤労福祉)政策を真剣に検討し始めた。サッチャー政権は特に脱福祉就労政策に興味を抱きマスメディア，研究，大臣の視察や国際会議などを通して情報を得ていたと言われる[35]。

イギリスのマスコミは当初，レーガン政権の福祉政策に関しては全般的な支出削減政策に専ら関心を寄せていたが，1986年頃までには主要全国紙がアメリカの勤労福祉政策を頻繁に取り上げるようになった。中でもタイムズ紙はイギリス流勤労福祉政策の実施をいち早く主張した。1986年末〜1987年初頭になると，各紙は政府の失業対策とアメリカ型勤労福祉政策を結びつける論調を強めるようになった。例えば，ガーディアン紙は「政府は失業者が給付と引き換えに就労を要求されるアメリカ型勤労福祉国家のイギリス版の導入に向かって突き進んでいると盛んに非難されている」と報じた。1980年代半ばにも新聞の連載記事がアメリカの職業クラブ（Job clubs）について取り上げ，英保守党政権が職業クラブのアイデアや企画をアメリカから導入するに至った経緯を明らかにした。またマスコミは1980年代半ば頃からスウェーデンの脱福祉就労政策についても取り上げるようになり，特に長期失業者に対する雇用保障をイギリスが学ぶべき教訓であると報じたのである。

国際的な雑誌も1986年頃からアメリカの勤労福祉政策を取り上げるようになった。例えば，米タイム誌の国際版は1986年2月3日号でアメリカの主要な勤労福祉政策に関する記事を掲載し，英エコノミスト誌も同年3月15日号でア

メリカの勤労福祉政策を取り上げて論評していた[36]。またイギリスの政策立案者たちはテレビのドキュメンタリー番組などを通じてアメリカの勤労福祉政策に関する情報に接することもあったという。例えば，BBCの特別取材番組「パノラマ」は1986年4月7日にアメリカの勤労福祉政策を取り上げている。このように政策立案者も英国民もアメリカの勤労福祉政策について比較的に正確な情報を得ていたと思われるが，その点は英首相や多くの議員が脱福祉就労プログラムをめぐって展開した議会の論争においても窺えるのである。

(3) 勤労福祉の調査報告

英政府内では教育省（DE）と社会福祉省（DSS）が1980年代にアメリカとスウェーデンの勤労福祉(脱福祉就労)政策に関する調査と報告を委ねられた。また政府委託報告書の中では，J.バートン報告書（1985年調査開始，1987年提出）が最も重要で，脱福祉就労政策の国内導入前に英政府がアメリカやスウェーデンの政策に関する詳細な情報を収集していたことを示唆していた。サッチャー政権は1987年から6年間にわたりイギリス型の脱福祉就労政策を立案するためにバートン勧告の大半を採り入れることになったのである[37]。

もちろん，サッチャー政権はアメリカ政府やMDRC（雇用公開実験調査会社)の勤労福祉政策に関する評価報告を活用して国内に導入可能な要素を選択し，イギリス型の脱福祉就労政策を立案するために積極的な政策移転を行った。またイギリスの政策立案者たちは国際会議等においてアメリカ型勤労福祉政策の立案に参画した学者たちと直接的に接触する機会も多かったと言われる。もちろん，担当大臣や役人が調査使節団を組んでアメリカやスウェーデンを頻繁に歴訪したことは言うまでもない。実際，雇用相は1979年～1984年1月に雇用制度を調査するために70回以上の外遊を重ねていたが，1984年10月～1987年11月には勤労福祉政策を調査するために6回にわたる訪米を行っていたのである。しかも最初の脱福祉就労政策を導入した後に，フォーラー雇用相はイギリス版ET（雇用訓練）プログラムの細部を詰め，TEC（訓練・企業協議会)制度を導入するに先立ってアメリカのETC（Education and Training Choice Program，教育訓練選択プログラム）とGAINの活動を調査する目的でマサチューセッツ州とカリフォルニア州を訪問したのである。

(4) 導入された政策

　サッチャー政権はアメリカ型勤労福祉政策を論理的に支えていた「失業者の自己責任」や「福祉依存症の弊害」などのレトリックを借用して脱福祉就労政策をイギリスに導入するための世論操作を行った。同政権はアメリカの勤労福祉政策に付随するレトリックに倣って「失業者の自己責任」という古臭い考え方を復活させたのである。この考え方はアメリカの保守派が勤労福祉政策の導入を正当化するために駆使してきた論理の1つであった。英保守党政権は1987年まで頻繁に「失業者の自己責任」キャンペーンを展開し，アメリカ社会と同様にイギリス社会においても定着させようとしたのである[38]。

　こうしてサッチャー政権は脱福祉就労政策をイギリスに導入するための世論形成を徐々に浸透させていった。実際，福祉改革は1987～1988年頃までは内容よりもレトリックの方が際立っていたが，その過程で英国民の価値観が徐々に変化し，大胆な福祉改革に対する世論の支持が急速に高まったのである。もっともイギリスの社会意識調査はこの世論操作の効果について少なからず疑問を呈していた。例えば，1990年の調査は貧困の責任を個人の過失ではなく社会的不公正に帰すべきだと考える者の比率が4%増加している，というむしろ通説に反するような結果を紹介していたからである[39]。

　では，アメリカなどの海外諸国の政策のうち，どのような政策がイギリス型脱福祉就労政策を形成するうえで摂取されたのであろうか。第1はコミュニティ・プログラム（CP）の導入である。そのモデルはアメリカのコミュニティ勤労体験プログラム（CWEP）であり，福祉給付と引き換えに就労や求職活動への従事を福祉受給者に義務づける内容となっていた。州がCWEPを実施する権限を与えられていたが，プロジェクトは①有益な公共目的に資する，②プログラム参加者が既存の従業員に取って代わることを認めない，③参加者の就職に役立つ技能向上に繋がる，④州が就労関連費用を負担する，などの制限を課されていた（1981年包括予算調整法規定）。G. ハウ英蔵相はカリフォルニア州における福祉改革実験の8年後，即ち1981年OBRA（包括予算調整法）制定の1年後である1982年にCP（Community Programs, イギリス版CWEP）実施の方針を明らかにした。しかしながらCPはアメリカのCWEPと同様に給付と引き換えの勤労福祉プログラムとしては構想されておらず，また既存従業員の置

第3章　イギリスの勤労福祉政策——ニューディール——　　　143

き換え禁止やコミュニティに有益なプロジェクトなどの厳しい付帯条件が付されていたのである。

　第2は職業クラブ（JC）の導入である。アメリカの州政府は1967年のWIN（勤労奨励プログラム）実施以降，福祉受給者が就職し長期間にわたって勤続するのに必要な技能を教えるために職業クラブを利用してきた。参加者は1～3週間の職業訓練講習を受けた後に，求職活動に従事する時間や援助を与えられた[40]。この職業クラブの成果に感動して，イギリス保守党政権は1985年に同制度をほぼそのままの形でイギリスに持ち込んだのである。イギリスの職業クラブもアメリカにおけると同様に，参加者にやる気を起こさせ，自信をもたせ，求職技術を身につけさせるなど，まず入門コースからスタートすることになっていた。次に参加者は使用者に対する効果的なアプローチ方法を教えられ，最後に面接技術の特訓を受けて実践に移すことになっていたのである。参加者は週最低4回の半日活動のために職業クラブに通勤し，民間部門での就職に繋がるような求職活動に必要な資金，援助，スタッフ支援などを提供された。このようにイギリスの職業クラブはアメリカの経験から多くのことを学び，構想，組織，機能及び名称までもがアメリカから直接的に移転されたのである。

　第3は12ヵ月間以上失業中の者を特別相談面接に召喚する9つの実験プロジェクトの開始（1986年1月）である。それは面接を通じて失業者に雇用訓練プログラムのオプションの中から1つを選択させることを目的としていた。この再就職促進（Restart）プログラムもアメリカから移転された制度の一例であった。サッチャー政権が再就職促進プログラムの制度設計に際して利用したモデルはマサチュセッツ州の雇用訓練選択（ETC）とボルチモア州の選択プログラム（Options Program, OP）の2つであったと言われる。例えば，再就職促進もETCやOPと同様にまず相談面接の召喚状送付から始められた。OPと同様に再就職促進面接を拒む者は給付の資格を失う恐れがあった。しかも再就職促進カウンセラーはETCやOPと同様に，相談面接で長期給付受給者が就きたいと望んでいる職種や資格について確認した後に，失業離脱のために利用できる8つのオプションを提示したのである[41]。

　第4は16～17歳の若年者向け給付の廃止（1988年社会保障法第4節）である。サッチャー政権はその着想と論拠をスウェーデンとベヴァリッジ報告から借用し

た。スウェーデンは1970年代以降，20歳以下層の現金給付を廃止したが，義務教育卒業年齢が18歳であったことから，18歳以上の若年者に対する雇用・訓練の責任を職業安定所に義務づけていたのである。イギリスもこれに倣って1988年に16〜17歳層(義務教育卒業年齢16歳)に対する給付を廃止した。こうしてイギリスでは若年者はスウェーデンと同様に義務教育卒業後2年間，国営訓練プログラムに参加しなければ，公的給付を拒絶されることになったのである[42]。

　第5は勤労福祉政策の導入である。1989年社会保障法第10節は受給者の制度濫用を防止するために積極的な求職活動の実行を義務づけていた。これはアメリカやスウェーデンの経験から学ぶと同時に，1920年代にイギリスで実施されていた「誠実な求職規則」をも参考にしていたと言われる[43]。しかも，この積極的な求職活動規則は給付受給者が資格保持のために求職活動の実行を証明することを義務づけていたので，アメリカやスウェーデンで実施されていた勤労福祉政策と類似したプログラムの導入を不可避にしたのである。また1989年社会保障法は「相応しい雇用」の定義を単なる「雇用」に改め，受給者の技能や経験等に相応しくなければ就職斡旋を拒絶できると定めた1975年社会保障法の相応条項を廃止して勤労福祉政策への傾斜を加速させたのである。さらに1989年社会保障法第12節は1975年社会保障法の「十分な理由」規定を削除して勤労福祉政策の進展をより確実なものにした。「十分な理由」規定は報酬額が給付受給よりも生活水準を低下させる場合や，労働時間が受諾可能な時間よりも短すぎたり長すぎたりする場合には，受給者が就職斡旋を拒絶する権利を認めていたのである。

　このように1989年社会保障法はイギリス版のアメリカ型勤労福祉政策を発展させる契機となったと言ってよい。しかも，英保守党政権は1920年代のイギリスよりも更に懲罰的な手法を導入したのである。今や給付受給者は生活水準の低下をもたらす賃金率や労働条件であっても，就職斡旋を拒めば給付を削減されるか停止されることになった。このイギリス型勤労福祉政策の下では，失業者が給付の受給を続けるためには最長13週間の受給後に，毎週積極的な求職活動に従事し，賃金や労働条件がどんなに劣悪であっても斡旋された職を受諾する意思を示さなければならなくなったのである。

[2] 勤労福祉の展開

(1) 再就職促進

　サッチャー政権は再就職促進を中心的な内容とするイギリス型の勤労福祉制度を実施し始めた。なかでも再就職促進コースは 18 歳以上層を対象とする主要な勤労福祉政策として活用された。特に 1990 年の改正生活保護規則は 2 年間以上にわたって給付を受給した者に対して再就職促進コースへの参加を義務づけるに至ったのである。もしも参加を拒めば，生活保護はコース継続期間を超えない範囲で給付額の 40% まで削減されることになった。この政策は政府が 1990 年まで遂行してきた脱福祉就労政策をより厳格な勤労福祉政策へと明白に転換させたことを示していたと言ってよい[44]。

　給付資格の剥奪期間は 1986 年の再就職促進の実施時に 6 週間から 13 週間に，またその 1 年半後の再就職促進調査表の導入時には更に 26 週間にまで延長された。この資格剥奪期間はいったん失業者になれば，求職活動に従事して就職斡旋を受諾するという独自のイギリス型勤労福祉制度を確立する上で重要な役割を果たすことになったのである。

　ところで，保守党政権の福祉改革は 1988 年を境にして 2 つの時期に区分することができる。1988 年以前の改革はイギリスにアメリカ型勤労福祉政策を導入することではなく，給付を訓練や雇用機会と結びつけ，失業者が職を見つけられるように保障することを目的としていた。しかしながら 1988 年以降の改革は明らかに失業者を雇用や訓練機会へと強制的に駆り立てようとしていた。保守党政権は 1988 年以前の改革と比べて失業者を給付制度からできるだけ追い出そうと考えるようになったと言ってよい。というのも，改革実施後も若年層の失業が増加し続けたので，同政権は 1988 年以降に強制的な政策へと転換し，イギリス型勤労福祉政策の実施に乗り出さざるを得なかったからである[45]。

(2) メイジャー保守党政権

　後継内閣のメイジャー政権(1989 年 10 月～1997 年 5 月)も高失業はインフレ抑制のために払わなければならない代償であると考えたサッチャー前政権時代の政策を継承した。だが，その代償はあまりにも大きく，失業手当申請者は同政権第

1期中に100万人から260万人へと2.6倍にも増加した。社会保障支出も景気後退が深刻化するに伴って1990年代初頭に急増し,政府歳出額の$\frac{1}{3}$に達したのである[46]。

　もちろん,保守党内にも積極的な福祉拡充政策を望む左派が存在していた。例えば,1993年12月の予算報告においてK.クラーク蔵相は「現政権は決して福祉国家を解体するいかなる試みにも与していない。むしろより充実した福祉国家を望んでいる」と言明した。また彼は福祉依存症からの脱却を支援する必要があると主張して,長期失業者を対象とする新政策である就労参加制度（Work Start）を導入したのである。しかしながら,この時期には失業問題や社会保障予算と取り組む方法について盛んに議論が展開されたにもかかわらず,政策として実現されるに至ったものはほとんどなかったと言ってよい。失業は保守党政治家たちが労働組合を潰すために利用してきた有力な武器であったので,公共支出が大幅に膨張したからといって,おいそれとは手離すことができない手段であったのである。

第3節　ニューレイバーの福祉改革

[1]　労働党のマニフェスト

(1)　福祉のアメリカ化

　労働党（Labour Party）は長期間の野党暮らしを強いられながらやがてニューレイバーとして劇的な変貌を遂げた。ニューレイバーは従来の政策を徹底的に再検討し,新しい政策方針を打ち出したのである。まずN.キノックが弱体化した労働党を再建し,変革させたが,1992年の総選挙で敗北したために辞任に追い込まれた。後継者の党指導者J.スミスも幅広い大衆の信頼と人気を勝ち得たが,1994年に突如として急死を遂げた。特にスミスの大きな政治的業績は党運営に当たって1人1票制（OMOV）を導入した点にある。1人1票制は党内選挙での労働組合のブロック投票を排除し,労働党を頑固な左翼による支配の脅威から解放することになったからである。こうしてキノックとスミスの強力な指導力によって再建された労働党はやがてT.ブレアの下でニューレイバーへと大胆

に変身を遂げた。だが，それはある意味では労働党が政策的に保守党に急接近したことを意味してもいたのである[47]。

1994年7月にブレアが労働党の党首になると，過去の政策優先順位が徹底的に再検討され，従来の福祉公約の多くを排斥するに至った。彼は第三の道(国家と市場の中道)政策を支持して右派の市場至上主義と旧左翼の国家介入主義の双方を拒否した。こうして1997年に労働党が政権を掌握すると，この新しいアプローチが具体的な政策として実行に移されていくことになったのである[48]。

このようにニューレイバーは平等や社会的連帯といった伝統的な党公約を完全に放棄することによって福祉制度の再構築を図ることになった。実は，そのイデオロギー的基礎を提供したのがキリスト教社会主義であったと言われる。というのも，キリスト教社会主義は平等主義と同時に自己責任主義という強固な信条を掲げていたので，社会的不平等に共感を示しながらも品行に関して厳しい態度で臨む規範も提示してきたからである[49]。

とはいえ，キリスト教社会主義の復活のみでは，貧困離脱に際しての有給雇用の重要性，政府と国民の双務的な新しい福祉契約などといったニューレイバーの福祉レトリックを十分には説明することができなかった。というのも，これらのレトリックはアメリカの政策思想が特に大きな影響を及ぼしていると思われるテーマであったからである。特に「権利と義務」論は1994年の党首就任以降におけるブレアの政治的レトリックの中心的なテーマとなっていた。彼は「権利の享受に伴う義務」や「労働可能な者の福祉依存症という社会的弊害の除去」などについて繰り返し言及してきた。こうして労働党は脱福祉就労(勤労福祉)政策や就職斡旋の受諾義務などに関する考え方を次第に受容していったのである。しかも政府と国民の「新しい契約」は双務原則の実際的な適用としてニューレイバーのレトリックの中でも特に重要性を高めていったのである[50]。

もちろん，ニューレイバーはスウェーデン，デンマーク，オランダ等のヨーロッパ諸国などからも積極的労働市場政策を学び，就労に基礎を置く福祉国家を構築しようとしていた。例えば，スウェーデンの補助金付雇用やオーストラリアの就職協約(Job Compact)は特に大きな影響を与えている。しかし積極的な求職活動政策は特にアメリカから強い影響を受けていた。実際，ニューレイバーの政策は勤労福祉政策，就労最優先，扶養義務強制などの施策からなるク

リントン政権第1期の福祉政策と多くの共通点を持っていたのである。

確かにイギリスのニューディールは1996年PRWORA施行後にアメリカで導入された勤労福祉政策とは大きな相違点もあった。しかしながらニューレイバーも申請者が職場復帰のために技能や能力を習得する一時的扶助期間として福祉を再定義しようとした点ではアメリカの政策に追随していたのである[51]。

多くの著名な学者も第三の道や福祉の再構築に関するニューレイバーのアイデアに熱狂的な反応を示していた。だが，大部分の学者は強制的な勤労福祉政策に対しては終始懐疑的な態度を執り，依然として所得再分配政策に強い関心を抱いていた。これとは対照的にアメリカの学者がイギリスのラディカルなシンクタンクと比べても遥かに過激的になっていたのは失業や私生児出生などの深刻な国内問題に直面してきたからである。C. マーレイは未婚の母親を福祉から離脱させても，私生児出生について何ら手を打たないような福祉法案では無意味であると主張していた。マーレイは未婚の母親を対象とする福祉を廃止すべきだと主張して共和党に大きな影響を及ぼし，1996年PRWORAの成立を促す大きな役割を果たしてきたと言われる。

だが，このような考え方はイギリス社会では容易には受け入れられなかった。母親への給付を完全に拒否するのはむろんのこと，求職活動を強制することすら大きな憚りがあったからである。実際，未婚の母親に対する追加給付が撤回されると，激しい抗議の嵐が巻き起こったのである[52]。

ブレアはイギリスの経済的地位の低下を憂慮し，国際経済で競争できるように英国民の全体的な技能水準を引き上げたいという強烈な願望も抱いていた。その主要な手段が給付よりも就労を優先した福祉改革であったと言われる。実際，ニューレイバーは1997年6月の政権就任後，無料の高等教育を終焉させ，失業若年層（18〜24歳）向けニューディールの一部として勤労福祉や就学福祉を導入した。こうしてブレア政権は競争的国家プロジェクトの中心に福祉改革を据えたのである[53]。そこで，次にニューレイバーが1997年の選挙に向けて政権を奪取するべく掲げた公約の中で福祉改革をどのように位置づけ，国民に訴えていったのかを，マニフェストを中心に検討しておこう。

第 3 章　イギリスの勤労福祉政策——ニューディール——　　　　149

(2)　マニフェスト
① 失業問題
　イギリスは深刻な失業問題に直面していた。若年者（18〜24 歳層）は 58 万人が失業しており，このうち 28 万人が 6 ヵ月間以上，16 万人が 12 ヵ月間以上にわたって失業していた。若年者はその約 $\frac{1}{6}$ が失業中であったが，都市中心部では更に深刻な状況にあった。例えばロンドン旧市街では，失業は 25 歳未満の若年層の 4 人に 1 人，特に黒人層に限れば 50% 以上にも達していた。また全年齢層においても，54 万人が 2 年間以上もの長期間にわたって失業していたのである[54]。
　しかもイギリスでは，労働年齢世帯の 19% が就労しておらず，アメリカの 11.5%，ドイツの 15%，フランスの 16% と比較してもかなりの高水準に達していた。特にロンドンやグラスゴーの旧市街では，労働年齢世帯の実に 30〜35% が無就労世帯であったのである。これは当事者にとっては不幸なことであったが，社会にとっても有害であるばかりでなく，納税者の負担を増大させることにもなっていた。このため失業者向けの政府支出は年間 200 億ポンドにも達し，1 世帯当たり 900 ポンドの負担となっていた。社会保障予算も 1979〜1996 年に約 2 倍となり，対政府支出比率も $\frac{1}{5}$ から $\frac{1}{3}$ にまで上昇するに至ったのである。
　この若年層の大量失業は教育に問題があった。イギリスは 16〜17 歳層の全日制教育就学率がトルコを除く OECD 諸国において最低水準にあった。しかも，就学率は 16〜17 歳層では 59% に達するが，18 歳層では 38% にすぎなかったのである。17 歳層の就学率もドイツ 93%，フランス 87%，日本 90%，アメリカ 72%，などと比べて極めて低かった。イギリスの若年者は学力水準が低く，その $\frac{1}{3}$ が 19 歳までに NVQ（全国職業資格）レベル 2 あるいはそれ以上の資格を取得できなかったのである。教育訓練の機会もイギリスでは不平等化が進んでいた。父親が不熟練肉体労働者の子供は僅か 6.9% が学位修得課程に在学しているにすぎなかった。もしもこうした事態がそのままに放置されれば，現在の若年失業者は雇用不適格者となり，社会的分裂を激化させることになる恐れがあったのである。
② 未婚の母親の貧困
　未婚の母親はイギリスでは 150 万人に達し，福祉依存率も 1979〜1995 年に

44%から71%に上昇している。また未婚の母親の就業率は41%で，フランス（82%）やスウェーデン（70%）などと比べてかなり低い一方で，福祉依存率はフランス（37%）やスウェーデン（33%）などと比べて高かった[55]。

これらは保守党政権が未婚の母親の就労を積極的に支援してこなかった結果でもあった。労働党はオーストラリアのJET（雇用・教育及び訓練）やカリフォルニア州のGAINなどの経験が示唆しているように，失業者に対して個別的な求職・技能向上支援を提供する必要があると考えていた。JETはアドバイザーが訓練，保育や雇用機会などに関する助言や援助を提供する未婚の母親を対象とした任意プログラムであり，就職の増加や給付期間の短縮に大きな成果を挙げてきた。労働党はJETをイギリスに導入し，その対象を未婚の母親のみならず長期失業者全体にまで拡大することを公約に掲げている。また労働党は対象者が相応しい就職斡旋を気まぐれで拒絶する場合には，給付額の40%を削減するという現行の制裁制度を踏襲するつもりであることも表明していた[56]。

③　労働党の提案

労働党は若年長期失業者を職場に復帰させることも目的とするニューディールの導入を提案しているが，その費用である300億ポンドを特別税によって容易に調達できると考えていた。具体的なプランとしては，給付に代えて使用者への配属，ボランティア部門，環境特別編成部隊及び全日制教育の4つのオプションが6ヵ月間以上失業中の若年者に提供される。即ち，第1に，使用者が6ヵ月間以上失業中の25歳未満の若年者を雇えば，6ヵ月間にわたり60ポンドの戻し減税を受けられる。一方，それと引き換えに使用者は職業資格取得に繋がるように最低週1日，認定職場内訓練を提供するか，あるいは週1日の研修休暇を与えなければならない。第2に，ボランティア団体が6ヵ月間，給付相当額の賃金と固定額を支給して若年者に新しい就労機会を与える。もちろん，団体の使用者は職業資格取得に繋がるように最低週1日，認定職場内訓練を提供するか，あるいは週1日の研修休暇を与えなければならない。第3に，若年者は環境特別編成部隊への参加オプションも選べる。彼らは6ヵ月間，給付相当額の週賃金と固定額を支給され，職業資格取得に繋がるように最低週1日の教育訓練研修休暇を与えられる。第4に，基礎的教育資格のない若年者は公共職業安定庁の承認に基づき認定教育訓練コースで全日制教育を受けるオプションも選ぶ

ことができるのである。

　加えて労働党は2年間以上失業中の長期失業者に対してもニューディールを実施する。使用者は2年間以上失業中の者を6ヵ月間の訓練付作業に雇えば，週75ポンドの戻し減税を受けられる。また給付や他の支出を利用した地方裁量の実験的プロジェクトも設けられる。さらに，労働党は① 地域再生ニーズに対応し，給付移転支出を利用する近隣調和プロジェクト，② 就職のための学習（就職関連資格取得教育），③ 商売開業援助，などの実験的プロジェクトの導入も考慮していたのである。

　労働党は当時の保守党政権下で若年者や失業者の才能と能力が徒に浪費されていることを遺憾に思っていた。しかも，失業は社会的分裂や疎外を生み，やる気や抱負を持った人々の気持ちを蝕んでいた。労働党は若年者や長期失業者に対するニューディールを実施することによって社会保障費の膨張にも対処し，福祉国家の近代化を推進する第一歩を踏み出そうと考えていたのである。

［2］　ニューディールの導入

（1）　完全雇用の放棄

　英労働党政権は政策目標を伝統的な完全雇用の保障から雇用可能性の改善へと劇的に転換させた。同政権は雇用可能性の改善をイギリス経済の近代化と社会的団結や経済的競争力を兼ね備えた国家建設のための中心的な戦略であると考えていたのである。イギリスの労働市場は1980～1990年代に大きな転換期を迎え，伝統的な男子肉体労働者の重要性が著しく低下した。分業の複雑な変化が新しい雇用形態や雇用契約を増加させ，多くの部門が高度技能へのニーズを高め，労働市場の分断化を加速していた。その結果，イギリスの労働者は約 $\frac{1}{4}$ がパートタイム雇用に従事し，$\frac{1}{10}$ が臨時契約によって雇用されていたのである[57]。

　もちろん，こうした変化は失業者が再就職しようとする労働市場にも大きな影響を及ぼしていた。例えば，1995～1996年には国内就業者の55％が正規の終身職種に就いていたが，失業者の再就職先は正規の終身職種が僅か22％を占めるにすぎなかったのである。新しい職種の多くは低賃金で，対人サービスや販売その他の不熟練労働が大部分を占めていた。しかも再就職の多くは間もなく失業者に逆戻りする回転ドアとしての機能しか果たしていなかった。実際，1995年

に再就職した者の過半が1年以内に失業者に舞い戻っていた。政府の職業訓練プログラムを終了した者も80%以上が再び失業者に転落していたのである。

このような経済的社会的な変化を背景として英労働党は徐々に経済，失業及び福祉国家に対する伝統的な政策を変化させていった。特に1987年と1992年の総選挙での敗北を受けて，労働党は戦後一貫して擁護してきた完全雇用の公約を最終的に放棄するに至ったのである。遅くとも1995年までに影の内閣のG. ブラウン財務相は「マクロ経済の安定と財政的慎重さに関して確固とした公約」を提示し，雇用の増加を促すために直接的な雇用創出やケインズ的総需要管理に訴えることを放棄した。また労働党は1995年7月に失業問題と取り組むという従来の公約を「すべての者に経済的機会と雇用の機会」を作り出すという公約に再定義し，「21世紀に向けた完全雇用の現代的定義」であると宣言したのである。さらに影の財務相は1995年11月に労働党の「25歳未満層を対象とするニューディール」の素案を公表した。政権奪取を目前にして労働党は完全雇用公約の放棄に加えて，保守党が主導してきた勤労福祉政策に対する反対も撤回したのである[58]。

これはニューレイバーがレイヤード教授（ロンドン大学社会科学部，LSE）の供給重視の分析手法に影響を受け，持続可能な経済成長と低失業率を両立させる政策を採用したからであった。というのも，無制限な給付は労働市場が不況に陥ったり急激な構造変化を被っている時には，失業者を求職活動から引き離すことによって長期失業の罠に引きずり込む「怠惰に対する補助金」になると主張されていたからである。またレイヤードはすべての失業者に臨時雇用や訓練を保障し，失業後1年を経過しても何もしていない失業者に対しては給付を停止することを提案していた。しかも，雇用・訓練制度は長期失業者に就職する機会を与えるばかりではなく雇用可能性を高めて賃金上昇の圧力を抑えるので，インフレ圧力を作り出すこともなく経済の拡大を可能にすると考えられていたのである[59]。

ところで，イギリスの登録失業者数はニューディール実施以前の顕著な景気回復を反映して，1992〜1999年末までに300万人から120万人にまで大幅に減少した。しかしながら労働党政権は前政権から継承した負の遺産が単なる登録失業者数の問題に止まるものではないと考えていた。例えば，男子，特に25〜49歳

層の雇用は最近50年間で最低水準にまで落ち込んでいた。また多くの貧困地域が慢性的な長期失業の蔓延によって疲弊していた。しかも，労働年齢世帯の約$\frac{1}{5}$がまったく就労していなかった。さらに約100万人の独身の親（主に女性）が生活保護に依存し，175万人以上の男子が障害給付や長期疾病給付を受給していたが，その数字は共に最近10年間で2倍以上に増加していたのである。その結果，年間500億ポンド以上が労働年齢層向けの社会保障給付に費やされることになった。そこで，労働党政権は福祉改革を通じて就労可能な者の就職可能性を改善する政策に乗り出したのである。

加えて労働党は政権就任後，就労誘引を高めるために最低賃金制度を導入し，子供を抱えた独身の親の就労を有利にするために租税制度や給付制度の改正を行った。またニューディール雇用訓練制度が失業者，独身の親，障害者などを対象にして潜在的労働力の就職可能性を改善するために導入された。さらに新しい雇用地区（Employment Zones）が高水準の長期失業者を抱える地域の問題に取り組むために設けられ，コミュニティ向けニューディール（New Deal for Communities）が貧困な近隣地区を再生するために導入されたのである[60]。

(2) 政策過程

ブレア首相は1997年の選挙で福祉改革を公約したが，福祉国家を解体して貧民向けに残余のセーフティネットを残しておくのではなく，21世紀に相応しい福祉国家を建設すべきだと考えていたと言われる。もちろん，彼は就労が貧困脱却に至る最善の道であるという強い信念も抱いていた。そのためブレア政権は脱福祉就労（勤労福祉）政策を中心とした福祉改革を推進していくことになったのである[61]。

もちろん，ニューディールがブレア政権の福祉改革の中核となったが，その立案過程において重要な調整者となったのが財務省であった。財務省は職業訓練等を超える広範な雇用政策について責任を持っていたことから，プロジェクトの推進においても教育雇用省よりも大きな役割を担うことになったのである。またブラウン財務相が競争力のある国家を作るために福祉国家政策に対する主導権を握りたいと望んでいたことも，財務省の主導力を高める大きな要因になったと言われる[62]。

第 3-2 表　プログラム別資金配分　　　（単位：100 万ポンド，%）

プログラム	金額	割合
NDYP（18–24 歳層）	2,550	70
NDLTU（25 歳以上層）	530	15
ND50＋（50 歳以上層）	50	1
NDLP	190	5
NDDP	210	6
NDPU	60	2
NDC（児童ケア）	40	1
合計	3,630	100

（資料）　Finn, *FFE*., p. 389.

　さて，1997 年に労働党は民営化された公益事業に対する特別利潤課税によって 52 億ポンドの資金を調達し，その大部分をニューディール・プログラム（1998〜2002 年）に充当する最初の「脱福祉就労予算」を編成した。プログラムは公的給付に依存する労働年齢層全体を対象として導入されたが，第 3-2 表のように税収の過半に相当する 25.5 億ポンドが最も重要な若年失業者向けニューディール（NDYP）に割り当てられた。なお，その全体的な目的は ① 長期的な雇用可能性を高め，若年失業者，長期失業者，独身の親や障害者の就労を支援し，② 彼らが継続的に勤続し昇進できる可能性を高めること，であるとされたのである[63]。

　失業者向けニューディールは強制的助言，就労及び訓練プログラムなどの複雑な組み合わせから成り立っていた。それは一般に失業者が就職できるように支援する助言段階から始まり，雇用可能性を改善する雇用訓練オプションが後に続いていた。就職斡旋を受諾せず，あるいは十分な理由もなく職を放棄する者は給付を削減された。18〜24 歳の若年失業者は 4 つのオプション（補助金付雇用，環境特別編成部隊，ボランティア部門就労，全日制教育・訓練）を提供されるが，公的給付に依存しながら怠惰に暮らすという 5 番目のオプションは存在していなかった。もしも対象となる若年者が十分な理由もなくこれらのオプションを拒絶すれば，まず給付が 2 週間停止され，2 度目の拒絶で 4 週間，3 度目になれば 6 ヵ月間停止されるという具合に，制裁が次第に重くなったのである[64]。

　だが，アメリカでは当然視されていた強制もイギリスでは 18〜24 歳層向け

ニューディール（NDYP）と長期失業者向けニューディール（NDLTU）に対してしか実施されなかった。というのも，これらの対象者への強制であればイギリスにおいても政治的に受け入れられそうだと判断されたからである。強制適用の対象を更に拡大すれば激しい論議を呼びそうな恐れがあったので，例えば未婚の母親に対する強制は政治的な躊躇から容易に踏み切れなかったのである。実際，福祉給付に対する期限導入や反発を招きそうな他の政策は政治的な思惑からほとんど議論されることもなかったと言われる[65]。

一方，ニューディールは従来「非労働力化した者」とみなされてきた給付受給者層にも対象を拡大した。例えば2000年以降には，パートナー向けニューディール（New Deal for Partner, NDP）がNDYP参加者の妻やパートナーを対象にして実施されることになった。NDPは当初，少数の18〜24歳層のパートナーに対して適用されたが，その後年齢の高い層にまで拡大しようという動きが見られた。というのも，今やイギリスの労働年齢世帯の多くが共稼ぎ世帯となっていたので，稼ぎ手としての男性が働き，女性が家庭に留まるといった時代遅れの家族モデルに基づき「配偶者の依存」を認めるような給付制度はもはや容認され難くなっていたからである。

また，ニューディールは独身の親や障害者を対象とする任意プログラムも導入した。独身の親は最初の扶助申請時か最年少児童の就学時に助言を受けるために地域の職業案内センターに召喚され，就職，技能向上，保育支援などに関する指導を提供された。このように労働党政権はニューディールを通じて従来の給付制度を「就労中心の福祉国家として再建」しようと企図していたのである。

当初，ニューディールは若年失業者を対象とするプログラムとして構想されていたのだが，やがて脱福祉就労政策全体に関わる広範なプログラムへと拡大されていった。とはいえ，NDYP，NDLTU，NDLPの3つのプログラムが終始，ニューディールの中核をなしていた。もちろん，これら3つのプログラムは比較的早い時期から実施され，参加者数も他のプログラムよりも多かった。特にNDYPは2000年3月までに若年者20万人以上を早期に失業から離脱させたと言われる。NDLTUも参加者の士気を大いに高めるなどの成果を挙げたという[66]。そこで，ニューディールがどのような内容と機能を持っていたのか，次に具体的に見ておくことにしよう。

第4節　ニューディールの構造

[1]　プログラム内容

(1)　強制プログラム

① NDYP (New Deal for Young People)

　1997年10月にブレア政権はNDYPの構想を発表し，若年失業者（18〜24歳層）に対する労働市場政策を根本的に変更することを明らかにした。NDYPは同政権の福祉改革の中核的存在をなしており，若年失業者数を減らし，労働力の質を向上させようとする長期的な政策の中心的な地位を占めていた。なお，NDYPは1998年1月にまず12ヵ所の先駆的地域で導入され，1998年4月から全国的に拡大されたのである[67]。

　ニューディールは第3-3表のように対象や内容を異にする6つの主要なプログラムからなっていた。NDYPはその中で最初に実施されたプログラムであり，最も多くの資金が充当されてきた。NDYPは6ヵ月間以上にわたって求職者手当を受給した若年失業者（18〜24歳）を強制的な適用対象者としていたが，障害者など不利な境遇にある者に対してはプログラムへの早期の参加を認めていた。そのプログラムはまず評価や指導を中心とする4ヵ月間の入口（gateway）期間から開始される。もしも参加者がこの期間内に就職できなかったならば，次の段階として4つのオプション（補助金付雇用，ボランティア団体での訓練を含む勤労体験，環境特別編成部隊での訓練を含む勤労体験，全日制教育・訓練）の中から1つを選択しなければならなかった。4つのオプションのうち，最初の3つには最低週1日の公認訓練活動機会が設けられていた。また補助金付雇用オプションにおいては，使用者は6ヵ月間まで最高週60ポンド（2000年4月から75ポンド）と訓練費用750ポンドの補助金を受け取ることができたのである[68]。

　もちろん，求職者手当の申請者はそれ以外の「5番目のオプション」を選択することを認められていなかった。もしも申請者がオプションへの斡旋を受諾せず，あるいは十分な理由がないにもかかわらず中途で止めれば，まず2週間の給付停止処分を科された。制裁の期間は2回目の違反で4週間，3回目では6ヵ月間と度重なるごとに長期化した。なお，就職できずにオプションの修了を迎

第 3 章　イギリスの勤労福祉政策——ニューディール——

第 3-3 表　ニューディール脱福祉就労プログラム

プログラム	対象グループ	登録強制の有無	対象者数	予算	開始日	オプション
NDYP	6 ヵ月間継続して JSA（求職者手当）を申請した 18～24 歳層（障害者は早期参加）	強制	40 万人	26.2 億ポンド	1998 年 4 月 2 日（実験 98 年 1 月 1 日）	個人アドバイザー、4 つのオプション、徹底遂行
NDLTU	2 年以上 JSA を申請した 25 歳以上層（実験地域では早期に参加）	全国プログラム、初回面接は強制（実験、13 週間の助言面接段階）	50 万人	4.5 億ポンド	全国で 1998 年 6 月（実験、28 地域で 98 年 11 月）	個人アドバイザー、入口、2 つのオプション（補助金付雇用、12 ヵ月間までの訓練、訓練補助、実験地域で 13 週間の助言面接、2001 年 4 月からは 4 つのオプション）*
NDLP	3 ヵ月間以上生活保護を受給した 5 歳以上児を抱える独身の親	任意（2000 年 10 月～ONE 地域で面接）、2001 年 4 月～全国で面接	50 万人	1.9＋0.1（99 年 1 月、8 ヵ所の実験億ポンド	全国 1998 年 10 月（実験 97 年 7 月）	個人アドバイザー、実験地域で訓練補助
NDP	6 ヵ月間以上の失業者のパートナー	任意（2000 年 10 月～子供のいない 18～24 歳層）	20 万人	6000 万ポンド	1999 年 4 月（3 先駆地域で 1999 年 2 月）	子供のいない 18～24 歳層は NDYP 参加、他は個人アドバイザー
NDDP	障害に基づく給付を 28 週間以上受給	任意（2000 年 10 月～ONE 地域で面接）	90 万人	2 億ポンド	2000 年 4 月（実験 98 年 10 月）	個人アドバイザー
ND 50＋	障害給付や生活保護、JSA を 6 ヵ月間以上受給した 50 歳以上層	任意	200 万人	2.7 億ポンド	2000 年 4 月（実験 99 年 10 月）	個人アドバイザー、訓練補助、52 週間の雇用所得控除

（資料）J. Millar, Keeping track of welfare reform: The New Deal programs, 2000, pp. 2-3. 予算は 1997-02 年度の計上額。*補助金付雇用、就労に基づく訓練、ボランティア雇用、環境雇用。

えた者に対しては，支援や指導，必要であれば更なる訓練のための徹底遂行（follow-through）期間が設けられていたのである[69]。

② NDLTU（New Deal for Long-Term Unemployed）

NDLTU は 1998 年 6 月に導入され，2 年間以上失業中の 25 歳以上層を対象としていた。しかし 28 地区で実施された実験プログラムでは，対象が失業期間 12～18 ヵ月間の者にまで拡大された。このプログラムの重要な特徴は個人アドバイザー（Personal Adviser, PA）との面接制度であり，またそれに続いて提供される参加者に相応しいプログラムが設けられていた点である。NDLTU は参加者に対して補助金付雇用か，求職者手当を受給しながらの 1 年間の職業訓練，という 2 つの主要なオプションも設けていた。なお，使用者は NDLTU 参加者を雇用すれば，正規の雇用で最高 6 ヵ月間週 75 ポンド，パートタイム雇用でも週 50 ポンドの補助金を交付されたのである。

全国プログラムは助言面接への参加のみが強制とされ，その後の段階については任意参加となっていた。一方，実験プログラムは地域によって内容がかなり異なっていたが，まず支援や援助からなる入口期間（6～13 週間）が設けられ，これに集中活動期間（IAP，最長 13 週間）が続いており，後者への参加が強制とされていた点では共通していたと言ってよい。いくつかの実験地域では，参加者は週 15 ポンドの求職者手当に加えて上積み報酬を受け取ることができ，全国プログラムと同様に週 75 ポンドの雇用補助金を受給する資格も与えられていたのである。なお，参加者は徹底遂行段階の支援も利用することができた。さらに 2000 年 4 月からは新たに 4 つのオプション（補助金付雇用，就労に基づく訓練，ボランティア作業及び環境作業）が設けられ，それと同時にこれらのうちの 1 つに参加することが義務づけられることになった。加えて 2001 年 4 月 1 日からは NDLTU の参加対象が全国プログラムでも拡大され，18 ヵ月間以上失業中の者とされたのである[70]。

(2) 任意プログラム

① NDLP（New Deal for Lone Parents）

NDLP は任意参加のプログラムで，扶助を 6 ヵ月間以上にわたって受給した未婚の母親の中で最年少の子供が 5 歳 3 ヵ月以上の年齢に達した者を主な対象

第3章　イギリスの勤労福祉政策——ニューディール——　　　159

としていた。NDLP は4年間で 1.9 億ポンドの資金を充当され，当初 1997 年7月に8つの実験地域で実施され，次いで 1998 年4月からは全国に拡大され，扶助を新規申請あるいは再申請した独身の親全員を適用対象とするに至ったのである。

　プログラムの内容は初回面接，参加登録 (caseloading)，求職活動及び就労 (in-work) 支援などからなっていた。独身の親が NDLP に参加すれば，その期間中は保育費が支給された。プログラムの参加対象とされた独身の親は最年少の子供が5歳に達した時に，公共職業安定庁 (Employment Service) から面接への出席を促す招請状を受け取ることになっていた。その後 2000 年夏からは，対象者は最年少の子供の年齢が3歳以上に達した独身の親全員にまで拡大されたのである。

　個人アドバイザーは面接出席者に NDLP の仕組みを説明し，当該独身の親が置かれている環境や就職阻害要因に関する情報を聴取し記録した。そのうえで，もしも独身の親が NDLP プログラムへの参加に同意すれば，実行計画が作成されることになった。アドバイザーは独身の親が求職活動をするために，あるいは訓練などによって技能を高めるために援助を受ける時に，再度の面接等を通じて参加者との間に定期的な接触を維持した。しかも，参加者は就職後も，無期限の就労支援を受ける資格を与えられていたのである。なお，財務相は 2001 年3月予算で，より広範な強制的な就労重視面接や新しい助言奉仕サービスの導入を含む NDLP の拡充案を発表した[71]。

②　NDPU (New Deal for Partner of Unemployed People)

　NDPU（失業者のパートナー向けニューディール）は失業求職者（6ヵ月間以上の求職者手当受給者）のパートナーを対象とした小規模な任意参加プログラムであり，2つの主要な代替的オプションが設けられていた。子供のいない 18～24 歳のパートナーは任意で NDYP に参加することができるオプションを提供された。一方，子供のいる 18 歳以上のパートナーは個人アドバイザーの助言と指導を利用するオプションを利用することができた。しかし 2000 年 10 月からは，子供のいない若年（25 歳未満）パートナーに対して参加が強制されることになったのである。なお，NDPU は 2001 年末に NDP (New Deal for Partner) に取って代わられることになった。

③ NDDP (New Deal for Disabled People)

NDDP（障害者向けニューディール）も個人アドバイザーを通じて参加者に助言や情報を提供するプログラムであった。特に NDDP は使用者やサービス実施業者（provider）に障害者の就業欲求を認知させることを目的としていた。このプログラムは教育雇用省（DfEE）と社会保障省（DSS）が共同で運営を所管していた。NDDP の対象者は障害者給付（Incapacity Benefit），重度障害者手当及び障害割増付生活保護などの給付申請者であった。もちろん，参加は強制ではなくあくまでも任意であった。最初の実験プログラムは 1998 年 10 月に 6 地区で実施されたが，そのすべてが公共職業安定所によって運営された。1999 年 4 月には追加 6 地区でも実験プログラムが開始されたが，これらは競争入札の過程を経た後に非政府実施業者（民間部門とボランティア）によって運営されることになり，革新的なプログラムとして注目を浴びた。これらの経験を踏まえて全国的なプログラムが実施されたのは 2000 年 4 月以降のことであったのである[72]。

④ ND50＋(New Deal for 50 plus)

ND50＋（50歳以上層向けニューディール）は求職者手当や生活保護，あるいは障害者給付を 6 ヵ月間以上にわたって受給した 50 歳以上の者を対象とする任意プログラムであった。ND50＋はまず 1999 年 10 月に 9 つの先駆的地区において導入され，2000 年 4 月からは全国で実施された。参加者は個人アドバイザーから個別的な助言や支援を提供された。また ND50＋を通じて就職した者は 750 ポンドの訓練補助金を交付され，正規の雇用で最長 52 週まで週 60 ポンド，パートタイム雇用でも週 40 ポンドの勤労所得控除を受けることができたのである[73]。

⑤ ONE プログラム

ONE はニューディールのプログラムから直接的に続いているプログラムであった。また，ONE はすべての申請者が職業紹介や給付制度に申請を行う単一の窓口ともなったのである。ONE は 1999 年 6 月から 4 つの給付機関（Benefits Agency）地区で実験的に実施され，1999 年 11 月に更に 8 地区が追加されたが，実験期間中には既存のニューディール・プログラムと並行して運営された。ONE は民間部門やボランティア部門に参加を求め，11 月に開始された 8 地区のうち 4 地区では革新的なプログラムを実施した。以前の活動と異なる重要な特徴は 2000 年 4 月以降，個人アドバイザーとの初回の就労重視面接に出席することが

ONE地域の申請者全員に義務づけられた点である。こうしてONE所属の個人アドバイザーは若年者や独身の親のみならず潜在的な給付申請者全体をカバーすることになったのである[74]。

[2] プログラムの特徴

(1) 特　徴

　もちろん，ニューディールの各プログラムの間にはいくつかの重要な相違点があった。まず，強制プログラムのNDYPとNDLTUは伝統的に労働市場プログラムの対象とされてきた人々をカバーしており，地方レベルでプログラムを運営してきた職員や政策立案者がそのニーズや問題点を非常によく熟知していた。これらのプログラムは予算が絶対額でも1人当たりの金額で見ても最も大きく，広範なオプションを提供することができた。しかも，これらのプログラムは使用者に直接補助金を交付していたので，彼らもプログラム参加者を雇うことに非常な魅力を感じていたのである。ND50＋もまた以前には労働市場プログラムの対象となっていた高齢失業労働者層をカバーしていた。しかしNDYPがすべてのオプションに訓練活動を組み込んでいたのに対して，他のプログラムでは必ずしも訓練活動が義務づけられていたわけではなかったのである[75]。

　他の3つのプログラムは参加者に関して極めて革新的な特徴を持っていた。例えば，独身の親は子供が16歳以下で，以前に公共職業安定所や他の訓練プログラムを利用したことがなければ，求職者登録を義務づけられていなかった。また多くの障害者は給付を受給するために労働能力がないことを証明しなければならなくなったが，証明できた後には労働市場プログラムから完全に除外されたのである。さらに失業者のパートナーは従来ほとんど完全に無視され，単に被扶養者としての資格から給付を受給し，求職活動を求められることもなかった。ニューディールへの参加はONEプログラムの下である程度の強制が導入されたが，これら3つのグループに対しては依然として任意のままであった。しかも，3つのプログラムは個人アドバイザーによる情報，助言や支援の提供などが主な内容となっていた。しかし参加者が希望すれば任意で訓練に参加し，場合によっては訓練補助金を利用することもできたのである。

　もちろん，ニューディールは各プログラムに対応する異なった目的を持ってい

た。例えば，NDYP は失業中の若年者が技能を高め，職業資格の取得や就労体験に従事し，個人的な能力向上を遂げられるように奨励することによって継続的な雇用に就けるように援護しようとしていた。また NDLTU は 25 歳以上の長期失業者が職に就くことを援助し，勤続や昇進の可能性を改善し，継続的な雇用可能性を高めることを通じて維持可能な雇用水準を向上させ，社会的排除を減少させようとしていたのである。さらに NDLP は独身の親が求職活動の改善や技能の向上を就職への踏み台にして扶助から有給雇用にスムーズに転換できるように促すことを目的としていた。つまり，その主要な目的は独身の親が扶助から離脱して就業によって生活するのを援助することにあったのである。NDDP は働きたいと望む障害者や長期病弱者が就労するのを援助し，既に働いている者が職を維持するのを支援しようとしていた。最後に，NDP は失業世帯のパートナーが首尾よく勤続可能な職に就けるように援助し，既にパートタイム職に就いている者にはもっと安定した正規の雇用に転職できるように支援しようとした。そのために NDP はパートナーも公共職業安定庁プログラムを利用できるようにし，就職準備のできていない者に対しては労働市場と接触できるような環境を提供するなどの支援を行ったのである。

（2） 他の政策との関連

ニューディールは他の政策とも深い関連を持っており，プログラム参加者に対する影響も異なっていた。例えば，若年者は全国最低賃金制，最低税率や国民保険（NI）の変更などから利益を得ることができたが，税額控除制度の対象とはなっておらず，保育施設のような施策の恩恵に浴することもなかった。それは子供を持たない長期失業者に共通する点でもあった。

一方，子供のいる世帯や障害者は新しい税額控除制度の実施によって大きな利益を得ることができた。勤労世帯税額控除（WFTC）は正規の雇用に就いて全国最低賃金を受け取る稼ぎ手が 1 人いる世帯に対して週 200 ポンドの最低所得を保障していた。しかも，WFTC は 2001 年 4 月から週 214 ポンドにまで引き上げられている。障害者税額控除（DPTC）も WFTC とほぼ同様に全国最低賃金水準で働く正規の雇用労働者に最低所得を保障している。即ち，独身者は週 150 ポンド，11 歳以下の子供を抱える稼ぎ手が 1 人の夫婦も週 230 ポンドの

所得が保障されていた。これらの親が必要とする保育ニーズは4歳児全員に対しては保育所への入所を保障することによって，また年長児に対しては学童保育施設を拡充する全国保育戦略（National Child Care Strategy）と，一定水準までの公認保育費用を支給する WFTC の児童保育部分の支給によって対応されていたのである。

なお，地域に基礎を置いた施策が特にスラム化した地域に追加資金を投入するために実施された。その中には 17 の NDC（New Deal for Communities）プログラム，15 の雇用地区（EZ），12 の保健活動地区（HAZ）などが含まれていた。NDC と雇用地区は特に荒廃した地域をターゲットにして，それら地域の住民の雇用可能性を改善することを目標にして特別な資源を投入しようとしていた。だが，その目的は他のプログラムと同様に，あくまでも労働力の供給を改善することであって，労働需要を刺激することではなかったのである[76]。

第5節　NDYP の成果と限界

[1]　プログラムの実績

(1)　参加と離脱

2000年2月までに約44万人の若年者が NDYP プログラムを修了したが，このうち72％が男子，13％が障害者，14％が非白人層であった。また，その30％に相当する13万人が2000年1月現在もプログラムに留まっており，このうちの半分が入口段階に，34％がオプションの1つに，16％が徹底遂行段階に在籍していたのである。障害者は入口段階の在籍者が44％と少なく，オプション（38％）や徹底遂行（18％）の在籍者が多かった。なお，少数人種グループは入口段階が最も多く（55％），オプション（30％）や徹底遂行（15％）が少ないという特徴を示していたのである[77]。

各オプションの参加者比率は1997年の計画立案時の事前予想では補助金付雇用40％，全日制教育訓練25％，ボランティア部門・ETF（環境特別編成部隊）35％，と考えられていた。しかしながら実際の参加比率は1999年8月ではそれぞれ27％，37％，36％，2000年8月でも18％，38％，44％となっており，明ら

に補助金付雇用の比率が計画案よりもかなり低く，全日制教育訓練やボランティア部門・ETF の比率が高くなっていた。しかも，補助金付雇用はむしろ逓減傾向を示していたのである。これは就職準備態勢の整った失業者が予想したよりも遥かに少なく，またその状況が次第に悪化していったものと考えられる[78]。

2000 年 2 月の時点では，全日制教育訓練の在籍者が 41% で最大であった。女子は男子と比べて特にこのオプションの在籍者が多く（45% 対 39%），少数人種出身者も同様であった（56%）。また補助金付雇用は 24% で 2 番目に大きな比率を占めていた。しかし補助金付雇用の在籍者は障害者（22%）や少数人種出身者（17%）ではやや少なかったのである。一方，ボランティア及び環境特別編成部隊の在籍者はそれぞれ 16% と 17% にすぎなかった。男子では後者の在籍率が高く前者のそれが低かったが，女子ではその逆になっていた。というのも，女子が環境特別編成部隊に在籍することは稀であったからである（4%）[79]。

第 3-4 表　NDYP の在籍と離脱

開始時～2003 年 6 月	999,600 人	100%
若年者	719,400	72
障害者	122,200	12
少数人種	158,000	16
離脱先	908,200 人	91%
補助金なし雇用	353,900	35
他の給付	108,500	11
他の行き先分明	181,000	18
行き先不明	264,800	26
在籍者	91,400 人	100%
入口	57,100	63
オプション	21,300	23
使用者オプション	2,600	12
FTET	9,700	45
ボランティア部門	4,800	23
ETF	4,200	20
徹底遂行	13,000	14

（資料）　*Working Brief*, Issue 148, p. 24.

第3章　イギリスの勤労福祉政策——ニューディール——　　165

若年者は 2003 年 6 月末までに NDYP を通じては 44.5 万人（勤続 3 ヵ月間未満の 9.3 万人も含む）が就職した。1998 年の開始以降，約 100 万人の若年者が第 3-4 表のように NDYP に参加し，その 91% が既に離脱していたが，9.1 万人は未だ在籍中であった。参加者の 35%（離脱者の 39%）が補助金なしの雇用に就いたが，11% は生活保護や障害者給付など他の給付の受給者となっていた。また 26% は不明の理由で離脱し，18% は NDYP 離脱後に求職者手当受給者に復帰した者を含む行き先分明な離脱者であったのである。

(2)　離脱者の行き先

NDYP 離脱者の行き先は補助金なし雇用（累積）が 1998 年 7 月〜1999 年 10 月に 57% から 42% にまで低下している[80]。しかも，政府や公共職業安定庁は入口段階で離脱する行き先不明者の増加にも懸念を抱いていた。1999 年 6 月公表されたデータでは，離脱者 14 万人の 35% が行き先不明に分類されていた。また全国社会調査センター（NCSR）によれば，離脱者の 57% が就職したが，その大部分は継続的な職には就けなかったと言われる。そのために調査時点では，55% が失業中（うち $\frac{3}{4}$ が求職者手当受給），29% が有給雇用で就業中，6% が訓練や教育に従事，12% が個人的病弱や育児負担のため求職活動中止中，などとなっていた。つまり離脱者の多くが求職者手当の受給者に舞い戻っていたのである。

もちろん，行き先不明離脱者は NDYP 参加者の中でも特に不利な境遇にあった層の出身者が多かったと言ってよい。そのため彼らの 10% が一度も有給雇用に就いた経験がなく，18% が少数人種出身であり，39% が科料や保護観察や社会奉仕服務命令を宣告され警察の呼び出しを受けた経験を持ち（8% が刑務所や青少年犯罪者収容所への入所経験者），8% が社会奉仕活動に従事しており，28% が特別な必要があって早期に NDYP に参加していたのである[81]。

そこで，次に 2000 年 2 月までに NDYP を離脱した 31 万人の行き先について分析した調査を見ると，41% が就職し，12% が他の給付に移り，19% がそれ以外の明白な理由で離脱しており，28% のみが理由不明で離脱していた。段階別では，入口段階での離脱者はオプション段階や徹底遂行段階での離脱者よりも就職率が高かった（46% 対 36%，31%）。またオプションの中では，補助金付雇用からの離脱者が最も高い就職率を示していた。即ち，離脱者の就職率は全日制

教育（33%），ボランティア作業（37%），環境作業（34%）などと比較して補助金付雇用では41%に達していたのである。さらに行き先不明の離脱者は大部分が再就職，あるいは家族や健康状態の変化のために離脱したと言われる。ともあれNDYPを通じて就職した者は2000年1月までに20万人に達している。しかも，その$\frac{3}{4}$がニューディールを離脱してから13週間以上の継続的な雇用に就いていたのである。これは参加者全体の34%に相当していたが，女性に限れば31%とやや低く，少数人種では27%と更に低かった[82]。

しかしながら就職のために離脱した者の$\frac{1}{3}$以上が間もなく離職していたのである[83]。しかも1999年5月～2000年2月には離脱者の就職率が3%も低下している。これはNDYPが次第に深刻な就職阻害要因を持った在籍者を多く抱えるようになったことを示唆していた。例えば，1998年7月～1999年10月に入口段階の参加者数が37%も減少している一方で，オプションの在籍者数は10倍にも増加していた。徹底遂行段階の参加者も1.4倍に増加していたので，明らかにNDYPは大きな就職阻害要因を抱えている参加者の比率を高めていたと言ってよい。4つのオプションにおいても，1998年7月～1999年10月に補助金付雇用が6.4倍，FTET（全日制教育訓練）が11.5倍，ボランティアが13.5倍，ETF（環境特別編成部隊）が13倍と増加しており，就職よりもむしろ就職準備のための教育訓練や勤労体験への参加者が目立って増加する傾向を示していたのである[84]。

[2] 経済的影響

（1）失業の減少

ブレア政権は1997年のマニフェストで国会の会期中に若年者25万人を公的給付から離脱させて就職させると公約した。だが，若年者の失業はNDYPの実施時期よりもかなり以前の1993年に既にピークに達し，それ以降はむしろ減少していた。例えば，若年失業者（6ヵ月間以上失業）の求職者手当申請数は雇用の増加と失業の減少を反映して1994年4月～1998年4月には37万件から12万件へと$\frac{1}{3}$以下に激減していたのである。

もちろん，イギリスの失業は1990年代初頭以降減少傾向を辿っていたが，特に若年失業者数は1998年のNDYP実施以降，第3-5表のように他の年齢層の

第3章 イギリスの勤労福祉政策──ニューディール──　　167

第 3-5 表　ニューディールの参加資格を持つ失業者の減少　　　　　　　　（単位：千人）

グループ	1998年 4月	1998年 10月	1999年 4月	1999年 10月	2000年 4月	2000年 10月	減少率(％)*
有資格失業者							
25歳以上層・24ヵ月間以上失業	195	174	156	136	126	110	44
18～24歳層・6ヵ月間以上失業	120	88	71	49	53	37	69
資格のない失業者							
25歳以上層・12～24ヵ月間失業	126	141	156	139	123	107	15
25歳以上層・12ヵ月間未満の失業	707	644	689	592	606	532	25
18～24歳層・6ヵ月間未満の失業	226	227	230	223	210	205	9

（資料）　*HC-58*, p. 127.　*1998年4月～2000年10月。

失業者数よりも急速に減少していたのである。これは当然 NDYP 実施の影響を反映しており，1998年度に若年失業者を約3万人も減少させる効果を持ったと言われる。NDYP 対象者（6ヵ月間以上失業の18～24歳層）の失業は1997～2000年に70%減少し，特に NDYP 実施以降の1998～2000年には56%の減少を示している。これは NDYP 対象外の18～24歳層や全年齢層と比べても遥かに大きな減少率であったと言ってよい[85]。

NDYP は導入時から2000年11月末までに57万人の参加者を数えたが，このうち21万人が継続的な雇用（勤続13週間以上）に，また6万人が勤続13週間未満の雇用に就いた。これを踏まえてブレア政権は2001年1月に25万人の給付離脱と再就職というマニフェストの公約を達成したと発表した[86]。というのも，失業は第3-6表のようにプログラムに参加する資格のないグループよりも NDYP 対象グループの方が大幅に減少していたからである。

そこで，若年層失業率を他の年齢層の失業率と比較することによって，NDYP が若年層の失業に及ぼした影響を明らかにしておこう。他の年齢層に対する若年層の失業率は1996年までほぼ安定して推移してきた。しかし1998年の NDYP 実施以降，この比率が着実に低下している。それゆえ，もしも他の年齢層に対する若年層の失業率が2000年3月まで引き続き安定的に推移していたと仮定すれば，若年層の失業者数は実際よりも3万人以上も多くなっていたと推測されるのである[87]。もちろん，国民経済社会研究所（NIESR）の研究が指摘するよ

第 3-6 表　資格及び無資格グループにおける失業

ニューディールへの参加資格	1998 年 4 月	2000 年 10 月	減少率 (%)
資格グループ(千人)			
NDYP 対象グループ	120	37	69
NDLTU 対象グループ	195	110	44
無資格グループ(千人)			
6 ヵ月間失業の 18〜24 歳層	226	205	9
12 ヵ月間失業の 25 歳以上層	707	532	25
12〜24 ヵ月間失業の 25 歳以上層	126	107	15

(資料)　HC-58, p. x.

うに，NDYP は 1998 年以降に若年失業者が減少した唯一の原因とは必ずしも言えなかった。

　前述のように NDYP は 5 番目の選択肢を認めず，対象者にはプログラム参加を強制していたので，若年層の長期失業を減少させるうえで大きな効果を持ったと思われる。例えば，リリーとヤングは NDYP が実施後 2 年間で若年労働市場における雇用を 1.5〜1.7 万人増加させたと推計しており，『労働力調査』誌の調査も 1997 年 9 月〜2000 年 9 月に若年層の雇用を 5 万人 (1.5%) 増加させたと推定している[88]。

　ところでイギリスでは，長期的失業は求職意欲を減退させ，技能を蝕むことになるので，短期の失業ほどには賃金に対して抑制効果を持っていないとみなされていた。そこで，NDYP は長期失業者が積極的に求職活動をするように鼓舞し，短期失業にもまして長期失業を削減しようとした。そのため賃金は下降圧力を被ったが，予想された水準よりも若干高い水準で推移していた。地域別で見ても，ニューディールが最も広範に実施された地域において，賃金に対する下降圧力が最も強かったと言われる。国民経済研究所も，長期失業者を職場に復帰させるという政策は予期されたような賃金抑制効果を持っていた，と肯定している[89]。

　このように NDYP は主として賃金に対する下降圧力の結果として，また部分的には雇用補助金と雇用提供(環境特別編成部隊やボランティア部門)の結果として経済全体に有益な影響を与え，GDP を年率で 0.1% 弱 (1998〜1999 年に

第 3 章　イギリスの勤労福祉政策——ニューディール——　　　　　169

第 3-7 表　NDYP の支出計画　　　　　　　　　　　　　　　（単位：100 万ポンド）

予算	1997-98 年	1998-99 年	1999-2000 年	2000-01 年	2001-02 年	合計
1997 年 7 月	100	700	830	770	704	3,150
1998 年 3 月	100	580	650	640	640	2,620
1999 年 3 月	50	300	820	690	690	2,550
2000 年 3 月	50	210	320	440	460	1,480

（資料）　*HC-58*, p. xii.

GDP を 5 億ポンド増加）拡大する効果を持ったと言われる。これは 2000 年前半に約 2.5 万人分の新規雇用を創出し，そのうちの 1 万人分は NDYP の対象者でない人々に対する雇用拡大に繋がったのである[90]。

　次に NDYP の財源と実際の経費動向について見ておこう。前述のようにブレア政権は 1997 年に脱福祉就労プログラムの資金を賄うために民営化された公益事業に 52 億ポンドの超過利潤税を課税した。NDYP はこの臨時税収の主要な受益者となったが，実際の経費は第 3-7 表のように事前に予測された金額よりもかなり小さかったのである。

　NDYP の支出総額は 1997 年 7 月の当初推計では 5 年間で 31.5 億ポンドと見積もられていたが，2000 年 3 月の予算では半分以下の 14.8 億ポンドに改定されている。このように NDYP の経費が当初見込み額よりも少なかったのは次の 2 つの理由からであった。第 1 に，NDYP の対象者である若年者の失業が予想よりも遥かに急速に減少したからである。第 2 に，当初の経費予測が推計された時に，対象者の 40% が入口段階でプログラムから離脱し，60% がオプションの 1 つに在籍することになるだろうと見込んでいた。しかし実際は，対象者の約 60% が入口段階で離脱していた。しかも，オプションは当初予測したほどにはコストが掛からないことが判明したのである。

　だが，NDYP の年間支出額は若年失業者の減少にもかかわらず，次の 2 つの理由から今後はほとんど減少しないであろうと予想されている。第 1 に，参加者 1 人当たり約 700 ポンドの費用を要する入口から就職への移行コースが入口段階の強化策として導入されるために，運営コストが割高になると予想されるからである。第 2 に，多くの就職阻害要因を持つ援助の最も困難な若年者が NDYP

参加者の中で益々大きな割合を占めるようになると思われるからである[91]。

なお，1998～2000年に26万人がNDYPを通じて職に就いたが，その中にはプログラムがなくても就職できた者もおり，過大評価に陥らないように留意しなければならない。例えば国民経済社会研究所によれば，2000年12月に失業から脱却した者のうち，50～80%はたとえプログラムが存在しなくても就職できたであろうと推定している[92]。

(2) 雇用の継続性

ブレア政権は若年求職者を継続的な雇用に就かせることがNDYPの目的であると考えていた。ちなみに同政権は前政権と同様に13週間以上の勤続を継続的な雇用の定義として採用していた。そこで，実績を見れば2000年11月末現在，NDYP離脱者の40%が補助金なしの継続的な雇用に就いたことを示している。2000年11月末までに若年者27万人がNDYPを離脱して就職したが，このうち21万人が継続的な雇用に就き，その87%が補助金なし雇用によって占められていた。だが，NDYPを通じて職に就いたものの，継続的な雇用に就けなかった者も22%に達していた。NDYP参加者の多くが継続的な雇用に就くまでに少なくとも1度以上の転職を経験すると言われる実態を考慮すれば，継続的な雇用の就職者数は22万人にまで増加するが，短期失業者数も15万人に達していたのである[93]。

もちろん，若年失業者援護団体（UUYA）などが繰り返し懸念を表明しているように，短期の不安定な雇用が高水準に達していることについて大きな関心が集まっている。例えば，UUYAのP. コンベリー理事もNDYPを通じて就労した者の約40%が継続的な雇用に就けないという事実について大きな危惧を表明していた[94]。議会公聴会でも，NDYPの目標設定が継続的でない就職斡旋を強行させる原因になっている，と多くの証人が警告していた。就職を望む参加者に相応しい就職斡旋よりも就労成果を最優先する傾向が強かったので，NDYPはどうしても継続的でない雇用の斡旋に邁進しがちであったと言ってよい[95]。

その結果，若年者は絶えず就職と離職を繰り返した挙句の果てにプログラムに幻滅し，NDYPを就職のチャンスとしてではなく「回転ドア」のようなものとみなす傾向が強くなった。これはNDYPに対する若年者の信頼を低下させる

と同時に，継続的でない職に就く若年者の数を激増させた。しかも，公共職業安定庁長官 L. ルイスは議会公聴会で，若年失業者を継続的な雇用に就けることが NDYP の唯一の目標ではないと釈明した。若年者はまず短期の雇用に就くことによって，長期的には継続的な雇用に就ける可能性を高めることができるというのである。というのも，たとえ継続的な雇用ではないとしても，若年者は就労経験を通じて自信や技能を高め，次の使用者に最近の就労経験を提示することによって別の職に就ける可能性を改善できると考えられたからである。このような理屈で，ブレア政権は継続的ではない雇用も若年者にとっては価値があるとして，NDYP の成果を大げさに強調したのである。議会下院教育雇用委員会は若年者に短期的な就労経験の機会を与えることには利点があると肯定しながらも，継続的でない雇用に就く NDYP 離脱者の比率が依然として 40% もの高さに達している点に強い懸念を表明していたのである[96]。

もちろん，ブレア政権は若年者を単に就職させるだけではなく長く職に留まらせることも重視するようになった。例えば，公共職業安定庁がいくつかの地域で継続的な雇用目標の達成を実験しており，NDYP プロバイダーも雇用の継続性を支払いの条件として課されるようになったからである。しかしながら継続的な雇用の定義が勤続 13 週間とされている点については疑問の声も上がっている。ブレア政権も保守党前政権の定義を踏襲したが，議会下院教育雇用委員会小委員会は勤続 26 週間の方がより適切な定義であると答申した。というのも，就職の 6 ヵ月後に初めて訓練参加や昇進資格などの新しい機会が利用可能となるからである。しかも，ニューディール革新基金（NDIF）は継続的な雇用の定義として勤続 26 週間をいくつかの実験的プログラムで採用していた。NDYP も若年者が継続的な雇用に就けることを重視するようになり，財務相も約 75% が就職後 13 週間勤続していると説明していたが，勤続 26 週間以上の NDYP 離脱者数に関する信頼できるデータは依然として未公表のままであった。

（3） 参加者への影響

若年人口数（16〜24 歳層）は 1980 年代半ば〜1990 年代末に 800 万人から 600 万人に減少したが，若年失業者数は依然として高水準に留まっていた。ILO の失業定義に従えば，全労働年齢の失業率（季節調整済み）は 1999 年夏に 6.5% で

あったが，16〜17歳層では24%，18〜24歳層でも12.3%に達していた。この若年者の高失業は特に製造業の衰退などの構造的な変化と使用者の要求する技能ニーズの変化が結合して生じていたのであった。

NDYPは6ヵ月間の求職者手当の受給を参加の資格要件としていたが，不利な境遇にある者に対してはもっと早期の参加を認めていた。NDYP参加者の約7割が男子，$\frac{1}{7}$が少数人種出身者，同じく$\frac{1}{7}$が就労に支障のある障害者であった。例えば，NDYPオプションに参加した87人の若年者サンプルを見ると，約半分が最低の義務教育年齢で学校を卒業し，$\frac{1}{5}$が何の資格も持っていなかった。しかも，彼らは明らかに4つの主要な職歴類型を示していた。一方の端には決して正規の雇用に就いたこともない者がおり（全体の$\frac{1}{3}$），他の端には安定した職歴を持った者がいた（同$\frac{1}{4}$）。その中間には頻繁に転職する者（同$\frac{1}{5}$）と就職・失業を繰り返す者（同$\frac{1}{4}$，就業期間よりも失業期間の方が長い）がいたのである[97]。

若年者は就職への積極的な姿勢と就職機会についての悲観的な展望を心の中に並存させていたが，効果的に求職活動をする技能や自信を欠いている者が多かった。彼らの主要な就職阻害要因は技能や就労経験の欠如，不適切な求職活動，心理的要因（自信や現実的目標の欠如を含む），地方労働市場で利用可能な雇用機会の数や種類，使用者の態度などであった。なお，NDYP参加者の就職阻害要因（2000–01年）を見れば，阻害要因が1つの者23%，2つの者25%，3つ以上の者19%，ゼロの者33%となっており，7割近くの者が何らかの阻害要因を抱えていたのである[98]。

［3］　運営の実態

（1）　入口（Gateway）

NDYPの第1段階は4ヵ月間続く入口期間であった。その目的は参加者が就職できるように支援し，職業指導を施し，期間中に就職できなかった者に対しては4つのオプションの1つを選んで配属することであったのである。

入口段階の参加者はその40%が雇用可能性を左右することになる計算能力や読み書き能力を備えているとみなされていた。しかしながら使用者側は斡旋されてきた参加者が十分な基礎的技能を持っておらず，採用できない場合が多いと考えていた。しかも，使用者の多くは煩雑すぎる官僚主義的な事務手続きに対し

第 3 章　イギリスの勤労福祉政策——ニューディール——　　173

て極めて批判的であった。NDYP 参加者は入口段階の第 5 週目から始まる 2 週間のコースに参加することを要求されていたが，それは使用者に自分を効果的に売り込むために必要な基礎的技能を修得することを目的としていた。また 1999 年 7 月以降，入口段階の第 4 ヵ月目はその段階に達した参加者全員に対して集中的な技能訓練を施すことになった。さらに 1999 年度予算は 1999 年 8 月に 12 ヵ所で開始された集中的入口（Intensive Gateway）実験に対して資金を割り当て，その後の全国的な実施を促そうとした。教育雇用相も NDYP 参加者全員が基礎的技能プログラムを修了すべきだと強調し，公共職業安定庁も基礎的技能を必要とする者の確認作業を改善するべく広範な施策を実施したのである[99]。

　しかし注意が基礎的技能にのみ集中することには問題もあった。例えば，NDYP 参加者の中にはプログラムの教育や技能が内容的に物足りないと感じ，より高い教育や技能にステップ・アップできないことを知って大いに失望する者もいたからである。もちろん，基礎的技能の向上は大変に重要ではあったが，教育・訓練は NDYP 参加者の多様性と雇用の維持や昇進に必要な技能向上にもマッチしたものでなければならなかったからである。

　ところで，NDYP 成功の一因は簡素で機能的で個別的な助言を提供する個人アドバイザー制度が導入され，参加者との間に緊密な信頼関係が築かれたことにあると言われる。そのため個人アドバイザーとの関係は入口段階に対する若年参加者の評価を大きく左右することになった。若年者の大部分は個人アドバイザーとの積極的な関係，その親切さ，柔軟性，情報・助言の提供などを高く評価していた。若年者たちはアドバイザーが自分たちのニーズに真剣に対応してくれていると感じた時には常に積極的な反応を示したのである。

　しかしながら，その実績はかなりのバラツキが見られた。若年者たちはアドバイザーが彼らを無視し，嫌悪しているような方向へ無理やり追いやろうとしていると感じた場合には鋭い拒否反応を示した。特にアドバイザーが訓練コースの性格や特質を十分に理解しておらず，人種的平等の訓練をほとんど受けていない場合には NDYP プロバイダーに不適切な斡旋を行ってしまうなどの問題を招いていた。しかも，アドバイザーの担当人数が非常に多すぎたために効果がかなり減殺されていた。アドバイザーの担当人数は 1 人当たり 40〜90 人にも達し，NDYP 参加者との緊密な接触を保つことが困難になっていたからである。だが，

継続的な雇用の就職率を高めようとするならば，使用者との緊密な関係を発展させるためにも個人アドバイザーの役割が特に重要であったのである[100]。

(2) オプション

参加者は入口段階で助言や短期訓練などによる支援を受け，求職活動に積極的に取り組むことができたが，入口期間の修了が近づくと，参加者の中には就職するかオプションの1つに所属するように，との圧力を感じる者もいた。特に入口からオプションへの転換点は大きな問題を抱えていたからである。プログラムの中でも最も多くの不満が集中して見られるところであり，参加者がオプションを詳しく検討し十分な説明を受けたうえで決定する時間を与えられなかった場合や意思決定過程に十分に関与できないと感じた場合などには大きな不満が噴出した。こうした不満はオプション参加時の態度にも悪影響を及ぼし，不満を抱く若年者たちがプログラムを離脱するという事態にまで発展しかねなかったのである。

もちろん，入口段階の修了を控えた者に対するオプション斡旋のプロセスは参加者が気に入ったオプションに基づいて決定されるか否かによって異なっていた。参加者は入口期間中に斡旋の可能性を探るためにオプション審査会に出席し，オプション・プロバイダーとの斡旋前面接に臨んだ。入口期間修了時にも斡旋先未定の者に対しては，担当個人アドバイザーが最も適切なオプションを決定し，強制的な斡旋を行った。だが，このような強制的な斡旋は大きな問題を残すことにもなった。参加者は自分の気に入ったオプションを選択できず，意思決定過程にも十分に関与できず，あるいはオプションを検討する十分な時間も与えられないので，大きな不満を抱くことが多かったからである。その結果，不満を抱く参加者がプログラムを飛び出す可能性も高まらざるを得なかった。ちなみに強制的な斡旋は特に環境部門への斡旋の場合に最も多用されたと言われる。

そこで，2000年11月末現在におけるオプションへの参加状況を見ると，NDYP参加者の33%が4つのオプションのうちの1つに配属されており，残りは入口段階が48%，徹底遂行段階が19%となっていた。また4つのオプションの内訳は全日制教育訓練44%，ボランティア部門21%，環境部門19%，補助金付

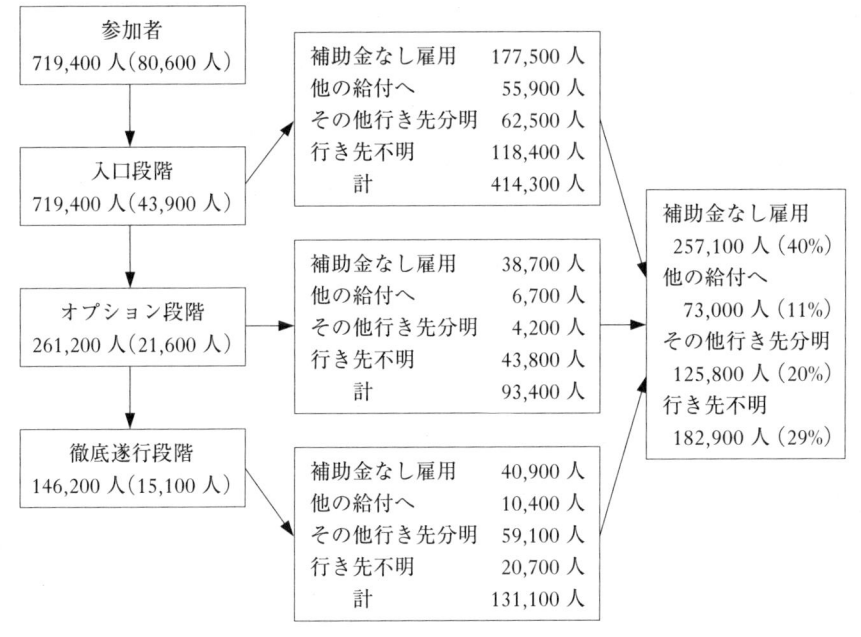

第 3 章　イギリスの勤労福祉政策——ニューディール——　　　175

第 3-1 図　NDYP の進路と離脱者の行き先（2001 年 10 月末）

```
┌──────────────┐
│   参加者      │
│ 719,400 人(80,600 人)│
└──────┬───────┘
       ↓                    補助金なし雇用    177,500 人
┌──────────────┐         他の給付へ        55,900 人
│  入口段階     │────→   その他行き先分明    62,500 人
│ 719,400 人(43,900 人)│  行き先不明       118,400 人
└──────┬───────┘          計             414,300 人
       ↓                                                    ┌──────────────────┐
┌──────────────┐         補助金なし雇用     38,700 人       │ 補助金なし雇用    │
│ オプション段階 │────→   他の給付へ         6,700 人       │ 257,100 人 (40%) │
│ 261,200 人(21,600 人)│  その他行き先分明   4,200 人   →   │ 他の給付へ       │
└──────┬───────┘         行き先不明         43,800 人       │  73,000 人 (11%) │
       ↓                  計              93,400 人        │ その他行き先分明  │
┌──────────────┐                                           │ 125,800 人 (20%) │
│ 徹底遂行段階   │         補助金なし雇用     40,900 人       │ 行き先不明       │
│ 146,200 人(15,100 人)│  他の給付へ        10,400 人       │ 182,900 人 (29%) │
└──────────────┘────→   その他行き先分明   59,100 人       └──────────────────┘
                         行き先不明         20,700 人
                          計              131,100 人
```

（資料）　*HC639*, p. 10. カッコ内は 2001 年 10 月末の在籍者数．

雇用 16％ となっていた。なお，NDYP 参加者の進路と離脱者の行き先を示せば，第 3-1 図のようになる。

　ところで，NDYP 開始前の 1997 年に A. スミス雇用相はもしも 4 つのオプション間で何らかの序列が生まれたならば，大変に困った事態に陥ると公聴会で懸念を表明していた。下院教育雇用委員会もボランティア部門や環境部門オプションが不人気となるのではないかと危惧していた。そうした懸念は現実のものとなり，前述のように NDYP 参加者は 4 つのオプションに対する人気番付を行って，明白な序列を出現させたのである[101]。若年者は就職を望み，技能の向上を欲していたので，彼らの間では補助金付雇用が最も人気を集めていた。また全日制教育訓練はそれに次いで人気の高いオプションであった。一方，環境やボランティア部門は危惧されていたようにあまり人気がなかったが，その理由は使用者が望む仕事上の技能をほとんど教えてくれそうもないとみなされていたか

らである。その結果，環境部門は求職者が補助金付雇用に配置されず，全日制教育訓練にも参加できないと判明した後に最後の選択肢として選ぶべきオプションと考えられていたのである[102]。つまり，この選択肢の序列は明らかに就職実績の序列を反映しており，参加者の現実的な考え方をはっきりと投影していた。

そこで，望んでいたオプションを選べず，あるいは望まぬオプションを強制された場合にはどうしても不満が燻ることになったのである。補助金付雇用に配属される可能性が最も高いのは最も就職準備が整っていた者であり，技能や経験の少ない若年者や少数人種出身者がこのオプションに参加できる可能性は極めて少なかったのである。

もちろん，訓練や金銭的支援についても多くの問題があった。訓練は利用機会や内容が限定され，準備も不十分で選択の余地が少なかったが，特にボランティアや環境においてはより深刻であった。また補助金付雇用（使用者が決めた賃金を受給）とボランティア・環境（使用者が決めた賃金か求職者手当プラス週15.38ポンドを受給）への配属者は多くが生活の困難に直面し，低賃金を押しつけられて搾取されていると感じる場合もあった。一方，全日制教育訓練への配属者は追加的な代償を求められることもなく引き続き求職者手当を受給できたので，他のオプション配属者の嫉妬を買うこともあったと言われる。しかも，個人アドバイザーとの関係は NDYP 参加者がいったんオプションに移れば変化し，接触がほとんどなくなったのである[103]。

では，各オプションはどんな内容になっていたのだろうか。まず雇用オプションでは，政府部局（公共部門）は NDYP 参加者の雇用に関して極めて貧弱な役割しか果たしてこなかった。1999年10月までに僅か675人の NDYP 参加者が公務員として雇用されたが，その63%が教育雇用省に入省した。その後，各省庁が職員を NDYP から補充する際に直面する様々な就職阻害要因の解決に取り組んだ結果として，実績がいくぶん改善され，2000年10月には3,840人が公務員に採用されたのである[104]。

とはいえ，公務員全体に占める NDYP 参加者の比率は2000年第2四半期〜第3四半期に1.2%から1.3%に増加したものの，政府の設定した2%の目標値よりもかなり低かった。教育雇用省と公共職業安定庁は NDYP 参加者の雇用に関しては他の省庁を断然凌駕していた。実際，前述の3,840人の採用先はすべて

第3章　イギリスの勤労福祉政策——ニューディール——　　　　177

教育雇用省か公共職業安定庁であったのである。

　また全日制教育訓練（FTET）ではNDYP実施以降，参加者9万人の大部分が継続教育大学で就学した。だが，訓練基準協議会（Training Standards Council）の監査によれば，FTET施設の質は一般に他のオプションの平均よりもかなり劣っていたと言われる。しかも，FTET参加者は約20%がコース修了時に，45%がコース修了後に目標の資格を取得したが，このオプションの離脱者は他のオプションの離脱者よりも就職率が低かったのである[105]。

　FTETオプションは教育や訓練の実施に当たるプロバイダーにとっても多くの問題を含んでいた。柔軟性のない規定は個別的なニーズに対応したプログラムの実施を困難にし，斡旋されてくる者の質にも問題があった。というのも，FTETの参加者は一般に就職準備態勢が不足しており，出席状況も悪く，脱落率もかなり高かったからである。

　さらにボランティア部門や環境特別編成部隊（ETF）から離脱した者は約$\frac{1}{3}$が補助金なしの雇用に就いた。これらのオプションは雇用や全日制教育訓練と比較して参加者の間ではあまり人気がなかった。しかも，参加者の多くがオプションに参加しながら並行して求職活動を続けていたのである。

（3）不利な境遇にある者

　確かにNDYPは若年失業者の就労を支援するうえでは成果を挙げてきたと言ってよい。だが，それは初期の段階において最も就職が容易な者を職に就けることによって達成された成果でもあった。その結果，様々な就職阻害要因を持つ者がNDYP在籍者の中で益々大きな割合を占めるようになった。彼らはホームレス，薬物・アルコール中毒，あるいは精神的障害などの不利な就職阻害要因を抱えた人々であったのである。

　しかしNDYPはこれらの最も不利な境遇にある者をほとんど無視してきた。センターポイント市の1999年の調査によれば，NDYPは実施1年目の1998年にホームレスが参加者全体の$\frac{1}{6}$を占めるはずであったのに，実際にはそれを遥かに下回っていた。というのも，NDYPに参加したのは資格を有するホームレスの僅か1～2割にすぎなかったからである。センターポイント市住民について実施された調査によれば，NDYP参加者は求職者手当受給者の25%，また強制的

な参加対象者である6ヵ月間以上の求職者手当受給者の33%にすぎなかった[106]。

このようにNDYPは援助の最も困難な者がプログラム在籍者の中で益々大きな割合を占めるようになっているという状況に対応することを迫られていた。公共職業安定庁に通知もせずに入口段階で離脱する若年層の43%と25歳以上層の67%は長期失業者であり、再就職の最も困難なグループに属していた。公共職業安定庁はこれらの参加グループにもっと多くの注意を払い、彼らが直面する特別の就職阻害要因を早急に解明し、専門組織に適切な委託を行う必要性に迫られていたのである。

[4] 評　価

(1) 行き先不明者

NDYP離脱後の行き先不明者は個人アドバイザー面接やオプションに参加せず、求職者手当の受給に必要な求職者登録もしていなかった。2000年11月までにNDYPを離脱した47万人のうち約30%が行き先不明であり、その比率はプログラム開始以降着実に増加した。一方、2001年1月に発表された公共職業安定庁の委託調査では、NDYP参加者の56%がプログラム離脱後に就職していたのである[107]。しかも第3-8表からも明らかなように、行き先不明の離脱者が行き先分明な離脱者と比べて就職率が特に低かったというわけでもなかった。つまり、行き先不明が30%に達していても、NDYPが参加者の就職を支援するうえ

第3-8表　NDYP離脱者の補助金なし雇用就労率　　　（単位：%）

離脱段階	行き先不明離脱者	行き先分明離脱者
入口前	67	60
入口	53	62
全オプション	66	70
補助金付雇用	87	90
FTET	46	62
ボランティア部門	45	69
ETF	44	68
徹底遂行	50	39

（資料）　Bilvand, *op. cit.*

で成功していないとは必ずしも言えなかったのである。

　もちろん，行き先不明の離脱者が失業中であるか，あるいは脱落によって離脱したのではないかと懸念する声もある。そこで，2001年初頭のニューディール調査を見ると，失業中にもかかわらず給付を申請しなかったと回答した者が249人存在していた。このうち43%は制裁を被って申請する資格がなく，28%は他の者から援助を受け，16%はその他の理由で申請しなかったのである。また，行き先不明の離脱者は56%が就職のために離脱していたが，そのうちの21%はNDYPに委託された使用者の下で働いていたという。というのも，補助金付雇用オプションでは補助金交付期限が終了すると，使用者は従業員が自分の下で継続的に働いていることを証明する書類作成を行わなくなるので，記録が残らなくなっていたからである[108]。

　とはいえ，就職のために離脱した者の$\frac{1}{3}$は不熟練職種か初歩的職種に従事していた。14%は販売や接客業，13%は熟練小売業，13%は加工・設備・機械操作工職で働いていた。また，就職した者の$\frac{2}{3}$は主観的には終身雇用と思っている職に就いていたという。だが，この終身雇用は実際には長期間継続する職というよりもむしろ期限付きあるいは臨時ではない職を意味するにすぎなかったのである。実際，面接日に同じ職に留まっていたのは僅か41%にすぎなかった。多くの若年者が何度も転職を経験していた。最初に正規の雇用に就いた若年者の25%が別の正規の雇用に替わり，46%が求職者手当受給の失業者，また14%が求職者手当非受給の失業者になっていた。しかしながら正規の雇用に就いた後に再び失業した者のうち70%は再就職することができたと言われる。

　もちろん，少数人種出身の若年者は白人若年者よりも就業率が低かった。インド人男子や西インド諸島出身の女子は比較的就業率が高かったが，西インド諸島出身の男子とパキスタンやバングラデシュ生まれの女子は特に低率であった。また，少数人種出身の行き先不明離脱者は白人の行き先不明離脱者に比べて入口段階で離脱する者の割合が高かったのである[109]。

（2）制　　裁

　NDYPは規律に違反したり不正行為を行った場合には参加者に給付削減の制裁を科した。実際の制裁発動は比較的に限られていたが，増加傾向を示してい

第 3-9 表　NDYP の制裁　　　　　　　　　（1998 年 7-9 月～2000 年 7-9 月，単位：%）

	1998 年		1999 年				2000 年		
	7-9月	10-12月	1-3月	4-6月	7-9月	10-12月	1-3月	4-6月	7-9月
制裁数(件) ①	623	2,695	4,636	5,052	4,542	4,302	5,029	5,157	4,400
オプション在籍者数 (100 人) ②	286	465	486	477	459	429	437	382	346
比率 (①/②)	3	7	11	11	10	12	12	14	13
補助金付雇用	2	3	4	3	3	3	3	6	6
FTET	1	5	9	9	7	8	9	9	8
ボランティア部門	2	6	10	12	12	12	13	14	15
ETF	8	14	21	26	16	26	28	31	27

（資料）　P. Bilvand, "New Deal Sanctions," *Working Brief*, Issue 121, February 2001.

た。例えば，NDYP オプション在籍者の制裁件数は第 3-9 表のように 1998 年第 1 四半期の 623 件から 2000 年第 2 四半期の 5,157 件と 8 倍以上に増加し，制裁率も 3% から 14% に上昇したのである。特に ETF（環境特別編成部隊）の制裁率は他のいずれのオプションよりも常にほぼ 2 倍以上に上っていた。しかも，ETF で科された制裁の 59% は参加の拒絶に対するものであった。これとは対照的に FTET（全日制教育訓練）では，自分勝手なオプション離脱や不正行為が制裁の 58% を占めていた。というのも，ETF は参加者から最後の選択肢として敬遠されていたからである。逆に補助金付雇用では，制裁は僅か 6% にすぎなかった。NDYP が最も就労準備の整った者を就職させることに成功し，在籍者の益々多くが支援の最も困難な者によって占められるようになったので，制裁は現在の基準をそのまま維持する限り増加傾向を辿らざるを得なかった。こうして制裁率は 2002 年第 1 四半期には 15.4%（件数 3,000 以上）にまで達したのである[110]。

　もちろん，制裁の発動は各公共職業安定所区域間で大きな差異が見られた。例えば，制裁率は 2000 年第 3 四半期にロンドンやサウスイーストの 8% と比較してウェストミッドランドでは 18% にも達していたのである。だが，このような地域格差は公共職業安定所が地域ごとに異なる実施方法を採用していた結果でもあったと言われている。

(3) 費用と効果

NDYPは「1人当たり雇用費用」をめぐって評価が分かれていた。雇用相は雇用の1人当たり平均費用が4,000ポンド以下であると議会で答弁していたが，補助金なしの継続的雇用に就くための平均費用は実際には4,000ポンドよりも遥かに高かったのである。例えば，政策研究センター（CPS）の試算では，平均費用は11,333ポンド以上に達し，計算の仕方いかんによっては37,000ポンドにまで跳ね上がった。一方，雇用相の示した費用は総就職数，非継続的雇用，環境特別編成部隊やボランティア部門の参加者などをすべて含んでいた。もしもオプションの参加者を除外すれば，その費用はもっと高くなり，約7,000ポンドに達する（全国経済社会研究所の試算）。また非継続的雇用を就職数から除外すれば，費用は更に上昇する。しかしながら雇用相も示唆しているように，政府の試算ベースに基づき，就業中と見られる行き先不明NDYP離脱者を考慮に入れれば，雇用の1人当たり費用は4,000ポンドよりも低くなるという。ちなみにNDYP実施以前における最も高コストの雇用計画であった雇用訓練プログラムは1人当たり4,617ポンドの費用を要していたと言われる[111]。

とはいえ，NDYPの総費用は2000年3月時点において6.68億ポンドであり，これは予定額の16億ポンドの僅か$\frac{2}{5}$にすぎなかった。その理由はイギリスの力強い経済が対象者となる失業若年者数を著しく減少させたために支出が少なくて済んだからである。なお，総費用は2002年3月時点でも12億ポンドにすぎず，予定額より20億ポンドも少なかった。

しかも，成果として若年層（18～24歳）の失業登録者が1998年3月～2002年3月に10万人以上も減少していた。登録者の減少は特に長期失業者において大きかった。6ヵ月未満の失業者は$\frac{1}{5}$の減少を示したにすぎなかったが，6ヵ月間以上の失業者（NDYPの対象層）では$\frac{3}{4}$以上も減少したからである。雇用者数も若年層で同じ期間に17万人の増加を示していたのである[112]。

もちろん，この成果にNDYPがどれだけ寄与したかを正確に評価することは極めて難しい。しかしながらNDYPは最初の2年間に以下のような成果を挙げたと言われる。即ち，それは①6万人の参加者がNDYPの存在によって早急に職に就け，②若年失業者も2.5～4.5万人減少し，③若年雇用者も8,000～2万人増加した，などの3点であった。

(4) 実績の地域格差

NDYPは全国の142実施単位で実施されたが，会計検査院長（2001-02年）によれば，実施単位間で成果に大きな格差があったと言われる。離脱者の就業率は37～71％の格差があったが，補助金なしの継続的雇用に就いて離脱した者の比率も25～52％のバラつきがあった。もちろん，格差の大きさは地域の若年失業人口や地域労働市場の状況などを考慮に入れれば，もっと縮小するものと思われる。

NDYPは参加者1人当たりの平均費用に基づいて計画され，実施単位に対する基本的資金割当も当該地域の長期若年失業者数と関連していた。そこで，多くの長期若年失業者を抱える実施単位は個人アドバイザー数とオプション運営資金の両面でより多くの割当を受けることができた。ホームレスや中毒などの特別な問題を抱えている人々が多く集中する地域も高い単位当たり費用を反映してより多くの割当を受け取ることができたのである。

一方，支出額は参加者のタイプに応じて大きく異なっていた。受け取る援助が参加者の置かれた特別な環境やニーズによって大きく左右されたからである。これと関連して参加者はプログラムの各構成要素部分を様々な程度に利用し，様々な段階で離脱していたのである。例えば，限定的な就職阻害要因を持つ者は入口段階で個人アドバイザーの支援を受けながら比較的早急に就職できる可能性があった。こうしたケースではNDYPの支出は100ポンドを下回っていた。対照的に大きな就職阻害要因を抱え，あるいは沈滞した労働市場に直面している者は多くの援助を必要としていたので，費用は5,000～6,000ポンドにも達したのである[113]。

なお，NDYPは他の実施モデルを実験するために，10の実施単位で運営を民間業者に委ねていた。民間業者は公共職業安定庁との契約に基づいて若年者の就職を増加させる誘引を与えられ，公共実施機関と同水準の資金を受け取っていたのである。民間業者はプログラムの実施方法を決定する際に大きな柔軟性を示し，公共職業安定庁が活動チームを拡充する際にはそれらの経験から多くの教訓を学んだと言われる。

第6節　他の ND プログラム

[1]　NDLTU（ND25＋）

（1）　運営の実態

NDLTU（ND25＋）は NDYP とは異なって大ブリテン島と北アイルランドではいくつかの根本的な相違点を持っていた。そのために統計類も大ブリテン島に限定している場合が多かった。また NDLTU の予算は第 3–10 表からも明らかなように NDYP とは違って当初予算が後に大幅に減額されるということもなかったのである。これは NDLTU の参加者が NDYP の参加者ほどには順調に就職できなかったという事情を反映していたものと思われる。

NDLTU は 2 年間以上継続して求職者手当を受給した 25 歳以上の者を対象とし，1998 年 6 月から全国的に実施された。また障害や読み書き・計算能力の欠如などのハンディを抱えた者は 12 ヵ月間以上にわたり求職者手当を受給していれば，NDLTU に参加することができた。NDLTU は NDYP と同一の実施単位で運営されたが，実施は公共職業安定庁の主導で行われた。参加者はまず一連の助言面接を受けたが，この段階でも WBLA（成人向け就職重視学習）への斡旋を含む施策全般を利用することができた。加えて参加者は 6 ヵ月間の補助金付雇用斡旋か，引き続き求職者手当を受給しながら全日制学習コース（12 ヵ月間）に参加する教育訓練機会を提供されたのである[114]。

全国 NDLTU の対象となる長期失業者はまず雇用可能性を改善し，求職技能を高め，補助金なしの雇用に就けるように個人アドバイザーとの助言面接段階

第 3–10 表　NDLTU（ND25＋）の支出計画　　　　　　　（単位：100 万ポンド）

予算	1998–99 年	1999–2000 年	2000–01 年	2001–02 年	合計
1998 年 3 月	120	160	90	80	450
1999 年 3 月	30	260	110	120	520
2000 年 3 月	10	110	160	320	600
2000 年 11 月	10	90	170	190	460

（資料）　*Working Brief*, Issue 120, December 2000 / January 2001.

（AIP）に強制的に参加させられた。この段階は個人アドバイザーとの面接を中心に6ヵ月間継続されることになっていた[115]。

しかしながら，この段階で就職できなかった参加者は① 補助金付雇用機会（最長6ヵ月間），② 教育訓練機会（最長12ヵ月間），③ 他の公共職業安定庁施策である成人向け就労重視学習（WBLA）や就労訓練（TW, スコットランドに限定）への移管，求職者手当を受給しながら通常の求職活動に復帰，などの代替プログラムの1つに参加することができた。なお，これら補助金付雇用や教育訓練機会その他の施策を修了あるいは離脱した者は追加面接という形で徹底遂行（Follow-Through）段階を利用することになっていたのである。

さて，NDLTUは1998年6月の全国プログラムの実施に続いて，同年11月からは実験プログラムが公共職業安定庁の手によって実施された。公共職業安定庁は既に成果を挙げていたNDYPからその長所の多くをNDLTUに採り入れようとした。実験プログラムの目的はどの手法が機能し，どの手法が機能しないかを結果に基づいて確認することにあったので，内容が革新的かつ柔軟であり，あえて厳密な組織化も試みられなかった。また，実験プログラムは① 入口期間（13週間，個人アドバイザーとの面談），② 強制集中活動期間（就労体験），③ 雇用を重視した訓練，④ 自営開業援助，⑤ 求職活動援助と監督を受けながらの求職活動，などの施策からなっていた。しかも，就職できた者に対する追跡調査も実施された。さらに就職せずに給付に留まる者（あるいは就職後3ヵ月以内に給付に舞い戻る者）に対しては徹底遂行段階が設けられていたのである。

もちろん，全国及び実験プログラムの両者に共通する最も魅力的な制度は使用者への補助金交付であった。というのも，使用者はNDLTU参加者を週平均30時間以上の仕事に26週間以上雇用すれば週75ポンド，また週平均16～29時間の仕事に26週間以上雇用すれば週50ポンドの補助金を受け取ることができたからである。

だが，この2つのプログラムの間には3つの重要な相違点があった。第1に，実験プログラムは新しい手法や実践を試みるために全国プログラムよりも大きな自主性を与えられていた。第2に，強制集中活動期間は全国プログラムではほとんど重要な役割を果たしていなかった。第3に，プログラムへの参加が認められる前に経過すべき失業期間にも相違があったのである。

第3章 イギリスの勤労福祉政策——ニューディール——

　NDLTU プログラムは 2000〜2001 年に多くの改良が加えられた。主な変更は ① 参加者の求職活動義務の重視と結びついた全国 NDLTU の拡大，② 地理的な目標を設定した施策の実施，などであった。特に全国 NDLTU の拡大は 2000 年 4 月に実施された。この変更によって助言面接段階が強化され，求職活動支援や補助金なし雇用への斡旋が重視されることになったのである。また，この拡大に伴って全国 NDLTU は NDYP の入口段階や NDLTU の実験プログラムが成功裡に運営されるうえで成果を挙げてきたと思われる手法を積極的に導入した。変更後，実施単位はある程度の裁量を与えられたが，重要な意思決定は依然として中央に掌握されていたのである[116]。

　改良プログラム向け予算は実施 1 年目に関しては従来の水準とほとんど変わらなかった。プログラムの基本形は 1998 年 11 月以降に 28 地域で実施されてきた実験プログラムの内容にかなり類似していた。しかしプログラムの細部は基礎的技能ニーズに対する取り組みを重視するように変更された以外には，最も成功した実験プログラムの長所をいくつか選んで採用したものにすぎなかったと言われる。

　NDLTU の参加者は過去に様々な就労経験を持った者が含まれていた。リストラや病気によって長期失業者となる以前には，安定した長期雇用に就いていた人々もいれば，学校卒業後には臨時雇用を別とすれば正規の雇用に就いたことがほとんどない人々も存在していた。また，約 $\frac{1}{3}$ が読み書き能力・基本的計算能力や健康問題などに著しいハンディを抱え，ホームレスへの転落を含む住居の不安定を経験し，あるいは前科者であったり，麻薬やアルコール依存症に罹っていたのである。

　一方，NDLTU に対する参加対象者の態度はプログラムへの参加前においては二分される傾向があった。過去に職歴を持っていたり訓練プログラムに参加したことのある者はやや否定的な態度を示す傾向が強かった。特にプログラムが強制参加であるという点をひどく嫌悪する者が多かった。これは特に年配の比較的安定した職歴を持っていた人々の間で強く，彼らは参加を強制されることに抑えがたい屈辱を感じていた。これとは対照的にプログラムが特に求職活動，技能や自信の向上などの支援を通じてニーズに対応してくれていると感じた者は肯定的な態度を示していたのである。

また，就職阻害要因は年齢，技能や経験の欠如，使用者の態度，職の不足などであり，NDYP の対象者である若年者が経験するものとほとんど変わらなかった。しかし NDLTU の対象者である長期失業者は特に深刻な阻害要因に直面していた。それは彼らの持つ技能が労働市場のニーズにあまり合致していないというミスマッチの問題であった。時代遅れの技能を持つ者や最新の技能を欠く者(タイプライターは使えるがワープロは使えない等)が直面している深刻な問題と言ってよかった。しかも，地方の労働市場ではほとんど需要が存在しないような特殊な技能を持つ者もいたのである。

　全国及び実験 NDLTU プログラムのいずれにおいても，参加者は最初の段階では助言面接期間か入口期間に在籍する。前者は6ヵ月間にわたって続き，全国プログラムの主要な要素となっていた。また後者は約3ヵ月間続くが，援護の種類や内容は各実験プログラムによって異なっていた。しかし，いずれの場合においても個人アドバイザーが参加者とプログラムを繋ぐ主要な接点となっており，参加者の多くもその役割を肯定的に評価していた。もちろん，個人アドバイザーは個人的な資質が特に重要であり，多くの参加者はアドバイザーの有用性や親切さが職業案内センター（Jobcentres）での以前の不快な体験に照らして大きく改善されていると考えていた。実際，アドバイザーは参加者個人に対して親身になって対応していると評価されていたのである。特に自信もなく勤労意欲も低かった参加者ほど親身に接するアドバイザーに対して積極的に反応したと言われる。とはいえ，親切な態度で接するだけでは十分な成果は挙がらなかった。というのも，参加者は自分たちのニーズを的確に把握して対応し，プログラムや労働市場に関する必要な情報を提供できる有能なアドバイザーを望んでいたからである[117]。

　なお，全国プログラムでは，入口期間の在籍者は特別訓練プログラムなどの求職活動付き支援などの施策を利用することができたが，職業指導や基礎的技能訓練を受ける者は少なかった。もちろん，入口期間の終了時にも就職できなかった者は求職者手当の受給者に舞い戻ることが唯一の選択肢であった。一方，実験プログラムでは，集中活動期間が入口期間の後に続いていた。参加者はこの段階で求職活動，職業指導，自己啓発，基礎的技能訓練，職業訓練，職場技能や就労体験などを含む広範な活動に参加することができたのである。

第 3 章　イギリスの勤労福祉政策——ニューディール——　　　　　　　　　　187

(2) 実　　績

① 拡大前 NDLTU（1998 年 7 月～2001 年 3 月）

　NDLTU の累積参加者数は 1998 年 7 月の 1.3 万人から 1999 年 12 月には 21.6 万人に達し，1999 年 12 月末現在 8.6 万人がプログラムに留まっていた。残留在籍者の 82% は助言面接期間に，残りは補助金付雇用（5%），就労訓練（8%），全日制教育訓練（3%）に在籍していた。また NDLTU 離脱者のうち，約 2 万人が補助金なしの雇用に就き，1.6 万人が他の給付を申請し，6.3 万人が求職者手当を申請し，1.5 万人が行き先不明者となっていた（他に 6 千人の行き先の分明な離脱者がいた）[118]。

　NDLTU の累積参加者数は 2001 年 3 月には 35.5 万人に増加した。このうち男子の比率は 1998 年 9 月～2001 年 3 月に 84% から 78% へと低下している。NDLTU の離脱率（離脱者数÷参加者数）は当初，女子が男子を若干上回っていたが，2001 年 3 月までの累積数でも逆転している。新規参加者数は 1999 年 10 月に，また離脱者数も 2000 年 3 月にそれぞれピークに達していた。年齢別の参加者数は 50 歳以上層が全体の約 3 割を占めて最も多かった。新規の参加者は男子が全体の 8 割強を占め，障害者は 2 割，少数人種も 1 割を占めるにすぎなかったのである[119]。

　さて，1998 年 12 月末の NDLTU 在籍者はその 92% が助言面接段階に留まっており，残りは補助金付雇用，教育訓練機会，WBLA などのニューディール特別施策に在籍していた。また助言面接段階を離脱した者の行き先は 27% が就職（内訳は補助金なし $\frac{2}{3}$，補助金付 $\frac{1}{3}$），7% が教育訓練機会，13% が WBLA，14% が通常の求職活動，39% がその他などとなっていた。男子は補助金付雇用に就くために離脱する率が女子よりも高かったが，補助金なしの雇用では女子とほとんど変わらなかった。男子は別の給付に移るために離脱する比率も女子より高くなる傾向を示していたのである。

　拡大前の NDLTU の残存在籍者は 2001 年 12 月末時点では 58% が助言面接段階に留まり，残りは補助金付雇用や教育訓練機会などのニューディール特別施策に在籍していた。障害者や少数人種はニューディール特別施策に移るか WBLA に在籍し，中高年者は助言面接段階に留まる傾向がより顕著になった。

　また，助言面接段階の離脱者（2001 年 12 月末までの累積 34.7 万人）の直近の

行き先は 17% が就職(内訳は補助金なし 73%, 補助金付 27%), 2% が教育訓練機会, 7% が WBLA, 49% が通常の求職活動, 23% がその他などとなっていた。1998 年 12 月末時点と同様に, 男子は女子よりも補助金付雇用のために離脱する者の比率が高かったが, 補助金なしの雇用においてはほとんど差がなかった。障害者や少数人種は助言面接段階を離脱した後に通常の求職活動パターンに戻る割合が低かった。特に障害者は他の給付に移る割合が 16% で, 全体平均の 11% よりも高くなっている。離脱者の就職先は補助金なし雇用ではその $\frac{3}{4}$ 以上が継続的な雇用となっていた。なお, 継続的な雇用に就いた者は男子が全体の 84 %, 少数人種出身者が 9% を占めていたのである[120]。

② 拡大後の NDLTU (2001 年 4 月～)

2001 年 12 月末現在の拡大後における NDLTU の在籍者は男子が 81% を占め, 年齢構成も 2001 年 4 月以前の NDLTU とほとんど変わらずに 25～29 歳層が全体の 14% を占めていた。しかし 50 歳以上の中高年層は 24% とやや減少していた。少数人種が占める割合 (12%) も 2001 年 4 月以前とほとんど変わらなかったが, 障害者の占める割合 (25%) はやや高くなっている。また 2001 年 4 月～2001 年 12 月末現在における拡大後の NDLTU の累積在籍者は 5.3 万人に達したが, そのうち約 4 万人が既に離脱していたのである。

次に参加資格別の内訳を見ると, 82% が 18 ヵ月間の失業期間(拡大後対象者の失業期間は 18 ヵ月間に短縮)を超えるか超えないかの時期に招請された面接で勧誘されている。早期参加基準に基づいて NDLTU に参加した失業者は拡大前よりもやや増加して 10% に達していた[121]。そこで, NDLTU の各段階における在籍者内訳を見ると, 第 3-11 表のように 2001 年 12 月末には 76% が入口段階に在籍し, 4% が補助金付雇用に従事し, 15% が IAP (集中活動期間)へ進み, 5% が徹底遂行段階に在籍していた。また, 2001 年 12 月末までに入口段階を修了した者はその 68% が NDLTU から離脱し, そのうちの 40% が就職していた (行き先不明離脱者の一部も就職)。しかし NDLTU 離脱者の就職率は性別や人種別の違いでほとんど差が見られなかったという。

そこで, IAP (集中活動期間)の内容を見ると, 最も人気のある活動は長期職業訓練 (LOT) や短期雇用重視訓練 (SJFT) などを含む IAP 訓練であった。IAP 在籍者の $\frac{1}{4}$ 以上が就労体験斡旋を受諾し, $\frac{1}{5}$ が基礎的雇用訓練 (BET) に従

第 3 章　イギリスの勤労福祉政策——ニューディール——　　　　　　　189

第 3-11 表　拡大後 NDLTU 在籍者の地位　　　　　（2001 年, 単位：%）

段階	10 月末	11 月末	12 月末
入口	81	79	76
補助金付雇用	4	4	4
徹底遂行	2	3	5
集中活動（IAP）	13	13	15
訓練	5	5	5
就労体験配属	4	4	4
BET / BS	3	3	4
自営	0.9	1.2	1.5
ETO	0.5	0.6	0.8
その他	0.3	0.2	0.2

（資料）　DWP, *Press Release*, December 2001, p. 14; 31 January 2002, p. 15; 28 February 2002, p. 14.

事していた。また 2001 年 12 月末までに NDLTU を離脱した者の行き先別内訳を見ると，33% が離脱直後に補助金なしの雇用に就き，23% が別の給付に移り，10% が別の分明な行き先に離脱し，19% が行き先不明者となっていた。しかしながら残りの 16% は求職者手当受給者に舞い戻っていたのである。

　さらに離脱のタイミングを見ると，2001 年 12 月末までの累積離脱者約 4 万人のうち，82% が少なくとも 1 回の面接を受けた後に入口段階で離脱し，8% は面接を受ける前に離脱していた。残りはオプション（8%）か徹底遂行段階から直接に離脱している。なお，各段階からの離脱率は拡大後のプログラムが発展し，多くの参加者が IAP に加わるようになった時に変化を見せるものと予想されている。

　2001 年 12 月末現在，拡大後の NDLTU 離脱者の 48% がプログラムを通じて就職したが，そのうちの 81% は継続的な雇用であった。就職者の 80% は男子であったが，少数人種も 10% を占めていた。また 2003 年 8 月までに 11.3 万人が就職によって求職者手当の受給を停止している。これは 2003 年 7 月時点における求職者手当受給者の 12% に相当していた。しかし求職者手当の停止率はラトランドの 24.6% からストラベイン（北アイルランド）の 3.8% まで地方自治体間

第 3–12 表　拡大後 NDLTU（ND25 +），2001 年 4 月以降

開始時～2003 年 6 月	265,400 人	
男子	219,900	83%
障害者	73,400	28
少数人種	34,700	13
50 歳以上	63,100	24
離脱先	203,900 人	
補助金なし雇用	51,400	19%
他の給付	35,700	13
他の行き先分明	20,100	8
行き先不明	37,300	14
求職手当に復帰	59,300	22
在籍者	61,400 人	
入口	38,700	63%
補助金付雇用	1,600	3
集中活動期間	12,300	20
BET / BS	2,700	22
自営開業	1,900	15
教育訓練機会	800	6
就労体験斡旋	3,800	30
IAP 訓練	3,200	26
その他	100	0
徹底遂行	8,800	14

（資料）　*Working Brief*, Issue 148, p. 24. 100 人未満は四捨五入してある。

の格差がかなり大きかったのである[122]。

　次に第 3-12 表を見ると，2001 年 4 月～2003 年 6 月の NDLTU 参加者 26.5 万人のうち，23% が継続的な雇用に就き，就職率（非継続的な雇用も含む）は 29% に達していた。自営開業者も含めれば，就職率は 30% 以上に上っている。また 2003 年 6 月末に集中活動期間（IAP）に 1.2 万人が在籍していたが，このうちの 22% が基礎的雇用可能性（Basic Employability）や基礎的技能訓練（Basic Skills），26% が短期就労重視訓練（Shoter Job Focused Trainning）や長期職業訓練（Longer Occupational Trainning），6% が教育訓練機会に従事していたのである。これらの在籍者は合計すれば，IAP 在籍者の 54% を占めていた。さら

第 3 章　イギリスの勤労福祉政策――ニューディール――　　191

に参加者の 19%（離脱者の 25%）は補助金なしの継続的な雇用に就き，13% は生活保護や障害給付などの他の給付に移り，18% は行き先不明で離脱し，22% は求職者手当に舞い戻り，14% は理由不明の離脱者となっていたのである。

　もちろん，就職率はオプションの間でかなりの差があった。補助金付雇用オプションの就職率は離脱者の 11% を占めるにすぎず，最低の水準のように見えるが，補助金終了後も同じ雇用先に留まる者が行き先不明の離脱者として計算されている場合もあるので，留意する必要があった。確実なことは 41% が給付に舞い戻るという点であった。また自営開業支援は就職率が最も高く 22% に達していたが，給付に舞い戻る率も 36% に上っていた。さらに就職率は IAP 訓練及び就労体験斡旋が 17%，教育・訓練機会が 15%，その他の IAP が 14%，基礎的雇用可能性・基礎的技能訓練が 13% などとなっており，訓練・就労体験の参加者が最も高かった。なお，NDLTU の参加者は個人アドバイザーと合意したプランに従ってオプションの間を移動していたのである。

(3)　評　　価
①　サンプル調査

　1999 年 8〜12 月に面接が NDLTU の参加者 2,186 人を調査対象として実施された。調査は NDED（ニューディール評価データベース）が 1998 年 12 月〜1999 年 3 月に 2 年間以上にわたって失業していた 25 歳以上層全員を対象にして無作為に抽出したサンプルについて実施したものである。なお，面接の出席者 2,186 人のうち，650 人が実験プログラム，1,536 人が全国プログラムから選ばれていた[123]。

　サンプル調査によれば，入口段階に参加し，助言面接段階を経た者の大部分は個人アドバイザーが提供する援助にある程度まで満足していたが，満足度は調査面接の時点における労働市場や NDLTU での地位によって大きく左右されていたという。例えば，面接時点で就職していた者はアドバイザーの援助に満足していたが，求職者手当の受給者はあまり満足していなかったのである。面接時点で入口段階あるいは助言面接段階に在籍していた者，また各段階に長期間在籍していた者はアドバイザーの援助に対する満足度が最も低かったと言われる。

　アドバイザーが参加者と面接する過程で，多くの就職阻害要因が明らかにされ

た。その中で最も一般的な要因は地域における職の不足，年齢，個人的通勤手段の欠如，不健康や資格の欠如などであった。また阻害要因が明らかになった結果として，参加者の約$\frac{1}{4}$がそれを克服するうえで必要な援助を受けられたと報告している。しかし阻害要因が明らかになった後に援護を受けられる可能性は実験プログラムと全国プログラムとの間でほとんど相違がなかったという。

　もちろん，NDLTUに対する参加者の評価はその時点におけるNDLTUや労働市場での地位によって大きく左右された。調査面接の時点で正規の雇用に就いていた者はNDLTUの在籍期間を非常に有益な経験であったと考えていたが，長期的疾病や障害を抱えていた者はあまり有益だとは思っていなかった。NDLTUでの地位に関しても，IAP（集中活動期間）や継続施策を通じて教育や訓練を受けた者はプログラムを肯定的に評価していたが，入口段階や助言面接段階に留まっていた者はあまり満足していなかったのである。

② 全国及び実験プログラムの評価

　政策研究所とイギリス市場調査局は公共職業安定庁の委託を受けて実験プログラムと全国プログラムを比較し，NDLTUが参加者の就職可能性に及ぼした影響について評価を行った。なお，2,186人のNDLTU参加者が調査対象となっていた。まず全国プログラムの参加者は第2段階で使用者補助金を利用する機会を与えられることになっていたので，調査も2つの段階に分けて行われた。もちろん，補助金付雇用期間は26週間後に終焉し，使用者は金銭的誘引（補助金）を失うことになっていた。にもかかわらず，評価結果は第1段階と第2段階の間でごく僅かな相違が見られたにすぎなかったのである[124]。

　実験プログラムは概して雇用の増加と雇用可能性の改善に関して全国プログラムよりも高い成果を挙げていると評価されていた。例えば，実験プログラムの参加者は全国プログラムの参加者と比較して求職者手当から離脱して就職する可能性が1.73倍も高かった。実験プログラムの就職率上昇効果は集中活動段階よりも入口段階から離脱して就職する参加者の間で高かった。しかも実験プログラムは全国プログラムよりも不利な境遇にある人々の雇用可能性を高めるうえでも効果的であったと言われる。長期間失業している者，重要な基礎的技能の不足を抱える者，50歳以上の年配者や少数人種出身者は全国プログラムに参加した同様の境遇や特徴を持つ者と比べて，実験プログラムに参加することによって就

職機会を高めることができたのである。

　もちろん，参加者は地域の求人不足，年齢，通勤手段の欠如，不健康，資格の欠如などの就職阻害要因を抱えていた。しかも個人アドバイザーがそうした阻害要因の存在を確認した場合でも，参加者がそれを克服するために援助を受けられるケースは全体の25%にすぎなかったのである。この比率は実験プログラムと全国プログラムの間でほとんど違いがなかったと言われる。

　ところで，実験プログラムはその柔軟性と地域の実状に対する深い理解によって雇用可能性の改善に大きな成果を挙げてきた。それゆえ，拡大された全国プログラムが果たしてこうした柔軟性を本当に取り入れられるだろうかと疑問視する声も上がっている。しかし雇用地区（EZ）や雇用活動チーム（ATJ）は長期失業者に対処する大きな自主性を与えられ，地域の労働市場状況に十分対応できているという点では，NDLTUの実験プログラムに類似した利点を共有していた。こうした事情も踏まえて，政府は『青書』で柔軟性と集中的な個別重視の支援を強調するようになったのである。

　またNDLTUの参加者は自営開業の助言を受けている時，教育や訓練に従事している時，及び職に就いている時などにおいては個人アドバイザーから受けた援助に対してほぼ満足を感じていた。逆に失業中の者はプログラムに不満を抱いていたと言われる。とはいえ，NDLTUプログラム全体の有用性に関する評価は実験プログラムと全国プログラムの間にほとんど相違が見られなかったのである。

　さらにNDLTUのプログラムを通じて就いた職の質は実験及び全国プログラムの両方でかなり高かったという。例えば公共職業安定庁の委託調査によれば，参加者の大部分が雇用に満足しており，自分たちが望んでいたような仕事に就けたと回答している。就職した者の約3割がNDLTUで何らかの訓練を受けていた。確かに就職した者の賃金は特に高くはなかったが，同様の職歴や境遇を持った者と比べて必ずしも低いとは言えなかった。しかもNDLTUを通じて就職した者の多くはNDYPのそれと比べて3ヵ月後もその職に留まっている確率が高かったのである。

　なお，実験プログラムの主要目的は18ヵ月間の失業後にプログラムに参加することが24ヵ月間後に参加する場合よりも就職にとって効果的であるか否かを

実験することにあった。実験の結果はプログラムへの参加が18ヵ月間の失業後に行われた地域において最も成功していることを実証していた。これを受けて，拡大NDLTUは2001年4月に ①18ヵ月間の失業後に参加，②13～24週間の強制集中活動期間，③深刻な就職阻害要因を抱えている者に対する基礎的雇用訓練，④重点的で柔軟な集中支援パッケージ，⑤賃金補助金の利用，⑥就職できない者に対する徹底遂行段階，などの制度を導入したのである。

［2］ NDLP

（1） 運営の実態

NDLPは生活保護を受給している独身の親が有給雇用に就けるように支援することを目的としていた。特にNDLPは独身の親に対する雇用や給付に関する支援や情報を提供し，その就職阻害要因に対処しようとした。独身の親の就職を支援する主要な方法は個別的に工夫された就労機会，訓練，給付，保育などに関する情報や支援のパッケージを提供する個人アドバイザー制度を設置することであった。また独身の親とアドバイザーは協力して職に就くための活動計画を作成することになった。参加者は助言面接に召喚され，職が見つかった後もアドバイザーの支援を引き続き受けることができたのである[125]。

各NDLP地区で生活保護を受給している独身の親全員がプログラムへの参加資格を有していたが，対象者は生活保護を受給し，最年少児の年齢が5歳以上に達した独身の親であった。まず対象者は個人アドバイザー面接への出席を勧誘するNDLPからの招請状を送り付けられることになっていた。独身の親の中にはボランティア団体，支援グループ，社会事業などの他の機関からNDLPアドバイザーに斡旋された者や自発的に参加した者もいた。しかしながら独身の親が面接に出席せず，あるいはプログラムを止めても，制裁は科されなかった。もちろん，5歳以下の子供を抱える独身の親は対象者とはされなかったが，本人が自ら望めば参加することができた。NDLPの第1段階の実験は全国8ヵ所で1997年7月と8月に開始され，15ヵ月間続けられた。8つのNDLP地区にはプログラム開始時に生活保護を受給していた約6万人の独身の親がいたが，このうち対象該当者は約$\frac{1}{2}$強であったのである。

1998年4月にはNDLPの第2段階が全国で実施され，公共職業安定庁によっ

第3章　イギリスの勤労福祉政策──ニューディール──　　　　　　　　195

て運営されることになった。同時に生活保護を新規及び再申請する独身の親全員がプログラムの参加対象者とされるに至った。また 1998 年 10 月には全面的な全国導入である第 3 段階が開始され，参加資格は生活保護を受給する独身の親全員にまで拡大されたのである。第 1 段階と同様に，学齢期以上の子供を抱える独身の親が対象者であったが，幼児を抱える独身の親も希望すればプログラムに参加できるようになった。

　1998 年 10 月の全国導入以降，NDLP は就職重視訓練の支援拡大，個人アドバイザーの指導改善，必要な場合には独身の親が訓練を受けるのに必要な研修授業料，保育費及び交通費の支給，など制度の充実化を図ったのである。また NDLP は監査や評価を意識して多くの重要な追加的な実験を試みた。例えば，1999 年後半に 10 の革新的な実験が全国的に導入され，約 12 ヵ月間実施された。その主要な目的は NDLP の参加者を増加させ，独身の親の就職可能性を改善することにあった。さらに就職訓練補助金（In-Work Trainning Grants）の交付が 2000 年初頭から 12 ヵ月間，特定公共職業安定所地区で試みられた。これによって独身の親を雇う使用者は認定訓練費用として最高 750 ポンドの補助金を請求することができるようになったのである[126]。

　2000 年 2 月までに独身の親 13.3 万人が NDLP に参加した。女子がこのうちの 95％ と圧倒的な割合を占めていたが，軽度障害者（4％）や非白人少数人種出身者（7％）も少数ながらも参加していた。しかしながら対象者（学齢期児童を抱える女性）は参加者全体の 54％ にすぎず，面接に召喚される前に志願した早期の参加者が 37％ にも達していた。これは対象外の独身の親が NDLP に多数参加していたからであり，早期の参加者は遅れて参加する者よりも職に就ける確率が高かったのである[127]。

　とはいえ，NDLP への参加は多くの独身の親にとって単に 1〜2 回の面接出席以上のことを意味してはいなかったと言われる。もちろん，それは多くの就労経験と教育や技能を持ち，中・長期的には職に復帰するという意思を抱いていた独身の親にとっては十分な接触回数であったかも知れないが，独身の親の中には職に復帰するためにより集中的な支援を必要としている者もいたのである。

(2) 実　　績

　2000年2月現在，約7万人がNDLPに在籍していたが，そのうちの64%が個人アドバイザーと面談し，11%が教育・訓練に従事し，25%が就職しながら引き続き個人アドバイザーから支援を受けていた。初回面接後の離脱者は39%が就職のために，43%が生活保護に留まるために，6%が参加を拒絶したために，5%が行き先不明のままに，それぞれNDLPを離脱していた。また，女子は男子に比べて就職のために離脱する割合が高かった（40%対35%）。さらに，少数人種の独身の親は就職して離脱する割合が27%とかなり低かったのである。

　しかしながら独身の親の多くは就職した後もNDLPの支援を受け続けていた。例えば，2000年2月に独身の親4万人（参加者の34%）が職に就いていたが，このうち1,380人は就労時間を増加させ，3.4万人は新たに就職したのである。しかも職に就いた者の44%は依然として個人アドバイザーから就労（in-work）支援を受けていた。これは独身の親がより多くの援助を必要としており，NDLPのアドバイザーが他のプログラムのそれよりも多くの援助を提供する意欲と能力を持っていたからであると言われている。

　さて，2001年5月以降，面談が生活保護を新規及び再度受給する際の新たな要件とされたので，61万人の独身の親が個人アドバイザーとの面談に臨むに至った。このうち30万人は新規及び再申請を望む者，22万人は既存の受給者，9万人は再審査面談（最初の面談の6～12ヵ月後）の出席者であった。なお，9,760人が面談を延期し，6,070人が面談を免除されている。しかし，その一方では44万人が個人アドバイザー面談を予約したが，面談には出席しなかった。実際，面談の出席率は新規及び再受給申請者では73%に達したが，既存受給者では35%，再審査対象者でも38%にすぎなかったのである。

　しかも，個人アドバイザー面談は独身の親をNDLPに参加させる手段としては次第に効力を失いつつあった。例えば，面談が初めて導入された時には，40%以上が初回のNDLP面接への出席に同意していた。しかし2003年9月には個人アドバイザー面談に出席した新規及び再受給申請者の僅か19%のみが初回のNDLP面接への出席を受諾したにすぎなかったのである。

　さて，2003年9月末までに22.9万人の独身の親がNDLPを通じて職に就いた。彼らは第3-13表のように一人で2つ以上の職に就いた者もいたので，25.4

第3章　イギリスの勤労福祉政策——ニューディール——

第3-13表　NDLP（1998年10月〜2003年9月）

初回面接参加者数	647,800人
NDLPへの参加受諾者	540,600人
就職数	254,200人
参加受諾者に占める就職率	47%
NDLPの支援による就職率	9%

（資料）　*Working Brief*, Issue 151, p. 21.

第3-14表　NDLP, 就職率（1998年10月〜2003年9月）

初回面接に対する就職率	
全体	39%
個人アドバイザーとの面談	28
男子	33
女子	40
障害者	34
少数人種グループ	29
50歳以上	33
2歳以下の幼児	41
3〜5歳児	40
13〜15歳児	38

（資料）　*Working Brief*, Issue 151, p. 21.

万の職に就いた。ちなみに，この22.9万人は初回面接に出席した者の35%，NDLP参加受諾者の40%，プログラム離脱者の52%に相当していた（参加を撤回・拒絶した者も含む）。また2003年9月末までに54.1万人の独身の親がNDLPに参加したが，これは初回面接の参加者64.8万人の83%にも達していた。しかし参加受諾者に占める就職率は47%にも上っていたが，NDLPの支援による就職率は僅か9%にすぎなかった。特に少数人種グループは第3-14表のように就職率がかなり低かったのである。

独身の親は2002年秋には52.3%が有給雇用に就いており，1997年の44%と比べてかなりの増加を示している[128]。しかし生活保護に依存する独身の親も2003年2月には83.7万人にも達していた。彼らが週最低16時間の職に就こうとしない理由は適切な保育施設を利用できず，就業すれば経済的に一層苦しくな

るという懸念があったからだと言われる。就職した独身の親も同様の問題を抱えており，就職阻害要因は就職した後においても未解決のまま残されていたのである。

　生活保護を受給していた独身の親はその約10％がNDLPに参加した。NDLPは独身の親には比較的好評で，職を見つける機会を高めるうえでかなり効果的であったと言われる。例えば，9ヵ月後に生活保護給付から離脱する者の割合はNDLP非参加者の22％に対して参加者では50％にも達していた。しかしながら，これを生活保護に依存する独身の親全体に対する比率で見ると，その1～2％がこのプログラムの支援によって給付依存から離脱していたにすぎなかったのである。しかも，NDLPは生活保護から離脱した後に就く職種の内容にはほとんど影響を及ぼさなかったので，独身の親は離職率が高く，昇進や職場内訓練の機会がほとんどないような低賃金・不熟練職に就かざるを得なかった。実際，NDLPを通じて教育訓練支援を受けた者は全体の僅か6～7％にすぎなかったのである[129]。

　なお，2003年4月6日に児童税額控除（CTC）とWFTCが実施された。この新政策によって児童貧困率は1998～2003年度に36％から27％まで9ポイントも低下した。この制度が全面的に実施されれば，570万人がCTCを受けられることになると推定されている。とはいえ，この制度の導入後においても独身の親が就職から得られる所得はごく僅かなものであった。例えば，全国最低賃金で週16時間のパートタイム雇用で働く独身の親は34.03ポンドしか手にすることができなかったのである。

（3）評　　価

　NDLPは独身の親の就職に大きな影響を及ぼし，プログラム参加者は非参加者の19％と比較して43％が職に就けたのである。この24％の格差はNDLPへの参加の有無が作り出したものであると見てよい。もちろん，NDLPは独身の親が生活保護から離脱する比率も高めている。NDLP参加者は雇用継続の面でも非参加者と比べて劣らなかった。例えば，就職後6ヵ月以内の離職率は非参加者の14％と比べて参加者では12％にすぎなかった。とはいえ，NDLPは訓練参加や就職阻害要因に対してほとんど有効な対応を行わなかったのである。とい

第3章　イギリスの勤労福祉政策――ニューディール――　　　　　　　　　199

うのも，NDLPは勤労最優先プログラムであり，独身の親が就職阻害要因を克服できるように援助することまでは真剣に考えていなかったように思われるからである[130]。

　NDLP実験地区の独身の親のうち，23%（初回面接の参加者2%，面接への参加継続者及び他のサービス利用者21%）がNDLPプログラムに参加した。これはNDLP対象外とされる者も含めて招請状の送付を待たずに自ら名乗り出た者も含んでいた。その大部分は就職や訓練活動に興味を抱いており，どんな援助を得られるのか詳しく知りたい等の積極的な理由から参加していたのである。プログラム参加者の約$\frac{1}{4}$は面接に出席しなければ給付を失うかも知れないと危惧し，また半分は選択の余地もなく参加が強制されているものと思い込んでいた。しかも，実験的NDLPは個人アドバイザーの役割を重視していたので，大部分の独身の親は個人アドバイザーをニューディールそのものと考えていたと言われる。

　ところで，全国プログラムに対する最初の評価（9地域を対象として300以上の面接に基づく）はNDLP実験プロジェクトの成果を肯定するものであった。参加者は一般にプログラムに関して，また特に個人アドバイザーとの接触に関して肯定的な見方をしていた。もちろん，参加者の$\frac{2}{3}$は既に求職活動を行っており，約半分が特定の雇用を考慮中であった。この調査面接時に，約12%がNDLPとの接触後3～5ヵ月間にプログラム参加の結果として職を見つけられたと回答していた。しかし全国プログラムは実験プログラムと同様に，最も就職が容易な者を最も効率的に援助したにすぎず，個人アドバイザーの役割も依然として参加者の反応を左右する要素として重要であったのである。

　もちろん，少数人種は特別に深刻な問題を抱えていた。そこで，イギリス3地域（ミッドランド，ロンドン，北部）の5つの少数人種グループ（カリブ地域系黒人，アフリカ系黒人，インド人，バングラデシュ人，パキスタン人）の独身の親に対する61回の徹底的な面接に基づく調査結果を以下で紹介しておこう。調査によれば，黒人やアジア系の独身の親は保母よりも保育園施設を好んでいた。保育園はより刺激的な環境とより教育的な内容を与えてくれると考えられていたからである。またアジア系の独身の親は家族の一員が子供の世話をすることを好んでいたのである。

英語を話せない独身の親は NDLP プログラムによって提供されるサービスや児童保護局 (Child Support Agency) から受け取る連絡を十分には理解できていなかった。最近イギリスに居住するようになった者も福祉国家や提供される関連サービスについて理解が不十分であった。また結婚時に仕事を辞めたアジア系の独身の親は再び職に就くことを文化的慣習から受諾できないと考えていた。特にパキスタンやバングラデシュ出身の母親はたとえ父親が不在となっても，文化的慣習から働くことを受諾できないと思っていた。しかし独身の親は一般に人種差別をほとんど経験しておらず，使用者が人種差別をしているとも感じていなかったが，独身の親であることは就職の可能性に悪影響を与えていると考えていた。英語を話せない者や限られた英語能力しか持っていない独身の親は NDLP プログラムをまったくあるいは十分には知らなかった。しかも，独身の親は書面連絡をほとんど理解できず，プログラムの内容に混乱させられていた。これは英語を話せない者が初回の NDLP 面接に参加しなかった主な理由にもなっていたのである。

家族や友人や年長の子供からの支援は特にアジア系の独身の親が初回の NDLP 面接に出席し，その後に NDLP に参加するかどうかを決める際に重要な影響を及ぼしていた。もしも家族が反対すれば，彼らは最初の招請状を受諾しないと決心することになるのである。

もちろん，独身の親は個人アドバイザーが彼らのニーズに対して理解や共感を示してくれていると感じていた。しかし児童保護局の役割を理解している者はほとんどいなかった。彼らは児童保護局との交渉が生活保護申請の要件であることすら知らなかったのである。これは特に英語能力が全然あるいは僅かしかない者やイギリスに来て間もない者にも妥当する深刻な問題であった。

2003 年 6 月までに 49.8 万人の独身の親が個人アドバイザーとの面談に出席した。この面談は 2001 年 5 月に生活保護の新規及び再申請の要件として義務づけられたものであった[131]。このうち 25.3 万人が新規及び再受給を申請した。また 18.1 万人が既存受給者対象の面接に出席し，6.3 万人が再審査面談（初回面談後 6〜12 ヵ月後）に臨んだのである。なお，864 人が面談を延期し，153 人が面談を免除されている。さらに 9.6 万人は個人アドバイザー面談を予約したが，2003 年 6 月現在，未だ面談に出席していなかった。その大部分は最近に予約した人々を

第3章　イギリスの勤労福祉政策——ニューディール——　　201

対象とした面談であったと言われる。しかし，もしも面談を欠席し，あるいは免除や延期を要請すれば，受給申請は認められなかったのである。

[3] NDDP

(1) 運営の実態

　NDDPは任意のプログラムであり，障害に基づく給付の受給者（障害者給付，障害に基づく生活保護や重度障害者手当を含む）が必要とするニーズに対処することを目的としていた。NDDPは障害者給付を28週以上にわたって受給した障害者を対象としていたが，参加者のプログラム修了率はNDPU（後にNDPと改称）と並んで極めて低かった。NDDP実施後の15ヵ月間に1万人以上が初回の個人アドバイザー面接に出席し，6,600人が個別活動計画の作成に応じた。また約3,000人が革新的なプログラムへの参加を受諾し，約2,000人（面接出席者の$\frac{1}{5}$）が職に就いている。

　ところで，NDDPプログラムに対する参加者の反応は様々であった。例えば，NDDPから招請状を受け取った者の多くは面接に出席せず，僅か3％のみが面接斡旋を受諾したにすぎなかった。しかし，その一方でNDDP参加者の約半分は自発的に志願したり別の機関から差し向けられた人々によって占められており，プログラムに対して比較的好意的な態度を示していたのである。

　これは参加者と不参加者の性格が大きく異なっていたからである。参加者の多くは有給雇用に就くことを真剣に望んでいた。例えば，参加者は半分以上が直ぐにでも就職したいと回答したが，不参加者は$\frac{1}{6}$が就職を希望していたにすぎなかった。しかも，不参加者の半分は主に体調不良や病気などのために絶対に働きたくないと回答していたのである。このようにNDDPの参加者は不参加者よりも高い就労意欲を抱いており，就職に際して有利な立場を占め得るような積極的な性格を持っていたと言ってよい。即ち，彼らは若く，高い資格を持ち，働いているパートナーを持っている可能性も高く，健康問題も短期的なものにすぎず，失業も短期間で，過去に就労経験を持っていることが多かったのである。不参加者はその約$\frac{1}{3}$が精神的な健康状態に大きな問題を抱えていると回答しており，同じく$\frac{1}{3}$が5年以上にわたって失業していたのである[132]。

　こうしてNDDPの参加者は大部分が相応しい雇用を見つけられたと感じて

いたが，同時に多くの就職阻害要因を抱えていたことも認めていた。回答された最も一般的な阻害要因は障害，病気，相応しい雇用の欠如，自信の欠如，年齢及び使用者の態度などであったのである。

(2) 実績と評価

NDDPの参加者が個人アドバイザーからのサービスを受諾した割合は1999年8月末までに招請状を受け取った人数の約3%にすぎなかった。とはいえ，ほぼ同じ割合の者が他のルートを通じて自ら志願して参加していた。参加者は半分以上が個人アドバイザーとの面談後に求職活動を積極的に行い，16%が職に就いた。しかし個人アドバイザーのサービスは障害者や使用者の間ではまだ十分に認知されてはおらず，他のニューディール・プログラムとの連携も必ずしもうまく機能してはいなかったと言われる。

1998年末に革新的な計画プロジェクトが実践モデルを実験するために導入され，1999年半ばまでにその基礎が固められた。しかしながら個人アドバイザーのサービス実験は参加者を集めることに大変な苦労を続けていた。もちろん，いったんプログラムに参加すれば，その脱落率は比較的に低く，活動もおおむね歓迎されていたのである[133]。

そこで，2001年7月～2002年3月までの累積実績を見ると，12,461人がNDDPの就職斡旋業者（Job Broker）に登録したが，実際に就職の援助を受けた人数は登録者数の18%に当たる2,301人にすぎなかった。しかも，NDDPの援助を直接的に受けて継続的な雇用（39週間のうち最低26週間有給雇用に在職）に就いた人数は僅かに245人であった。なお，就職斡旋業者は実際に登録した顧客（参加者）数と就職を斡旋した顧客数に基づいて報酬を支払われることになっていたのである[134]。

また，2001年7月～2002年9月の期間には6,000人以上の障害者がNDDPの就職斡旋業者から紹介を受けて就職した。この期間には27,850人の障害者が就職斡旋業者に登録していたので，その就職率は22%に相当し，2001年7月～2002年3月期よりも4%ほど高くなっている。しかしNDDPの継続的な雇用統計は雇用地区（EZ）や他のニューディール・プログラムと比べてかなり厄介な定義を使っていた。即ち，継続的な雇用への就労に分類されるためには，顧客

（参加者）が 39 週間のうち最低 26 週間有給雇用に在職していなければならなかったからである。ちなみに他の脱福祉就労プログラムにおいては，13 週間の勤続が継続的な雇用の定義となっていた。従って，NDDP プログラムが開始されてから就職した 6,099 人のうち，継続的な雇用の定義に合致していたのは僅か 23% の 1,400 人にすぎなかったのである[135]。

[4] NDP（NDPU）

(1) 運営の実態

NDP（パートナー向け ND）は 6 ヵ月間以上にわたって求職者手当を受給した失業者のパートナーを対象とした任意のプログラムであった。1999 年 4 月の NDP 実施は公共職業安定庁（現在の職業案内センター・プラス）にとっても大きな前進であったと言われる。というのも，公共職業安定庁が従来，完全に無視してきた公的給付受給者のパートナーをターゲットに据えたからである。

特に近年は失業世帯が顕著に増加しており，その縮小が政府の脱福祉就労政策における重要な目標の 1 つとされてきた。しかも，貧困児童の多くが働き手のまったくいない家庭で暮らしていたので，20 年以内に児童の貧困をなくすという政府公約もこの失業世帯対策と深く関連していた。そこで，NDP は失業世帯と貧困児童という 2 つの問題に対する取り組みとして大きな意義を持っていたのである。NDP は公的給付受給者のパートナー（一般に女性）を対象者に据えて職に就かせることによって，当該世帯にもう 1 つの収入の道を提供しようとしたのだと言ってよい。これは特に伝統的な産業が衰退し，サービス部門の職種のみが増加し続けているような地域では大変に重要なことであったのである[136]。

パートナーへの就労支援は貧困な生活を強いられていた失業世帯や児童の数を減らすばかりでなく，施策利用の公平性も保証できることからも重要であると考えられた。パートナーも障害者や独身の親などの他の人々が利用できるような公的支援を同じように利用する資格を認められていたので，NDP はパートナーや給付受給者からも強い支持を得ていたと言われる。

ところで，NDP は導入当初には求職者手当受給者のパートナーのみを対象としていた。しかし 2001 年 4 月から対象者が生活保護や障害者給付などの受給者のパートナーにまで拡大された。NDP は個人アドバイザーの支援や助言を提供

するという点では他のニューディール・プログラムと共通点を持っていたが，それを超えるような援助が十分に設けられていないという点で限界も持っていた。例えば，パートナーが NDP から得られる援助は求職活動施策（Job Search Provision），就職見習（Work Trials），成人向け就労に基づく学習（Work Based Learning for Adults），その他の訓練活動などへの斡旋と，交通費や保育費の支給などであった。そのためもあって参加の受諾率は他のニューディール・プログラムと比べても著しく低かった。その大きな理由は誘引の欠如にあったが，配置された個人アドバイザーの知識不足もそれに拍車を掛けていたと言われる。

（2）実績と評価

NDP の参加資格は婚姻の有無とは無関係に給付受給者のパートナーであるという点に基づいていた。2001 年 11 月現在，パートナー，子供及び 10 代後半の若年者向けの給付を受け取っていた者は 68.5 万人に達していた。このうち 19.6 万人は失業者であり，42.3 万人は疾病・障害関連給付の受給者であった。なお，受給者のパートナーではあっても自らの権利に基づいて給付の受給者になれる場合には，NDP への参加資格を与えられていなかったのである。

参加者と不参加者の両方を含むパートナーに対する面接に基づく研究によれば，NDP は以下のような評価を受けていた。パートナーの大部分は子供のいる既婚女性で，最近の就労経験をほとんど持っていない者が多かった。NDP プログラムへの参加率はかなり低かったが，それは必ずしも彼らが積極的に参加を拒絶した結果ではなかったと言われる。多くのパートナーが招請状を受け取ったことすら覚えておらず，受け取ったことを覚えていた者もプログラムが自分に関係しているとは思わなかった，と回答していたからである。もちろん，招請状を受け取る以前に NDP について知っていたパートナーはほとんどおらず，まったく意識したこともなかったのである。

もちろん，NDP の参加者はプログラム修了率が著しく低かった。NDP の開始後 3 ヵ月間に約 1,400 人が面接に参加し，そのうちの 6% が就職し，$\frac{1}{4}$ が教育・訓練に配置されている。これは NDP に早期に参加した人々が訓練活動に高い関心を持っており，しかも公共職業安定所による訓練活動が求職者手当受給者のパートナーに対しても初めて認められることになったからである。

むすび

　イギリスの雇用者数は1997〜2004年に190万人以上増加して2,800万人に達し，失業率は7大工業国中で最低となった．もちろん，雇用はイギリス国内のすべての地域で増加し，特に従来雇用が停滞していた地域でより多く増加していた．イギリスの失業者（ILOの定義）は1997年5月に200万人，求職者手当受給者も160万人に達していたが，2004年までにそれぞれ60万人以上が減少して過去30年間で最低の水準となったのである[137]．

　これは①マクロ経済的安定，②柔軟な労働市場，③就労に報いるような租税や給付，④柔軟で生産的な労働力を創出するための教育・技能・訓練，⑤積極的労働市場政策，などの成果と考えられている．もちろん，ニューディールはその中でも特に重要な役割を果たしてきたと言ってよい．

　ニューディールは労働党政権がアメリカの影響を受けながら保守党前政権の政策をむしろ発展させるような形で展開された．労働党政権独自の貢献は福祉改革の戦略的目標を明確化し，それを楽観的で社会的融和を促すような言葉で示した点にあったと言われる．福祉改革は個人や社会がグローバル化された経済で成功する能力を身に付けられるように政府や労働市場を変革する政策の一部とみなされたからである．しかも，ニューディールは国会会期間中に25万人の若年者を職場に復帰させるという労働党政権の中心的な公約の1つでもあったのである．

　若年失業者をターゲットとしたNDYPは就職準備態勢に応じて類別されたオプションを伴う積極的な求職活動期と就職に失敗した者を対象とする徹底遂行段階とからなっていた．またオプション（補助金付雇用，教育・訓練，ボランティア・環境関連作業）はウィスコンシン州のウィスコンシン勤労（W-2）制度の下で提供されたものに甚だ酷似していたのである．福祉改革の中核とされたNDYPはターゲットの変更や訓練水準の引上げといった若干の修正が行われたが，アメリカの福祉改革実験をモデルとした翻案といった特徴を濃厚に示していたと言ってよい[138]．

　ニューディールの中核とも言えるNDYPは若年層失業者を1997〜2000年に17万人から5.2万人にまで激減させるなど目覚しい成果を挙げてきた．もちろん，失業の減少は好調な経済に伴う雇用の増加に依存するところが大きかった

し，補助金なしの雇用に就けた参加者は$\frac{1}{3}$にすぎなかった。しかも，2003年末にはNDYPへの再参加率が全体の39%にも達し，就職可能性の甚だ低い若年者の比率が急速に上昇していたのである[139]。

比較的に雇用可能性の高い若年者を対象としていたNDYPとは異なり，NDLTUは補助金なし雇用への就職率が僅か19%にすぎなかった一方で，求職者手当の受給者に舞い戻る率が22%に達するなど，貧弱な成果しか挙げられなかった。もちろん，このような不振の成果は18ヵ月間以上の失業という資格基準によってある程度まで説明することができた。参加者の多くが労働市場から長期間にわたって切り離されており，NDLTUの勧誘はその大多数を就職させるには既に遅すぎるし不十分でもあったからである。

NDLPは参加者の47%にも上る就職率を達成していたが，プログラムの支援によるものは僅か9%にすぎなかった。しかもNDLPへの参加に同意する独身の親は次第に減少していたのである。労働党政権は2010年までに独身の親の70%を就業させたいと考えていたが，彼らの抱える保育ニーズに対して有効な手を打たない限りほとんど実現が困難であった[140]。

もちろん，ニューディールは勤労福祉政策の考え方や実践においてアメリカの経験を模倣していた。確かにニューディールはアメリカ型の勤労最優先プログラムよりも就労支援サービスに大きな配慮を払ってはいたが，やはり有給雇用への就労を最も重視していた。とはいえ，ニューディールの参加者が就けた雇用はほとんどが低賃金職種であった。彼らは回転ドアのように失業から低賃金職種を経て再び失業に舞い戻るという傾向を示していた。彼らが就ける職の$\frac{3}{4}$は不安定な職や臨時職であり，昇進の機会もほとんど存在していなかった。というのも，勤労福祉政策は参加者が福祉離脱後に何よりもまず就労することを最優先し，結果的に低賃金職種への就労を促すことになったからである。イギリスでも低賃金職種に就いた福祉離脱者が次第に高賃金の安定した職に昇進するという「踏み台」理論はほとんど妥当していなかったのである[141]。

ニューディールは勤労福祉の4つの特徴を必ずしもすべて備えていたわけではなかったが，一種の勤労福祉政策であったと考えられる。例えば，NDLP，NDD及びNDPなどは任意のプログラムであったが，中核をなすNDYPやNDLTU（ND25+）は当初から強制参加のプログラムであったからである。し

第3章 イギリスの勤労福祉政策——ニューディール—— 207

かも NDLP が 2001 年 5 月から生活保護を新規・再申請する独身の親に個人アドバイザーとの面談を義務づけるなど，給付要件としての強制が徐々に強化されていた。とはいえ，アメリカの勤労福祉政策が AFDC（要扶養児童家庭扶助）受給者を主要な対象としていたのに対して，ニューディールは当初失業者を対象とし，やがて生活保護や障害者給付などの受給者をも対象に含めるように漸進主義的に展開されていったのである[142]。

それはアメリカ型勤労福祉政策が異なった社会的文化的背景を持つイギリスで実施に移されようとした際に生じた抵抗の結果でもあったと言ってよい。イギリスでは依然として独身の親や障害者給付の受給者に対してニューディールへの参加を強制することに強い社会的なアレルギーが存在していたからである。このため労働党政権も障害者給付の受給者に対しては参加を強制しないという方針を表明せざるを得なかったのである[143]。確かにイギリスでも給付と引き換えに就労を要求する勤労福祉政策が一応は導入されている。しかし NDYP を含めて参加者がプログラムを修了しても就職できなければ，少なくとも社会扶助の受給者に戻れる道が存在していた。というのも，イギリスではアメリカとは違って福祉給付に生涯期限を設けるなどといった発想が受け入れられそうにもなかったからである。幼児を抱えた未婚の母親や障害者に就労を強制し，給付に生涯期限を設けるなどといった考えは現在までのイギリス社会においては未だ馴染みの薄いものであったと言ってよい。そもそもイギリスの勤労福祉政策は主に若年者を中心とした失業者にターゲットを絞った職場復帰（脱福祉就労）政策であったと言ってよく，アメリカにおけるような福祉母親をターゲットとした厳格な性格のものではなかったのである。

1. N. Kildal, *Workfare Tendencies in Scandinavian Welfare Policies*, International Labour Office, 2001, p. 3.
2. N. Ellison and C. Pierson ed., *Developments in British Social Policy 2*, pp. 33–34.
3. ニュージーランドの勤労福祉については P. North, "LETS in a cold climate: Green Dollars, Self-help and neoliberal welfare in New Zealand," *Policy and Politics*, Vol. 30 No 4, 2002. 及び J. Boston, P. Dalziel and S. John eds., *Redesigning the Welfare State in New Zealand*, 1999; R. Mackay, "Remaking the Welfare State in New Zealand," in N. Gilbert and R. A. Van Voorrhis eds., *Changing patterns of social protection*, 2003, Chapter 2. を参照せよ。

4. Ellison and Pierson, *op. cit.*, p. 34.
5. D. J. Besharov, P. Germanis, J. Hein, D. K. Jonas and A. L. Sherman, *Ending Dependency: Lessons from Welfare in the USA*, 2001, The Institute of the Study of Civil Society, p. 8.
6. A. Deason, "Learning from the US?: The influence of American ideas upon 'new labour' thinking on welfare reform," *Policy and Politics*, Vol. 28 No. 1, 2000, p. 6. (以下 *LUS* と略記)
7. Besharov, Germanis, Hein, Jonas and Sherman eds., *op. cit.*, p. 9.
8. Deason, *LUS*, p. 8.
9. P. Mendes, *Australia's Welfare Wars: The Players, The Politics and Ideologies*, 2003, pp. 106–107; D. Finn, *Working Nation: Welfare reform and the Australian Job Compact for the long term unemployed*, 1997. p. 1. (以下 *WN* と略記); do., "Job Guarantees for the Unemployed: Lessons from Australian Welfare Reform," *Journal of Social Policy*, 1999, Vol. 28 No. 1, pp. 56–57; House of Common, Education and Employment Committee, *Active Labour Market Policies and Their Delivery: Lessons from Australia*, First Report, 19 January 1999, HC 163, p.v. (以下 *ALMP* と略記). 1995年6月までに失業者が就職契約により1年間で20％減少するなど長期失業の減少に重要な役割を果たした。
10. *Ibid.*, pp. 2, 8.
11. Finn, *WN*, pp. 3, 8. 例えば、空きポスト市場における CES のシェアは16％にまで激減し、使用者との繋がりを希薄化させたという。
12. JET は参加者にキャリアや訓練選択を指導するケースマネージャーを配置し、自信の高揚や求職技術の改善を援助し、保育などの利用を斡旋した（Labour, *Getting Welfare to Work: A New Vision for Social Security*, Road to the Manifesto, p. 8.（*GWW* と略記））。
13. Finn, *WN*, p. 3.
14. Mendes, *op. cit.*, p. 109.
15. Finn, *WN*, p. 9.
16. *Ibid.*, p. 9; Mendes, *op. cit.*, pp. 102, 112; *ALMP*, p.v. その後も下院教育雇用委員会雇用小委員会が失業者向けサービス実施における最近の変化を調査するために1998年10月30日から1週間オーストラリアを訪れ、職安の実績と将来について調査し、前政権の勤労国家戦略の核心をなしていた就職契約（JC）など3つの分野に関心を抱いたという。
17. Mendes, *op. cit.*, pp. 109–111; C. Johnson and F. Tonkiss, "The influence: the Blair government and Australian Labour," *Policy and Politics*, Vol. 33 No. 1, 2002, pp. 6–9.
18. なお、クリントンもオーストラリアと長期的な個人的関係を持ち、1980年代初頭に同国を訪問し、労働党政府を深く観察するため1990年と1995年にも訪れている（Johnson and Tonkiss, *op. cit.*, p. 6)。
19. *GWW*, p. 9; S.E.O. Hort, "Back on Track — To be Future?: The Making and Remaking of the Swedish Welfare State in the 1990s," in N. Gilbert and R. A. Van Voorrhis

第3章　イギリスの勤労福祉政策——ニューディール——　　209

　　　eds., *Changing patterns of social protection*, 2003, Chapter 6, pp. 239–241, 250–251; A. Bergmark and J. Palme, "Welfare and the Unemployment crisis: Sweden in the 1990s," *International Social Welfare*, 2003, 12, pp. 108–109.
20. *Ibid.*, p. 111. 失業問題対策として中等教育及び大学・職業専門教育が拡大され、高卒学歴のない高年齢層も失業給付と同額の現金扶助を受けながら中等課程を修了できるようになったのである。
21. *Ibid.*, p. 112.
22. Kildal, *op. cit.*, pp. 9–11.
23. Bergmark and Palme, *op. cit.*, p. 115; Hort, *op. cit.*, p. 239.
24. Kildal, *op. cit.*, p. 10. この新政策は1990年代のデンマーク労働市場政策、特に包括的労働市場改革の一部をなす1994年自治体再就労法（Municipal Activation Law）を明らかにモデルとしていたと言われる。
25. R. Veen and W. Trommel, *The Dutch Miracle: Managed Liberalisation of the Dutch Social Security system 1985–1997*, 1998, p. 4; P. Keizer, "Social Security and Welfare in the Netherlands Before and After the Year 2000," in N. Gilbert and R. A. Van Voorrhis eds., *op. cit.*, 2003, Chapter 7, pp. 282–284.
26. Veen and Trommel, *op. cit.*, pp. 8, 15. オランダは1980年代半ば以降ラディカルな福祉国家の改革を実施し、ドイツやアングロサクソン系諸国の福祉改革モデルに対する代替案を作り出そうとしたと言われる（D. Finn, "Welfare Reform in the Netherlands," *Working Brief* 100. (以下 *WRN* と略記)）。
27. Finn, *WRN*.
28. Veen and Trommel, *op. cit.*, pp. 15–18. 政府の措置は障害者給付受給者を減らした代わりに失業給付と社会扶助の受給者を増やし、問題の解決策にならなかったと言われる（Keizer, *op. cit.*, pp. 294–295）。
29. Veen and Trommel, *op. cit.*, p. 18.
30. *Ibid.*, pp. 19–20. 独身の親も1996年改革によって就労義務を課され、特別な地位を制限された。以後、受給者は自分の資格水準以下の就職斡旋であっても拒否できなくなったのである。
31. Finn, *WRN*. 自治体は WIW により社会奉仕作業、訓練、金銭的誘引、保育支援、補助金付雇用（就労体験斡旋と雇用契約）などを提供することができた。
32. D. Fraser, *The Evolution of The British Welfare State*, Third Edition, 2003, p. 283. サッチャー政権は1979年の最初の公共支出に関する『白書』で「公共支出はイギリスの現在の経済的困難の核心をなしている」と指摘した（M. Powell and M. Hewitt, *Welfare State and Welfare Change*, 2002, p. 46）。
33. K. Jones, *The Making of Social Policy in Britain: From the Poor Law to New Labour*, 2000, pp. 166–167; D. P. Dolowitz, "British Employment Policy in the 1980s: Learning from the American Experience," *Governance*, Vol. 10 No. 1, January 1997. p. 23. (以下 *BEP* と略記); do., *LA*, pp. 59–60. サッチャー政権は雇用制度を変更し、扶助受給を政府の雇用・訓練計画への積極的な参加と結びつけ、積極的な求職活動や最大猶予期間13週間後の就職斡旋受諾を規定した社会保障法（1989年）へと発展させ

た。これらの変更の大部分は 1980 年代初頭のレーガン政権によって開始されたアメリカの脱福祉勤労政策にまで起源を遡ることができる。なお，サッチャー政権はインフレを押さえ込むために失業者の増加を利用してきたのである (V. George and S. Miller, "The Thatcherite Attempt to Square the Circle," in V. George and S. Miller eds., *Social Policy Towards 2000*, 1994, pp. 24–25)。

34. Dolowitz, *BEP*, p. 24; H. Glennerster, *British Social Policy since 1945*, 2000, pp. 156–157. イギリスの失業率は 1974〜1982/83 年に 3% から戦後前例のない 12% にまで上昇し，失業者数も 1979〜1986 年に 130 万人から 330 万人に増加したが，サッチャーはイギリス経済危機の根源の 1 つとして敵視する労働組合の力の排除を公約して政権に就いたので，1980 年と 1982 年の雇用法及び 1984 年労働組合法を施行して，その従業員保護能力を弱体化させたのである (Dolowitz, *BEP*, p. 25)。
35. *Ibid.*, p. 27. 1987 年に G. ブラウン(後にブレア政権の財務相)の質問に対する保守党政権閣僚 K. クラークの答弁 (*HC 28*, 9 April 1987)。
36. J. V. Larmar Jr., "From Welfare to Workfare: More than 20 States Now Require Healthy Aid Recipients to Earn their Checks," *Time*, 3 Feb. 1986, pp. 24–26; *The Economist*, 15 March 1986, pp. 41–42, 26, March 1987, pp. 37–38.
37. Dolowitz, *BEP*, p. 29; J. Burton, *Would Workfare Work: A Feasibility Study of a Workfare System to Replace Long-Term Unemployment in the UK*, Employment Research Center, 1987, p. 7.
38. Dolowitz, *LA*, pp. 82–83. レーガン政権は反福祉の国内政治的文化を背景にして福祉制度を弱体化することができたが，これを羨むイギリス保守党も政治的文化のアメリカ化を狙っていた (L. Burghes, *Made in the USA*, 1987, p. 2)。なお，社会福祉相 J. ムーアは 1987 年にアメリカから帰国すると，世論を誘導するために福祉依存論を精力的に唱え始めたのである (A. Digby, *British Welfare Policy*, 1989, p. 109)。
39. Dolowitz, *BEP*, p. 33.
40. *Ibid.*, p. 34. ニューヨーク州の職業クラブはまず 1 ヵ月間の講習会(講義と実践)で求職活動技術の改善，問題解決方法，士気高揚などの支援を提供していた。参加者は就職口を見つけ，履歴書を作成し，面接技術などを学ぶことができたのである。
41. Dolowitz, *LA*, pp. 109–115.
42. Dolowitz, *BEP*, pp. 36–37. 社会保障相ムーアも法案審議の過程で少年少女に対して無条件の給付を認めるべきではないというべヴァリッジの言葉を引用している。
43. 1930 年に廃止された 1920 年代の審査が失業者援護費用を抑制するため再導入された (*Ibid.*, p. 38)。
44. Dolowitz, *LA*, p. 115. 再就職促進はアメリカ型勤労福祉政策，特にマサチュセッツ州とボルチモア市の実験に鼓舞され，それをイギリスに導入した制度であると言われる。
45. Dolowitz, *LA*, pp. 102–103.
46. Jones, *op. cit.*, pp. 187–189.
47. *Ibid.*, p. 192; Powell and Hewitt, *op. cit.*, pp. 60–61.
48. Alcock, *op. cit.*, p. 11; S. Bashevkin, *Welfare Hot Buttons: Women, Work, and Social*

Policy Reform, 2002, pp. 59–65.

49. Jones, *op. cit.*, pp. 195–196; Deacon, *LUS*, p. 11.
50. *Ibid.*, p. 12.
51. *Ibid.*, p. 13; D. Ellwood, *Poor Support*, 1988, p. 7; do. "Welfare reform as I knew it: when bad things happen to good policies," *The American Perspect*, No. 26. ニューレイバーは現金扶助によって労働可能者の貧困を緩和しようとすれば、必ず維持できないような就労抑制を招くことになると説くエルウッドに共感を持った。また彼らは質の高い官僚制度の必要性や勤労要件を遵守させるための個人アドバイザーの大きな役割をアメリカの勤労福祉から教訓として学んだという。
52. Deacon, *LUS*, p.15.
53. Ellison and Pierson, *op. cit.*, p. 32.
54. Labour, *New Deal for a new Britain: Labour's Proposals to tackle youth and long-term unemployment*, 18 March 1997, p. 1; Labour, *Labour's New Deal for a Lost Generation*, Road to the Manifest, 1996, p. 1. 失業率はバングラデシュ系女性では白人女性の3倍、ロンドン旧市街の若年黒人男子では50～60％に達していたのである。
55. Labour, *Getting welfare to work: Opportunities for lone mothers*, Harriet Harman MP Shadow Social Security Secretary, October 1996; Labour, *Getting welfare to work: Opportunities for lone mothers*, p. 9.
56. Labour, *Getting Welfare to Work: A New Vision for Social Security*, Road to the Manifesto, 1996.
57. D. Finn, "From full employment to employability: a new deal for Britain's unemployed?," *International Journal of Manpower*, Vol. 21 No. 5, 2000, pp. 384–385. (以下 *FFE* と略記)
58. *Ibid.*, p. 386. C. C. Williams and J. Windebank, *Poverty and Third Way*, 2003, pp. 136–137; C. Faichnie, *Rhetoric and Reality: Young people and the ND*, GMLPU, 1999, p. 13.
59. *Ibid.*, pp. 13–14; Finn, *FFE*, pp. 386–387. 1997年の労働党政権誕生直後に特別アドバイザーに任命されたレイヤードはアメリカ流の失業給付や福祉給付期限ではなく、スウェーデン流の就労原則に基づくアプローチを主張した。
60. Ellison and Pierson, *op. cit.*, pp. 119–120.
61. Fraser, *op. cit.*, p. 290; I. Ferguson, M. Lavalette and G. Mooney, *Rethinking Welfare: A Critical Perspective*, 2002, pp. 151, 164–173. 1997年に政権に就いた時にブレア首相は彼の政権が「脱福祉就労政府になる」と宣言した (Millar, *op. cit.*, p. 82)。
62. Ellison and Pierson, *op. cit.*, pp. 34–35.
63. Faichnie, *op. cit.*, p. 14. 1997年6月の政権就任後、ニューレイバーは無料の高等教育を止め、勤労福祉や18～24歳の失業者向けニューディールの一部として就学福祉を導入した (Ellison and Pierson, *op. cit.*, p. 32)。
64. Fraser, *op. cit.*, p. 290; Ellison and Pierson, *op. cit.*, p. 35.
65. *Ibid.*, p. 35.
66. C. Hasluck, "Lessons from the New Deal: Finding work, promoting employability,"

67. House of Commons Education and Employment Committee, *New Deal: An Evaluation*, Fifth Report, 13 March 2001, HC 58, p.v. (以下 *HC 58* と略記)
68. J. Millar, *Keeping track of welfare reform: The New Deal programs*, 2000, p. 1. (以下 *NDP* と略記); *Labour Market Trends*, November 1998, p. 550, August 2000, pp. 370, 375–376.
69. *HC 58*, p.v; House of Commons Committee of Public Accounts, *The New Deal for Young People*, Sixty-second Report of Session 2001–02, HC 700, p. 5. (以下 *HC 700* と略記)
70. *Labour Market Trends*, April 1999, pp. 201–202, August 2000, p. 370.
71. *HC 58*, p. vi; Millar, *NDP*, p. 4.
72. *Labour Market Trends*, April 2000, pp. 171–172.
73. *Labour Market Trends*, November 2001, pp. 523–524.
74. House of Commons Work and Pensions Committee, *'One' Pilots: Lessons for Jobcentre Plus*, HC 426, 2002, pp. 7–11; J. Millar ed., *Understanding Social Security*, 2003, pp. 90, 214–215, 222–223; N. Ellison and C. Pierson, *Developments in British Social Policy 2*, 2003, p. 122; P. Alcock, *Social Policy in Britain*, Second Edition, 2003, p. 23. ONE プログラムの実施によって、ニューディールは簡素化され、個人アドバイザーも参加者に対する対応がより一般的なものになったという (M. Powell ed., *Evaluating New Labour's Welfare Reforms*, 2002, p. 199)。
75. Millar, *LDP*, pp. 5–7.
76. *Ibid.*, p. 7; Ellison and Pierson, *op. cit.*, pp. 165–169; Powell, *op. cit.*, p. 116; R. Walker and M. Wiseman ed., *The Welfare We Want?: The British Challenge for American reform*, 2003, p. 17.
77. Millar, *NDP*, pp. 14–16. 1998 年 12 月末現在、NDYP 参加者は入口 60.8%、補助金付雇用 8.5%、教育訓練 18.3%、ボランティア・環境 9.6%、徹底遂行 2.8% であった (*Labour Market Trends*, April 1999, p. 201)。
78. *HC 58*, p. 128.
79. Millar, *NDP*, p. 14.
80. *HC 58*, p. 74.
81. P. Convery, "New Deal unknown destination," *Working Brief*, Issue 107, August / September 1999. 1998 年 12 月末の入口離脱者の行き先は補助金なし雇用 26.7%、補助金付雇用 9.9%、教育訓練 20.4%、ボランティア・環境 11%、その他 13.2%、不明 18.8% となっていた (*Labour Market Trends*, April 1999, p. 201)。
82. Millar, *NDP*, pp. 14–15. 2001 年 10 月末までに NDYP 参加者 34 万人が求職者手当の申請を止め、うち 24 万人が継続的な補助金なし雇用に就労した (Report by the Comptroller and Auditor General, *The New Deal for Young*, session 2001–2002, February 2002, HC 639, p. 3, 以下 *HC 639* と略記)。
83. Faichnie, *op. cit.*, pp. 20–21.
84. *HC 58*, p. 74.

第 3 章　イギリスの勤労福祉政策——ニューディール——　　213

85. *HC 58*, p. x.
86. *Working Brief*, December 2000 / January 2001, Issue 120, p. 8.
87. *Ibid*., p. 8.
88. *HC 58*, p. xi.
89. *HC 58*, p. xi.
90. *HC 58*, p. xii.
91. *HC 58*, p. xiii.
92. ESR 62, pp. 6, 20.（NIESR）; J. Hales, *Evaluation of the NDLP: Early Lessons from Phase One Prototype*, November 2000; *HC 58*, p. xiii.
93. *HC 58*, p. xiv. 若年失業者数は 1998 年 4 月と 2001 年 10 月を比較して、失業期間 6～12 ヵ月間が 69,500 人から 29,300 人、1～2 年が 33,700 人から 3,900 人、2 年以上が 16,100 人から 500 人に大幅に減少している（*HC 639*, p. 19）。
94. *Working Brief*, August / September 1999, Issue 107, p. 10.
95. *HC 58*, p. xiv.
96. *HC 58*, p. xv. NDYP 離脱者の雇用先は 2001 年 10 月時点で継続的な補助金なし雇用 72%（24.4 万人）、継続的な補助金付雇用 6%（2.1 万人）、継続的でない補助金なし雇用 20%（6.8 万人）、継続的でない補助金付雇用 1%（5,000 人）であった。なお、NDYP に参加した回数は 2001 年 10 月現在、1 回 49.3 万人、2 回 9.6 万人、3 回以上 1.2 万人であったのである（*HC 639*, p. 14）。
97. Millar, *NDP*, p. 21.
98. *HC 639*, p. 21.
99. *HC 58*, pp. xv–xvi.
100. *HC 58*, p. vii.
101. Millar, *NDP*, 23.
102. *HC 58*, p. xviii.
103. Millar, *NDP*, pp. 23–24.
104. *HC 58*, p. xix.
105. しかし FTET オプション参加者の 72%が就学を継続し、45% が NVQ（全国職業資格）レベル 2 を取得するという成果を挙げているサウス・ロンドンのルイシャー大学のような大学もある（*HC 58*, p. xx）。
106. *HC 58*, p. xxiii.
107. P. Bilvand, "Destination unknown — where do New Dealers go?" *Working Brief*, Issue 122, March 2001.
108. *Ibid*.
109. *HC 700*, pp. 7–8.
110. P. Bilvand, "New Deal Sanctions," *Working Brief*, Issue 121, February 2001; *HC 58*, p. xix.; *Working Brief*, Issue 136, July 2002, p. 16.
111. *HC 58*, p. viii.
112. *HC 700*, p. 9.
113. *HC 700*, pp. 8–9. 2002 年 4 月末から特に不利な状態に置かれた地域で過渡的な雇

用機会を提供する ATJ（就職のための活動チーム），就労への前進（PW，薬物問題を抱えた者に特別な援助を提供），少数人種向け出先機関，向上指導（SUP）などの脱福祉就労計画が貧困地域や雇用への特別厳しい障害を持った参加者を対象とすることになった。

114. *Labour Market trends*, April 1999, p. 202, August 2001, p. 412.
115. *Labour Market trends*, August 2000, p. 370.
116. P. Bilvand, "Re-engineered New Deal for 25+," *Work Brief*, Issue 120, December 2000 / January 2001.
117. Millar, *NDP*, p. 26.
118. Finn, *FFE*, p. 394.
119. Department for Work and Pensions, "New Deal for Young People and Long-Term Unemployed People Aged 25+: Statistics to December 2001," *Press Release*, 28 February 2002, p. 11.
120. *Ibid.*, p. 12.
121. *Ibid.*, pp. 13–15.
122. P. Bilvand, "Secureing job outcomes: latest figures," *Working Brief*, Issue 148, October 2003, pp. 15–17. この報告は 2003 年 6 月までのニューディールの情報を含む。
123. *Labour Market trends*, August 2001, pp. 412–413.
124. L. Britton, "Evaluating New Deal 25+," *Working Brief*, Issue 124, May 2001.
125. Department of Social Security, *Evaluation of the New Deal for Lone Parents: Early lessons from the Phase One Prototype-Findings of Surveys*, Research Report No. 109, 2000, pp. 23–26; do., *Evaluation of the New Deal for Lone Parents: Early lessons from the Phase One Prototype-Cost-benefit and Econometoric Analysis*, Research Report No. 110, 2000, pp. 3–4.
126. *Labour Market trends*, August 2000, p. 376.
127. 独身の親の雇用率は 1997～2001 年に 44% から 51% に上昇した（Ellison and Pierson, *op. cit.*, p. 119）。
128. D. Thurley, "Getting lone parents into work," *Working Brief*, Issue 146, July 2003, p. 10.
129. *Ibid.*, p. 11.
130. "briefing," *Working Brief*, Issue 145, June 2003, p. 4.
131. *Ibid.*, p. 25.
132. *Labour Market trends*, April 2000, Vol. 108 No. 4, p. 171.
133. *Ibid.*, p. 172.
134. *Working Brief*, Issue 137, August / September 2002, p. 5.
135. *Working Brief*, Issue 141, February 2003, p. 4.
136. T. Saunders, "New Deal for Partners," *Working Brief*, Issue 137, August / September 2002, p. 24.
137. DWP, *Building on New Deal: Local Solution meeting individual needs*, 6th June, 2004,

p. 1.
138. R. Walker and M. Wiseman, "Sharing ideas on welfare," in R. Walker and M. Wiseman ed., *The Welfare We Want?: The British challenge for American reform*, 2003, pp. 15–16. アメリカでは若年者は福祉制度からほぼ排除されている。
139. D. Simmonds, "Getting jobs: Harder for some," *Working Brief*, Issue 151, February 2004, pp. 10–13.
140. B. Gordon, "Making work pay," *Working Brief*, Issue 149, November 2003, pp. 19–20.
141. J. Peck and N. Theodore, "Work First: Workfare and the regulation of contingent labour markets," *Cambridge Journal of Economics*, 2000, Vol. 24 No. 1, pp. 126–128.
142. A. Daguerre, "Importing Workfare: Policy Transfer of Social and Labour Market Policies from the USA to Britain under New Labour," *Social Policy and Administration*, Vol. 38 No. 1, February 2004, p. 47.
143. T. Saunders, "Report wants re-designed New Deals," *Working Brief*, Issue 138, October 2002, p. 16.

終章　勤労福祉のグローバル化と限界

[1]　勤労福祉の実態

　自由な貿易と規制のない資本移動によって促進された工業生産や新技術の世界的な拡大は戦後最も重要な政策目標となってきた完全雇用政策や福祉国家政策の実施を不可能なものにしている。情報技術の影響によって労働の社会的分業が流動化し，多くの職が姿を消し，ほとんどの職が以前よりも遥かに不安定になっている。このように経済のグローバル化は構造改革の名の下に伝統的な制度や規制，セーフティネットなどを弱体化させ，世界中のあらゆる経済を不安定化させているのである。

　勤労福祉政策も経済のグローバル化が推し進める福祉国家解体の一象徴と見ることができる。実際，勤労福祉政策はグローバルな展開を見せており，ほとんどの先進諸国が福祉給付を何らかの形で勤労と結び付けるようになっている。本書は勤労福祉政策を積極的に導入しているアングロサクソン系諸国のうち，アメリカ，イギリス，カナダの3ヵ国を取り上げ，その実態を明らかにしてきた。そこで，その成果と限界をまず総括しておこう。

　アメリカの福祉受給者数は1990年代半ば以降，経済の好況に伴って激減したが，2001年3月以降の景気後退によって逆に増加傾向に見舞われる州も続出している。しかも，福祉受給者数は1990年代の激減によって福祉爆発前の1960年代半ば頃の水準にまで減少し，就労可能な者の多くが既に福祉から離脱していたので，受給者数が更に激減することは困難となっている。

　こうした状況下に1996年 PRWORA（1997年7月実施）が2002年6月末に5年の期限満了を迎えるに至った。もちろん，同法は当初から一括補助金の大幅減額などの修正後に延長されることが予定されていたが，ブッシュ大統領は2002年に補助金額を据え置き，1996年法の権限をほぼそのままの形で再承認す

るよう議会に提案したのである。

　思えば，生涯5年間の給付期限は1996年PRWORAの制定時には福祉依存を撲滅し福祉離脱と就労を促進するための切り札と考えられていた。同法が5年の時限立法とされ，州に対する一括補助金も5年間だけ定額で維持するとされたのも，そうした政策思想に基づいていたのである。だが，ブッシュ政権は1996年PRWORAの権限を再承認するに当たって，2003～2007年度も従来の一括補助金額を維持すると表明した。恐らく同政権も2001年以降の経済停滞がアメリカの勤労福祉政策の前途に暗雲を漂わせていると敏感に察知したのであろうと思われるのである。

　いずれにせよ21世紀に入って，アメリカ型勤労福祉政策は明らかに曲がり角に差し掛かっていると言ってよい。というのも，就職可能な福祉受給者の多くが既に就労しており，残された受給者のほとんどが著しく就職困難な人々であると思われるからである。しかも2001年初頭以降の経済停滞が労働市場の沈滞を招き，福祉受給者の就職を一層困難にしていた。1990年代後半以降の受給者減少もかなりの部分が経済的好況の産物であったように，勤労福祉政策の成否は経済の好不況によって大きく左右されざるを得なかった。勤労福祉政策が単なる財政赤字対策のための福祉切捨てを目的としていたのではなく，福祉世帯の自活を目指していたのだとすれば，福祉離脱者に生活可能な賃金を保障しなければならないであろう。少なくともこの点では，アメリカ型勤労福祉政策は見るべき成果を示してきたとは言えなかったのである。

　次に，カナダの勤労福祉政策はアメリカのそれと同様に福祉受給者の縮小という点ではかなりの成果を挙げてきたと言ってよい。実際，カナダの福祉受給者は1993～2002年に298万人から184万人にまで32%も減少している。特に全人口の4割，全受給者の4割強を占めていたオンタリオ州の福祉受給者数も129万人から80万人にまで32%減少していた。だが，受給者減少の多くは勤労福祉政策以外の要因に帰せられるべきであり，また福祉離脱者の経済的自立という本来の目標もほとんど達成できていなかった。しかも，カナダの諸州はアメリカ型勤労福祉政策の重要な要素でもあった給付期限や強制参加などの手法を必ずしも実行していなかったのである。

　例えば，オンタリオ州の勤労福祉政策は参加者の職場配属をほとんど実行でき

ず，導入前と同様の求職活動を単に勤労福祉制度と呼び換えただけの「見掛け倒しのプログラム」にすぎなかったと言われる。州内の強力な労働組合や福祉擁護団体が勤労福祉の実施に頑強に抵抗し，導入を事実上阻止していたからである。しかも，福祉からの離脱が容易であったとしても，安定した継続的な雇用に就くには多くの困難が伴い，また正規の雇用に就いても貧困からの離脱と自活は必ずしも容易なものではなかったのである。

　ケベック州は扶助権原則に反して福祉受給者を労働可能者と労働不能者に区別し，前者に勤労福祉プログラムへの参加を義務づける福祉改革を他州に先駆けて実施した。だが，強制参加は未婚の母親に対する適用を断念し，若年層に対してしか適用できなかったのである。アメリカの勤労福祉が未婚の母親（AFDC）を対象とした強制プログラムであったのに対して，ケベックの勤労福祉は失業若年者を対象とした雇用対策としての側面が濃厚な強制プログラムであったと言ってよい。しかも，同州のプログラムは高コストで効率性も悪かったので，導入の7年後には大部分が放棄されてしまったのである。

　ニューブランズウィック州の就学福祉も輝かしい成果を挙げたという虚名のみが独り歩きしているだけで，高コストの失敗した政策という評価が最も実態に近かったと言ってよい。同州も参加を強制することができず，任意参加の制度を導入していた。マニトバ州の勤労福祉政策も成功を裏付けるような確たる証拠はほとんど見つけられなかったのである。

　これらの諸州とは対照的に政治的保守主義の砦といわれたアルバータは，州内に反対勢力をほとんど抱えていなかったこともあって徹底的な福祉改革を断行することができた。もちろん，同州の勤労福祉は建前上は任意であったが，給付の停止などを武器にして事実上は勤労を強制していた。その結果，同州は福祉受給者を激減させ，継続的な有給雇用への就労を増加させるなどの成果を挙げてきたと言われる。だが，多くの福祉受給者が勤労福祉政策を嫌って生活の展望も持てないままに福祉から離脱し，あるいは州外に福祉難民となって流出していた。福祉受給者は自活できるようになったからではなく，福祉から締め出されて最早容易には公的給付を得られなくなったために申請を断念するようになったのである。いずれにせよ，カナダの勤労福祉政策が上手く機能していたとはとても言えないし，アメリカ型に近い形で勤労福祉政策が実施されていたとも言え

なかった。同じく北米とはいってもカナダとアメリカは社会的文化的な背景を異にしており，カナダ社会にはアメリカ型勤労福祉政策の就労強制や生涯給付期限をそのままの形で持ち込めるような土壌が必ずしも存在してはいなかったのである。

最後に英労働党政権はアメリカの勤労福祉政策から大きな影響を受けながら，保守党前政権の政策を拡張させるような形で福祉改革を実施した。福祉改革は個人や社会がグローバル化された経済で成功する能力を身に付けられるように行政や労働市場を変革する政策の一部であるとみなされたのである。

勤労福祉政策の中心は政権就任直後の最初の国会会期中に 25 万人の若者を職場に復帰させるという公約であった。若年失業者をターゲットとした NDYP は就職準備態勢に応じて類別されたオプションを伴う入口段階（積極的求職活動期）と就職に失敗した者を対象とする徹底遂行段階とからなっていた。オプションは補助金付雇用，教育・訓練，ボランティア作業，環境関連作業の 4 つからなり，ウィスコンシン州のウィスコンシン勤労（W-2）政策の下で実施されていた制度に酷似していたと言われる。その意味で，NDYP はアメリカの勤労福祉実験から多くの経験や教訓を学び，イギリスに導入された勤労福祉制度であったと言ってよい。

しかし就労の強制はイギリスではアメリカと違って未婚の母親ではなく失業男子に対してのみ実施された。もちろん，ニューディールの強制要件は徐々に拡大されたが，その対象は独身の親ではなく，まず長期失業者であり，次に失業者のパートナーであったのである。独身の親と障害者は任意参加とされ，積極的な就労体験よりも就職を目指した助言が重視されていた。

こうしてニューディールはまず若年失業者向けのプログラムとして構想され，やがて生活保護や障害者給付の受給者に対してまで拡大され，脱福祉就労政策全般を網羅する広範なプログラムへと拡大されていった。とはいえ，NDYP，NDLTU，NDLP の 3 プログラムがニューディールの中心的な政策であったことは一貫して変わらなかった。これらの 3 プログラムは比較的早期から実施され，参加者も他のプログラムよりも遥かに多かったのである。

特にニューディールの中核である NDYP は若年層失業者を激減させるなど顕著な成果を挙げてきたが，好調な経済に負うところが大きく，補助金なしの

雇用に就けた者も $\frac{1}{3}$ に止まっていた。また NDYP への再参加率も上昇し，就職可能性の低い者の割合が急速に増加していたのである。

　NDLTU は比較的雇用可能性の高い若年短期失業者を対象とする NDYP とは異なって，補助金なしの雇用への就職率が低く，求職者手当の受給者に舞い戻る比率が高いなど，実績が甚だ貧弱であった。また NDLP は就職率が参加者の 47% にも達していたが，同プログラムの支援による成果は僅か 9% にすぎなかった。しかも，NDLP への参加に同意する独身の親は急速に減少していたのである。

　さて，ニューディールは勤労福祉政策の考え方や実践においてアメリカの経験を模倣してきた。もちろん，ニューディールはアメリカの就労最優先プログラムよりも就労支援サービスを重視していたが，それにもまして有給雇用への就職を最重視していた。だが，ニューディールの参加者が就くことのできた職種はほとんどが低賃金の職種であった。彼らの多くは回転ドアのように失業から低賃金職種を経て再び失業者に舞い戻るというパターンを示していた。彼らが就く職の $\frac{3}{4}$ は不安定な職や臨時職であり，昇進の機会もほとんど存在していなかった。というのも，勤労福祉政策は参加者が福祉離脱後にまず何よりも就労することを最優先し，低賃金職への就労を促す結果となったからである。イギリスでもアメリカにおけると同様に低賃金職種に就いた福祉離脱者が次第に高賃金の安定した職へと昇進を遂げるという「踏み台」理論はまったく機能していなかったのである。

　以上のようにニューディールは勤労福祉政策の4つの特徴をすべて備えていたわけではなかったが，勤労福祉政策の一つのパターンを示していたと言ってよい。例えば，NDLP，NDD 及び NDP などは任意のプログラムであったが，中核をなす NDYP や NDLTU（ND25+）は当初から強制参加のプログラムとして実施されていたからである。しかも，NDLP が 2001 年 5 月から生活保護を新規・再申請する独身の親に対して個人アドバイザーとの面談を義務づけるなど，強制要件が徐々に強化されていた。とはいえ，アメリカの勤労福祉政策が狭義の福祉である AFDC（要扶養児童家庭扶助）受給者を主要な対象としていたのに対して，ニューディールはまず失業者を対象とし，やがて生活保護や障害者給付などの福祉受給者にまで対象を拡大していったのである。このように

ニューディールはアメリカの勤労福祉政策とは内容や対象を異にしている側面も持っていたと言ってよい。

それはアメリカ型勤労福祉政策が異なった社会的文化的な背景を持つイギリスに持ち込まれようとした際に生じるかも知れない社会的軋轢に対する懸念を反映していた。イギリスの世論はグローバリズムが無制約な力を振るってセーフティネットを弱体化させることにむしろ強い敵意を抱いていた。このためイギリスでは独身の親や障害者給付の受給者に対してプログラムへの参加を強制することが困難であったのである。とはいえ，サッチャーの政策がイギリスにもたらした経済構造改革はブレア政権にとっても逆戻り不可能なものとなっている。イギリスは経済を規制なき資本移動の流れに開放する構造改革を推進してきた結果として，国際資本に公共政策に対する実質的な拒否権を与えることになってしまっていたからである。こうしてイギリス政府の政策が競争力や経済的安定性に悪影響をもたらすかも知れないとみなされた場合には，いつでも資本逃避という脅しによって政策の撤回を強いられることになったからである。もはやいかなる政権といえども福祉給付と就労を結びつけるという政策を逆戻りさせることは不可能となっている。

こうした勤労福祉政策への反発とグローバリズムの圧力の妥協が即ちイギリス型の勤労福祉政策であったと言ってよい。それは主に若年者を中心とした失業者に対象を限定した勤労福祉政策であり，アメリカにおけるほどには厳格な政策ではなかったのである。

[2]　勤労福祉の意義と限界

本書はアメリカ，カナダ，イギリスの勤労福祉政策の実態と，成果や限界を明らかにしてきた。しかし留意しておかなければならないことは，勤労福祉政策の対象がこの3ヵ国において必ずしも内容的に同一ではなかったという点である。特にアメリカ勤労福祉政策の対象は専らAFDC（要扶養児童家庭扶助）の受給者，即ち未婚の母親世帯であった。AFDCは連邦補助金の下で州が行う生活保護給付であり，その受給者は「給付に値しない貧民」とみなされてきた。だが，同じ福祉受給者でも高齢者，盲人，障害者は「給付に値する貧民」とみなされて勤労福祉政策の対象とはされておらず，引き続き権利給付としての受給

権を保障された連邦補足的保障所得（SSI）制度の対象となっていたのである。つまりアメリカの勤労福祉政策は主に未婚の母親を対象とした脱福祉就労政策であったと言ってよい。これは恐らくアメリカではカナダやイギリスなどとは違って労働可能な失業者が失業給付の受給資格を失った後に，福祉の受給を認められることなどまったく考えられなかったからである。

　しかしカナダでは，就労はほとんどの州で強制ではなく任意であった。カナダにおける就労強制の先駆者であったケベック州も未婚の母親に対する強制は断念を強いられ，若年失業者に対してのみ強制を適用したのである。従って，同様に給付と引き換えの就労という勤労福祉政策ではあっても，アメリカは未婚の母親（AFDC）を対象とした強制プログラムを実施していたが，ケベック州は失業若年者を対象とした雇用対策という性質を持った強制プログラムを導入していたと言ってよい。しかも，ケベック州の勤労福祉プログラムはその後に大部分が放棄されてしまったのである。

　イギリスのニューディールも主な対象は求職者手当を受給する失業者であった。例えば，NDYPはアメリカの福祉改革実験の翻案であり，対象者を福祉母親から若年失業者に変更し，訓練活動を拡張したプログラムであった。イギリスでは就労の強制は未婚の母親にではなく失業男性に対して行われた。もちろん，強制参加の対象は若年失業者から長期失業者や失業者のパートナーへと拡大されていったが，独身の親や障害者は依然として任意参加原則が維持されていた。イギリス社会は未だ給付に生涯期限を設けたり，独身の親や障害者に就労を強制できるような社会的土壌が育ってはいなかったのである。

　むろん，アメリカ，カナダ，イギリスの3ヵ国は勤労福祉政策の導入後にいずれも福祉受給者を激減させている。しかし，いずれの国の受給者減少も経済的好況に負うところが大きかった。しかも，福祉離脱者が就いた職種はほとんどが臨時の不安定な低賃金職種で，昇進の機会もほとんど存在していなかった。彼らの多くは回転ドアのように失業から低賃金職を経て再び失業者に舞い戻ることになっていたのである。しかも，福祉離脱者は一般労働者よりも劣等な労働力とみなされる傾向があり，同一労働に従事しても賃金や労働条件，社会保険適用などの面で不利な処遇を受けていた。こうして勤労福祉政策は新たな低賃金労働力を創出し，臨時職やパートタイマー雇用の激増によって労働市場の不安定

化と階層化に拍車を掛けることになったのである。その意味で，勤労福祉政策は高賃金に悩む先進諸国に臨時雇用，パートタイマー雇用や契約社員などの形で安価な労働力を供給するメカニズムを作り出すという役割を担う結果となっていると言ってよい。

あとがき

　本書は2002年に上梓された拙著『アメリカの福祉国家政策』(九州大学出版会)の姉妹編とも言うべき研究書である。前著『アメリカの福祉国家政策』は戦後アメリカの福祉国家政策を「二分法(社会保険優遇と福祉抑制)」という政策思想の視点から捉え直した研究であった。この「二分法」によって私は1935年の福祉国家の誕生から現在の勤労福祉政策の展開に至るアメリカの福祉国家政策史を統一的に捉えることができたと思っている。

　しかもその研究の過程で，勤労福祉政策がアメリカに止まらず，北欧などの高福祉国家を含む主要先進国でも実施されていることを知ったのである。アメリカに起源を持つ勤労福祉政策は経済のグローバル化と軌を一にするようにして海外へと浸透していった。グローバリゼーションは既存の福祉国家制度を動揺させ，「福祉の受給者に給付と引き換えに何らかの勤労を要求する政策」の実施を先進諸国に要求している。もはや，いかなる政府といえども福祉国家政策や完全雇用政策によって社会的な安定を維持しようとしても，世界の資本・為替市場がそのような政策を財政的に無謀な試みだと判断すれば，実行不可能なものとなっている。というのも，現在のグローバル化は世界的なアメリカ化を意味しており，徹底的な市場至上主義を追求して社会や地球環境を破壊し，福祉国家に対する執拗な攻撃を仕掛けて崩壊の危機に陥れているからである。こうした事態を目の当たりにして，本書は勤労福祉政策がアメリカからイギリスやカナダにどのように移植され，福祉制度をどう変えたか，を明らかにしようと努めたのである。

　さて，前著の執筆当時，私は比較経済政策担当の教授として九州大学大学院経済学研究院に奉職していたが，母親の死去と父親や親族の病気などの事情から故郷に帰らざるをえなくなり，2003年10月から埼玉大学経済学部に勤務することになった。九州大学在職中は家族を故郷の北関東に残しての単身赴任生活を強い

られたこともあって，当時の同僚の諸先生方にも何かとご迷惑をお掛けしたのではないかと恐縮している。激動期にあった国立大学の例に漏れず，九州大学でも様々な出来事が頻発していたが，今はむしろ懐かしい思い出として振り返ることができる。多くの貴重な体験を味わい，新しい知己を得ることができたのも大きな喜びであった。本書も前著の出版の際にお世話になった九州大学出版会の藤木雅幸氏に大変な尽力を賜った。また本年3月に九州大学を定年退職された名誉教授の岡部鐵男，福留久大の両先生には出版申請の際の推薦人を引き受けて頂いた。記して謝意を表したい。

　なお，私事に係わることで恐縮であるが，医者から余命幾ばくもないと申し渡されていた父親が現在も元気で過ごしている。妹も大手術後無事に5年を経過することができた。このような慶事を単身赴任中に私に代わって父や妹を頻繁に見舞ってくれた妻信子や娘紀伊子と共に喜びたいと思っている。

　　2005年　盛夏

新 井 光 吉

　（付記）　本書は平成15～16年度科学研究費補助金・基盤研究（C）（2）（課題番号15530189）の支援を受けて達成された研究成果の一部である。

著者紹介

新井　光吉（あらい　みつよし）

埼玉大学経済学部教授。専門は経済政策，社会保障論，アメリカ経済論。
東京大学大学院経済学研究科博士課程修了。経済学博士。
九州大学大学院教授などを経て現職。

主要業績
『ニューディールの福祉国家』1993年，白桃書房
『日・米の電子産業』1996年，白桃書房
『アメリカの福祉国家政策』2002年，九州大学出版会

勤労福祉政策の国際展開
――アメリカからイギリス，カナダへ――

2005年10月20日　初版発行

著　者　新　井　光　吉
発行者　谷　　隆　一　郎
発行所　（財）九州大学出版会
〒812-0053　福岡市東区箱崎 7-1-146
九州大学構内
電話　092-641-0515（直　通）
振替　01710-6-3677
印刷・製本　研究社印刷株式会社

© 2005 Printed in Japan　　　ISBN 4-87378-883-8